쉽게 배우는
중학 한자
부수로 끝내기

쉽게 배우는
중학 한자
부수로 끝내기

한자(漢字)를 알면
국(國)·영(英)·수(數)도 잘할 수 있다

김종혁 지음

중앙에듀북스

머리말

사람들에게 우리나라 전통(傳統)의 집을 그려 보라고 하면 거의 대부분 지붕부터 그리기 시작한다. 그러나 실제로 집짓는 사람들 가운데 지붕부터 짓는 사람은 없다.

지붕부터 집짓기를 할 수 없기 때문이다. 제대로 집짓기 위해서는 터를 정해 땅을 다진 다음 주춧돌을 놓고, 그 위에 기둥을 세운 뒤 지붕을 올려 가며 짓는 순서(順序)를 거치게 된다.

그처럼 세상의 모든 일에는 제대로 된 순서가 있다. 그 가운데 학생의 일인 학업(學業)도 실제로 집짓듯 해야 한다. 그런데 학생들이 공부해야 할 과목(科目)은 국어(國語)·영어(英語)·수학(數學)이 있고, 그 외에 과학(科學)이나 역사(歷史)뿐만 아니라 미술(美術)이나 음악(音樂)과 같은 과목도 있다. 이때 모든 과목의 명칭인 국어·영어·수학·과학·역사·미술·음악 등은 모두 한자로 이뤄져 있다. 뿐만 아니라 모든 과목과 관련된 학습용어(學習用語)도 대부분 한자로 이뤄져 있다. 예컨대 국어에서 배우는 용어인 의인법(擬人法)이나 의태어(擬態語), 영어에서 배우는 부정관사(不定冠詞)나 관계대명사(關係代名詞), 수학에서 배우는 방정식(方程式)이나 미적분(微積分) 등의 수많은 용어가 바로 한자로 이뤄져 있다.

따라서 공부를 제대로 하려면 용어의 개념(概念)을 파악하는 데 도움이 되는 한자부터 알아두어야 한다. 한자를 모르면 결국 개념을 모르는 공부, 개념이 없는 학생이 될 수밖에 없다. 한자는 집을 지을 때에 주춧돌과 같은 존재다. 그럼에도 한자를 제대로 하지 않고 국·영·수의 공부에만 매달리는 것은 마치 집을 지을 때 지붕부터 지으려는 행위와 같다.

대부분의 학생들에게 한자가 어렵고 재미없는 문자(文字)로 인식되어 있다. 그렇게 된 것은 여러 요인이 있겠지만, 모든 한자의 근본이 되는 부수(部首)에 대한 인식이 없기 때문이다. 부수는 한자에서 마치 한글의 ㄱ·ㄴ·ㄷ과 같은 역할을 한다. 오늘날 우리나라 사람들이 익히 사용하는 한자 가운데 가장 복잡한 한자인 鬱[우거질 울]자도 그 자소(字素)를 살피면 모두 부수(木·缶·木·冖·鬯·彡)로 이뤄져 있다. 이 책이 바로 그 부수에 대한 한자를 문자학(文字學)으로 밝혀 그 자형(字形)과 자의(字義)와 자음(字音)을 쉽고, 빠르고, 정확하게 익힐 수 있도록 쓰였다.

이 책을 쓰게 된 데에는 적지 않은 동기(動機)가 부여되었다. 가장 큰 동기는 한자를 처음 공부하는 학습자들이 혼자서 공부할 수 있는 문자학이 바탕이 된 제대로 된 책이 없다는 점이었다. 30여 년을 한자에 천착(穿鑿)해 온 사람으로 이런 현실에 부끄러운 마음을 덜기 위해 책을 집필하기 시작했다. 하지만 한자에만 매달려 지내다 보니 주변 사람들에게 적지 않은 부담을 주고 있다. 그런 사람들 가운데 특히 가정경제(家政經濟)의 부담을 도맡고 있는 안식구에게 이 책을 통해 가장의 역할을 제대로 하지 못하는 미안한 마음을 전하고 싶다. 아울러 출판에 힘써 준 출판사 관계자들에게도 고마움을 전한다.

김종혁

책의 구성

문자학(文字學)을 바탕으로 내용을 구성하여 학습자(學習者)가 그 내용을 보고 자발적(自發的)으로 학습하고, 이어서 내용을 직접 옮기는 경험(經驗)을 하면서 학습하고, 다시 계속 써 보면서 완전(完全)하게 학습할 수 있도록 했습니다.

1. 자발 학습을 할 수 있도록 했습니다.

학습자 스스로 학습목표(學習目標)의 내용을 이해할 수 있도록 고문자(갑골문·금문·소전)의 자형(字形) 변화를 밝히고, 이를 바탕으로 해당 학습 한자(漢字)의 형태인 자형을 설명했습니다. 이어서 학습 한자의 뜻인 자의(字義)와 학습 한자의 음인 자음(字音)을 설명해 한자의 3요소인 자형과 자의와 자음을 분명히 알 수 있도록 책을 구성했습니다. 뿐만 아니라 해당 학습 한자와 관련 한자어의 이해를 돕기 위해 되도록 많은 사진과 그림을 덧붙였습니다.

2. 경험 학습을 할 수 있도록 구성했습니다.

　자발 학습을 하여 습득한 내용을 다시 스스로의 경험을 통해 익힐 수 있도록 체계적으로 프로그램을 만들어 심화 과정을 구성했습니다. 그와 같은 프로그램은 10여 개 과정으로 만들어 처음 한자를 배우는 학습자가 해당 학습 한자의 자형과 자의와 자음을 쉽고, 빠르고, 정확하게 익히는 데 도움이 되도록 했습니다.

3. 완전 학습을 할 수 있도록 구성했습니다.

　여러 번에 걸쳐 반복해 써 보면서 해당 학습 한자를 익힐 수 있도록 했습니다. 예컨대 高(고) 자의 경우에는 해당 쓰기 학습란에서 써 본 후에 이어지는 谷(곡)·骨(골)·工(공)·口(구)·弓(궁)·金(금)·己(기)자의 쓰기 복습란에서 반복해 쓸 수 있도록 했습니다.

일러두기

1 이 책은 교육용 한자 1800자 가운데 중학교 교육용 900자에서 모든 한자를 학습하는 데 가장 기본이 되는 부수 한자만 학습 목표로 삼아 구성하였다.

2 이 책에서는 학습 한자의 뜻과 음을 동시에 표기할 때는 대괄호 [ ]의 형태를 사용하였고, 한자나 한자어를 한글의 음으로 바꾸거나 한글의 음을 한자나 한자어로 바꾸어 표기할 때는 소괄호 ( )의 형태를 사용하였다. 부수나 급수의 표시를 할 때는 홑화살괄호 〈 〉의 형태를 사용하였다.

3 이 책에 구성된 부수 한자는 중001 → 중002 → 중003···의 번호를 순차적으로 부여하면서, 학습 한자를 ㄱ·ㄴ·ㄷ·ㄹ···의 순으로 음에 따라 배열하였다. 또한 부수 표시와 한국어문회급수 표시를 하였다. 구성 방법은 아래와 같다(학습 한자 角자의 경우).

4 이 책의 학습 한자에 이해를 돕기 위해 사용된 고문자는 갑골문 → 금문 → 소전의 순으로 배열하였다. 관련 자형이 없을 때는 생략하

였다.

5 이 책에서는 학습자의 이해를 돕기 위해 학습 한 자나 한자어와 관련된 사진이나 그림을 되도록 많이 사용하였다.

물소의 뿔

6 이 책에서는 문자학을 바탕으로 해당 학습 한자의 자형을 풀이하고, 이어서 자의와 자음을 설명하였다.

7 이 책에서는 프로그램식으로 만든 확인 학습을 두어 한자를 처음 배우는 학습자들이 쉽고 빠르고 정확하게 익히는 데 도움이 되도록 하였다.

8 필순과 쓰기 학습 과정을 두었으며, 학습 한자는 다시 쓰기 복습을 통해 여러 차례에 걸쳐 완전 학습할 수 있도록 구성하였다.

차례

口 [입 구]	⋯ 45
弓 [활 궁]	⋯ 48
金 [쇠 금·성 김]	⋯ 51
己 [몸 기]	⋯ 54

머리말 ⋯ 4
책의 구성 ⋯ 6
일러두기 ⋯ 8

ㄴ

女 [계집 녀] ⋯ 57

ㄱ

角 [뿔 각] ⋯ 15
干 [방패 간] ⋯ 18
甘 [달 감] ⋯ 21
車 [수레 거(차)] ⋯ 24
犬 [개 견]·犭 [개사슴록변] ⋯ 27
見 [볼 견·뵐 현] ⋯ 30
高 [높을 고] ⋯ 33
谷 [골 곡] ⋯ 36
骨 [뼈 골] ⋯ 39
工 [장인 공] ⋯ 42

ㄷ

大 [큰 대] ⋯ 60
刀 [칼 도]·刂 [선칼도] ⋯ 63
斗 [말 두] ⋯ 66
豆 [콩 두] ⋯ 69

ㄹ

力 [힘 력] ⋯ 72
老 [늙을 로]·耂 [늙을로엄] ⋯ 75

里[마을 리] … 78
立[설 립] … 81

非[아닐 비] … 123
飛[날 비] … 126
鼻[코 비] … 129

ㅁ

馬[말 마] … 84
麥[보리 맥] … 87
面[낯 면] … 90
毛[터럭 모] … 93
木[나무 목] … 96
目[눈 목] … 99
文[글월 문] … 102
門[문 문] … 105
米[쌀 미] … 108

ㅅ

士[선비 사] … 132
山[뫼 산] … 135
色[빛 색] … 138
生[날 생] … 141
夕[저녁 석] … 144
石[돌 석] … 147
舌[혀 설] … 150
小[작을 소] … 153
水[물 수]·氵[삼수변] … 156
手[손 수]·扌[재방변] … 159
首[머리 수] … 162
示[보일 시] … 165
食[밥 식(사)] … 168
臣[신하 신] … 171
辛[매울 신] … 174
身[몸 신] … 177

ㅂ

方[모 방] … 111
白[흰 백] … 114
父[아비 부] … 117
比[견줄 비] … 120

心[마음 심]·忄[심방변]·㣺[밑 마음심] ··· 180

十[열 십] ··· 183

氏[성씨 씨] ··· 186

ㅇ

羊[양 양] ··· 189

魚[물고기 어] ··· 192

言[말씀 언] ··· 195

玉[구슬 옥]·王[구슬옥변] ··· 198

瓦[기와 와] ··· 201

曰[가로 왈] ··· 204

用[쓸 용] ··· 207

又[또 우] ··· 210

牛[소 우] ··· 213

雨[비 우] ··· 216

月[달 월] ··· 219

酉[닭 유] ··· 222

肉[고기 육]·月[육달월] ··· 225

乙[새 을]·乚[새을 변형자] ··· 228

音[소리 음] ··· 231

邑[고을 읍]·阝[우부방] ··· 234

衣[옷 의]·衤[옷의변] ··· 237

二[두 이] ··· 240

而[말 이을 이] ··· 243

耳[귀 이] ··· 246

人[사람 인]·亻[인변] ··· 249

一[한 일] ··· 252

日[날 일] ··· 255

入[들 입] ··· 258

ㅈ

子[아들 자] ··· 261

自[스스로 자] ··· 264

長[긴 장]·镸[긴장 변형자] ··· 267

赤[붉을 적] ··· 270

田[밭 전] ··· 273

鳥[새 조] ··· 276

足[발 족]·𧾷[발족변] ··· 279

走[달아날 주] ··· 282

竹[대 죽]·𥫗[대죽머리] ··· 285

止[그칠 지] ··· 288

支[지탱할 지]	… 291
至[이를 지]	… 294
辰[별 진·때 신]	… 297

ㅊ

川[내 천]·巛[개미허리]	… 300
靑[푸를 청]	… 303
寸[마디 촌]	… 306
齒[이 치]	… 309

ㅌ

土[흙 토]	… 312

ㅍ

八[여덟 팔]	… 315
貝[조개 패]	… 318
片[조각 편]	… 321

風[바람 풍]	… 324
皮[가죽 피]	… 327

ㅎ

行[다닐 행·항렬 항]	… 330
香[향기 향]	… 333
革[가죽 혁]	… 336
血[피 혈]	… 339
戶[지게 호]	… 342
火[불 화]·灬[연화발]	… 345
黃[누를 황]	… 348
黑[검을 흑]	… 351

독본	… 354
획수별로 정리한 부수 일람표	… 355
자음 색인	… 358

중001

뿔 각

〈角부수 / 6급〉

角[뿔 각]자는 소와 같은 짐승의 머리에 난 뿔을 본뜬 글자입니다. 따라서 角[뿔 각]자는 뜻이 '뿔'이 되었습니다.

'뿔'은 대개 초식동물(草食動物)이 자기 자신을 보호하면서 상대와 겨루는 데 사용하는 일종의 무기입니다. 흔히 '뿔나다'나 '뿔 솟다'라고 하면

물소의 뿔

'화가 나다'라는 의미로 쓰이는데, 이는 화가 나서 뿔로 상대와 겨루는 상황을 나타내는 것입니다. 따라서 角자는 '겨루다'의 뜻을 지니기도 합니다. 뿐만 아니라 뿔이 뾰족하게 겉으로 튀어나와 있기 때문에 겉으로 튀어나온 부분을 이르는 '모'의 뜻을 지니기도 합니다. 이처럼 뿔과 관련되어 '겨루다'나 '모'를 뜻하기도 하는 角

물소가 맹수와 겨루는 모양

자는 '뿔'을 뜻하는 글자가 되었습니다.

'뿔'을 뜻하는 角[뿔 각]자는 '머리의 뿔'을 뜻하는 頭角(두각), '사슴의 뿔'을 뜻하는 鹿角(녹각), '하나의 뿔이 있는 짐승'을 뜻하는 一角獸(일각수)에서 보듯 '각'으로 읽습니다. 角자는 뜻과 음을 합쳐 '뿔 각'이라 합니다.

일각수

角자가 붙는 한자는 解[풀 해]·觸[닿을 촉]·觴[잔 상]자에서 보듯 뜻이 '뿔'과 관련 있습니다.

● 바로바로 익히는 한자 ●

확인 학습 부수 설명을 참고하여 괄호 안에 알맞은 말을 쓰시오.

1. 角자는 소와 같은 짐승의 머리에 난 (　　)을 본뜬 글자입니다.
2. 角자는 뜻이 (　　)입니다.
3. (　　)은 대개 초식동물이 자기 자신을 보호하면서 상대와 겨루는 데 사용하는 일종의 무기입니다.
4. '머리의 뿔'을 뜻하는 頭角은 두(　　)으로 읽습니다.
5. '사슴의 뿔'을 뜻하는 鹿角은 녹(　　)으로 읽습니다.
6. '하나의 뿔이 있는 짐승'을 뜻하는 一角獸는 일(　　)수로 읽습니다.
7. 角자는 음이 (　　)입니다.
8. 角자는 뜻이 (　　)이고, 음이 (　　)입니다.
9. 角자는 뜻과 음을 합쳐 (　　)이라 합니다.

10. 角자가 붙는 한자는 解·觸·觴자에서 보듯 뜻이 (　　)과 관련 있습니다.

● 쓰면서 익히는 한자 ●

쓰기 학습　빈 칸에 한자를 쓰고, 뜻과 음을 쓰시오.

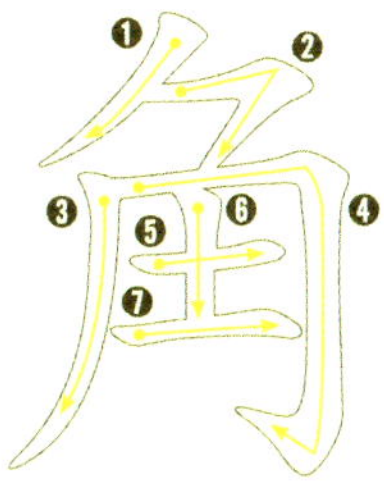

角	角			
	뿔 각			
뿔 각(총7획)				

이름 쓰기　자신의 이름을 한자로 쓰고, 아래에 뜻과 음을 적으시오.

부모님이 써 주기

스스로 써 보기

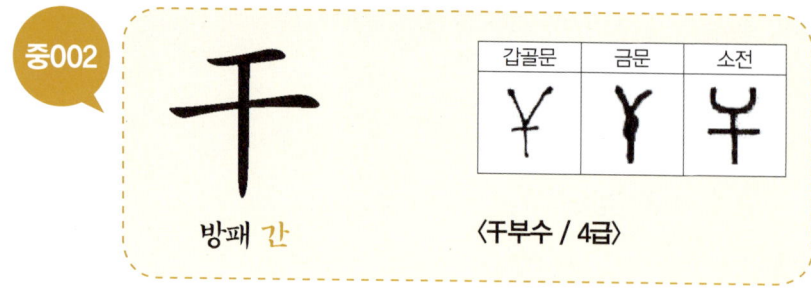

干[방패 간]자는 끝에 갈라진 가지가 있는 옛날 무기를 나타낸 글자입니다. 이 무기는 상대를 공격하거나 막을 때 사용했습니다. 하지만 주로 막는 데 쓰이면서 干[방패 간]자는 '막다'의 뜻을 지니고, 다시 막는 무기인 '방패'의 뜻을 지니게 되었습니다.

공격은 최선의 방어이며, 공격은 막는 무기가 있을 때 더욱 더 공격적이게 됩니다. 따라서 아주 옛날부터 적이나 맹수를 공격하면서 동시에 막는 역할을 하는 무기가 만들어졌습니다. 干자 형태의 옛날 무기는 갈라진 끝이 뾰족한 무기이기 때문에 적을 범할 수도 있어 干[방패 간]자는 '범하다'의 뜻을 지니기도 합니다.

'방패'를 뜻하는 干[방패 간]자는 '방패와 창'을 뜻하는 干戈(간과)나 '방패와 성'을 뜻하는 干城(간성)

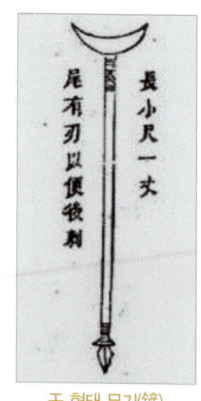

干 형태 무기(鏟)

조선의 방패

에서 보듯 '간'으로 읽습니다. 干涉(간섭)이나 干與(간여)에서도 干[방패 간]자는 '간'으로 읽지만 뜻은 '범하다'와 관련되어 있습니다. 干자는 그 뜻과 음을 합쳐 '방패 간'이라 합니다.

干 형태의 무기를 들고 싸우는 모습

干자는 刊[책 펴낼 간]·肝[간 간]·奸[범할 간]·竿[장대 간]자 등의 글자 구성에 도움을 주면서 주로 음의 역할을 합니다.

● 바로바로 익히는 한자 ●

확인 학습 부수 설명을 참고하여 괄호 안에 알맞은 말을 쓰시오.

1. 干자는 끝에 갈라진 가지가 있는 옛날 (　　)를 나타낸 글자입니다.
2. 干자는 '막다'의 뜻을 지니고, 다시 막는 무기인 (　　)의 뜻을 지니게 된 글자입니다.
3. 干자는 뜻이 (　　)입니다.
4. '방패와 창'을 뜻하는 干戈는 (　　)과로 읽습니다.
5. '방패와 성'을 뜻하는 干城은 (　　)성으로 읽습니다.
6. '범하다'의 뜻과 관련된 干涉이나 干與의 干자는 음이 (　　)입니다.
7. 干자는 뜻이 (　　)고, 음이 (　　)입니다.
8. 干자는 뜻과 음을 합쳐 (　　　)이라 합니다.

9. 干자는 刊·肝·奸·竿자 등의 구성에 도움을 주면서 주로 (   )의 역할을 합니다.

● 쓰면서 익히는 한자 ●

쓰기 학습   빈 칸에 한자를 쓰고, 뜻과 음을 쓰시오.

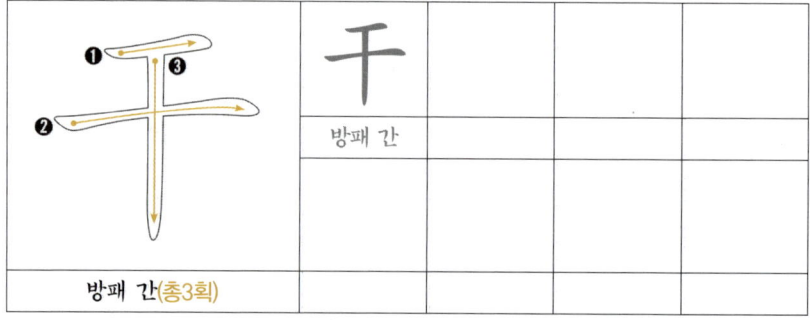

쓰기 복습   빈 칸에 뜻과 음에 맞는 한자를 쓰시오.

뽤각	뽤각	뽤각	뽤각	뽤각	뽤각	뽤각	뽤각

중003 甘
달 감

〈甘부수 / 4급〉

甘[달 감]자는 맛과 관련된 뜻을 지닌 글자인데, 맛은 일정한 형태가 없습니다. 하지만 '단 것'은 대부분의 사람들이 좋아하기 때문에 흔히 입 속에 넣고 즐기는 맛입니다. 따라서 입과 그 속에 무언가 '단 것'을 머금고 있는 형상을 선(線)으로 표현한 한자인 甘[달 감]자는 뜻이 '달다'가 되었습니다. 甘[달 감]자에서 廿의 형태는 '입'을 나타내고, —의 형태는 '단 것'을 나타내는 것입니다.

입 속에 단 것을 머금은 형상

'달다'를 뜻하는 甘[달 감]자는 '단 맛이 나는 풀'을 뜻하는 甘草(감초), '단 맛이 나는 술'을 뜻하는 甘酒(감주), '달게 받다'를 뜻하는 甘受(감수)의 말에서 보듯 '감'으로 읽습니

단 것

다. 甘자는 뜻과 음을 합쳐 '달 감'이라 합니다.

甘자는 柑[귤나무 감]·疳[감질 감]·紺[반물 감]·嵌[산골짜기 감]자에서 보듯 주로 글자 구성에 도움을 주면서 음의 역할을 합니다.

● 바로바로 익히는 한자 ●

확인 학습 부수 설명을 참고하여 괄호 안에 알맞은 말을 쓰시오.

1. 甘자는 (　)과 관련된 뜻을 지닌 글자입니다.
2. '단 것'은 대부분의 사람들이 좋아하기 때문에 흔히 입 속에 넣고 즐기는 (　)입니다.
3. 입과 그 속에 무언가 (　　)을 머금고 있는 형상을 선으로 표현한 한자가 甘자입니다.
4. 甘자는 뜻이 (　　)입니다.
5. 甘자에서 ㅂ의 형태는 (　)을 나타내고, -의 형태는 (　　)을 나타냅니다.
6. '단 맛이 나는 풀'을 뜻하는 甘草는 (　)초로 읽습니다.
7. '단 맛이 나는 술'을 뜻하는 甘酒는 (　)주로 읽습니다.
8. '달게 받다'를 뜻하는 甘受는 (　)수로 읽습니다.
9. 甘자는 음을 (　)으로 읽습니다.
10. 甘자는 뜻과 음을 합쳐 (　　)이라 합니다.
11. 甘자는 柑·疳·紺·嵌자에서 보듯 주로 글자 구성에 도움을 주면서 (　)의 역할을 합니다.

● 쓰면서 익히는 한자 ●

쓰기 학습 빈 칸에 한자를 쓰고, 뜻과 음을 쓰시오.

甘	甘 달 감		
달 감(총5획)			

쓰기 복습 빈 칸에 뜻과 음에 맞는 한자를 쓰시오.

뿔 각	방패 간	방패 간	방패 간	방패 간	방패 간	방패 간	방패 간

수레 거(차)

갑골문	금문	소전

〈車부수 / 6급〉

車[수레 거(차)]자는 바퀴를 특징으로 삼은 수레를 본뜬 글자입니다. 따라서 車[수레 거(차)]자는 뜻이 '수레'가 되었습니다.

옛날 사람들이 맨 처음 수레를 만들었을 때는 오늘날의 전차(戰車)처럼 주로 싸우는 데 사용했습니다. 초패왕(楚覇王) 항우(項羽)와 한고조(漢高祖) 유방(劉邦)이 서로 다투는 것을 놀이로 만든 장기판(將棋板)에서도 車(차)는 전차의 역할을 하고 있습니다.

車[수레 거(차)]자는 '사람의 힘으로 끄는 수레'를 뜻하는 人力車(인력거)나 '사람의 다리 힘을 이용해 스스로 굴러가는

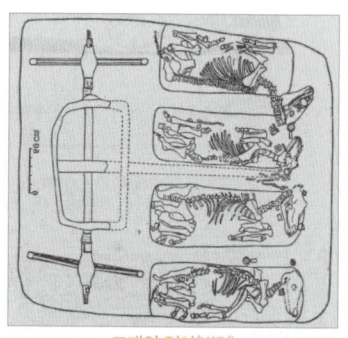

고대의 전차(병거)

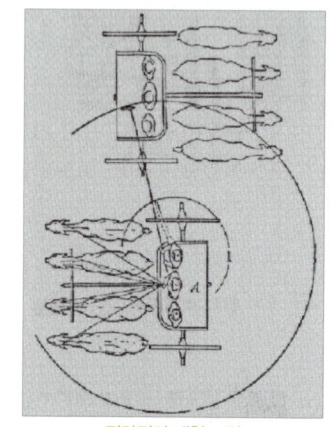

전차전의 재현 그림

수레'를 뜻하는 自轉車(자전거)에서처럼 사람의 힘으로 움직이는 수레의 뜻으로 쓰일 때는 '거'로 읽습니다. 또 '말이 끄는 수레'를 뜻하는 馬車(마차)나 '스스로 움직이는 수레'를 뜻하는 自動車(자동차)에서처럼 동물이나 동력을 이용해 움직이는 수레의 뜻으로 쓰일 때는 '차'로 읽습니다. 이렇게 車[수레 거(차)]자는 '거'로도 읽고, '차'로도 읽습니다. 車자는 뜻과 음을 합쳐 '수레 거'나 '수레 차'라 합니다.

車자가 붙는 한자는 軍[군사 군]·輩[무리 배]·轟[울릴 굉]·輕[가벼울 경]자나 陣[진칠 진]·斬[벨 참]·庫[곳집 고]·連[이을 련]자처럼 뜻이 '수레'와 관련 있습니다.

車 이체자

● 바로바로 익히는 한자 ●

확인 학습 부수 설명을 참고하여 괄호 안에 알맞은 말을 쓰시오.

1. 車자는 바퀴를 특징으로 삼은 (　　)를 본뜬 글자입니다
2. 車자는 뜻이 (　　)입니다.
3. 옛날 사람들이 맨 처음 수레를 만들었을 때는 오늘날의 (　　)처럼 주로 싸우는 데 사용했습니다.
4. 人力車나 自轉車의 車자는 음이 (　　)입니다.
5. 사람의 힘으로 움직이는 수레의 뜻으로 쓰일 때에 車자는 음을 (　　)로 읽습니다.
6. 馬車나 自動車의 車자는 음이 (　　)입니다.
7. 동물이나 동력을 이용해 움직이는 수레의 뜻으로 쓰일 때에 車자는

음을 (　)로 읽습니다.
8. 車자는 음을 (　)로도 읽고, (　)로도 읽습니다.
9. 車자는 뜻과 음을 합쳐 (　　)나 (　　)라 합니다.
10. 車자가 붙는 軍·輩·轟·輕자나 陣·斬·庫·連자는 뜻이 (　　)와 관련이 있습니다.

● 쓰면서 익히는 한자 ●

쓰기 학습 빈 칸에 한자를 쓰고, 뜻과 음을 쓰시오.

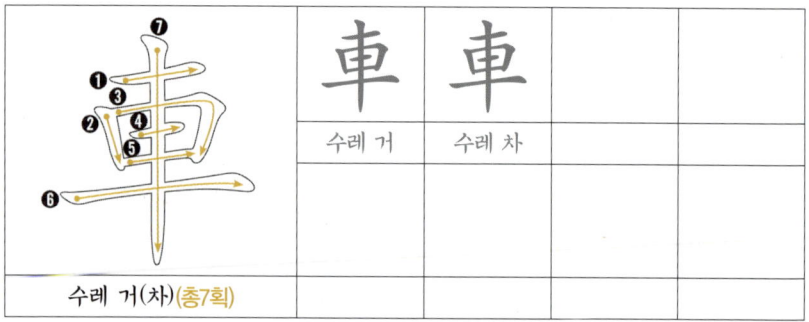

	車	車		
	수레 거	수레 차		
수레 거(차)(총7획)				

쓰기 복습 빈 칸에 뜻과 음에 맞는 한자를 쓰시오.

뿔 각	방패 간	달 감	달 감	달 감	달 감	달 감	달 감

갑골문	금문	소전

犬 개사슴록변
개 견
〈犬부수 / 4급〉

犬[개 견]자는 원래 주둥이와 두 귀가 있는 머리, 몸체에 이어진 두 다리와 꼬리가 있는 개를 세워서 본뜬 글자입니다. 따라서 犬[개 견]자는 뜻이 '개'가 되었습니다.

진돗개(진도견)

개는 늑대를 길들인 것입니다. 늑대를 인위적으로 순하게 만들어 사람을 잘 따르게 했습니다. 특히 냄새를 잘 맡으며 귀가 밝아 오늘날 사냥이나 마약 등을 탐지하는 데 활용되고 있습니다.

犬[개 견]자는 '사나운 개'를 뜻하는 猛犬(맹견), '사랑하는 개'를 뜻하는 愛犬(애견), '충성스런 개'를 뜻하는 忠犬(충견)에서 보듯 '견'으로 읽습니다. 犬자는 뜻과 음을 합쳐 '개 견'이라 합니다. 犬[개 견]자가 다른 자형과 어울려 하나의 글자를 이룰 때는 犭의 형태로 변형되기도 합니다. 犭은 '개'를 뜻하는 또 다른 한자로 어린 개와 관련된 狗[개 구]자에서 쓰임을 엿볼 수 있습니다. 犭은 형태가 사슴뿔처럼 보이기 때문에 사슴을 뜻하는 鹿[사슴 록]자의 뜻과 음인 '사슴 록'에, 개와 관련된 자형이므로 '개'를 앞에 붙이고, 항상 글자에서 왼쪽에 붙으므로 '변'을 붙여 '개사슴록변'이라 합니다.

개는 사람이 길들인 최초의 야생동물입니다. 따라서 犬자가 변형된 犭이 붙는 한자는 狐[여우 호]·狼[이리 랑]·猿[원숭이 원]·獅[사자 사]·猩[성성이 성]·猪[돼지 저]자 등에서 보듯 뜻이 주로 '야생동물'과 관련 있습니다.

화조구자도(이암)

• 바로바로 익히는 한자 •

확인 학습 부수 설명을 참고하여 괄호 안에 알맞은 말을 쓰시오.

1. 犬자는 원래 주둥이와 두 귀가 있는 머리, 몸체에 이어진 두 다리와 꼬리가 있는 (   )를 세워서 본뜬 글자입니다.

2. 犬자는 뜻이 (   )입니다.

3. 犬자가 다른 자형과 어울려 하나의 글자를 이룰 때는 (   )의 형태로 변형되어 쓰입니다.

4. 犭은 형태가 사슴뿔처럼 보이기 때문에 사슴을 뜻하는 鹿자의 뜻과 음인 '사슴 록'에 개와 관련된 자형이므로 '개'를 앞에 붙이고, 항상 글자에서 왼쪽에 붙으므로 '변'을 뒤에 붙여 (   )이라 합니다.

5. 犬자는 猛犬, 愛犬, 忠犬에서 보듯 (   )으로 읽습니다.

6. 犬자는 음이 (　)입니다.

7. 犬자는 뜻과 음을 합쳐 (　　)이라 합니다.

8. 犬자가 변형된 犭이 붙는 한자는 狐·狼·猿·獅·猩·猪자 등에서 보듯 뜻이 주로 (　　)과 관련이 있습니다.

● 쓰면서 익히는 한자 ●

쓰기 학습 빈 칸에 한자를 쓰고, 뜻과 음을 쓰시오.

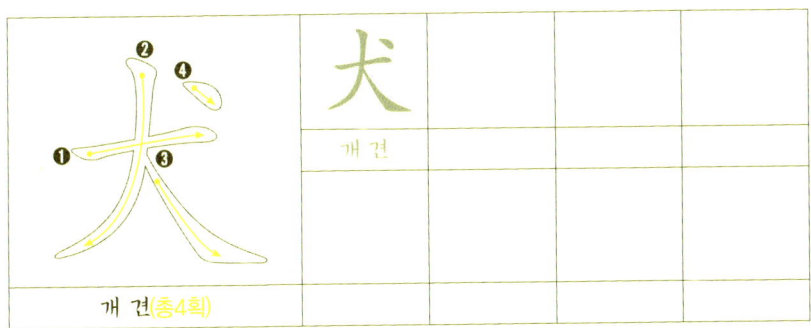

쓰기 복습 빈 칸에 뜻과 음에 맞는 한자를 쓰시오.

뿔 각	방패 간	달 감	수레 거	수레 차	수레 거	수레 차	수레 거

〈見부수 / 5급〉

見[볼 견]자는 目[눈 목]자와 儿[어진 사람 인]자가 합쳐진 글자입니다. 目[눈 목]자는 '눈'을 나타내고, 儿[어진 사람 인]자는 '사람'을 나타냅니다. 儿[어진 사람 인]자는 人[사람 인]자를 약간 다르게 쓴 것입니다. 따라서 見[볼 견]자는 눈[目]이 강조된 사람[儿]을 표현한 글자입니다. 눈을 강조하면서, 눈[目]으로 사람[儿]이 무언가 본다 하여 見[볼 견]자는 뜻이 '보다'가 되었습니다.

옥으로 만든 사람 형상

見[볼 견]자는 '보고 배우다'라는 뜻의 見學(견학), '보고 듣다'라는 뜻의 見聞(견문), '다르게 보다'라는 뜻의 異見(이견)이란 말에서 보듯 음을 '견'으로 읽습니다. 見자는 뜻과 음을 합쳐 '볼 견'이라 합니다.

아랫사람이 윗사람을 보는 것은 '뵙다'라고 합니다. 신하가 임금을 뵙는 것을 '알현'이라고 합니다. '알현'은 한자로 '謁見'인데, 이때 見자가 '뵙다'를 뜻하면서 음은 '현'으로 읽습니다. 따라서 見자는 뜻과 음을 합쳐 '뵐 현'이라고도 합니다.

見자는 現[나타날 현]·峴[고개 현]·硯[벼루 연]자에서처럼 음의 역할도 하고, 視[볼 시]·觀[볼 관]·覩[볼 도]자에서처럼 뜻의 역할도 합니다.

왕을 알현하는 모습(재현)

● 바로바로 익히는 한자 ●

확인 학습 부수 설명을 참고하여 괄호 안에 알맞은 말을 쓰시오.

1. 見자는 (　)자와 (　)자가 합쳐진 글자입니다.
2. 目자는 (　)을 나타내고, 儿자는 (　)을 나타냅니다.
3. 눈[目]으로 사람[儿]이 무언가 (　) 하여 見자는 뜻이 (　)가 되었습니다.
4. 見자는 뜻이 (　)입니다.
5. '보고 배우다'라는 뜻의 見學은 (　)학으로 읽습니다.
6. '보고 듣다'라는 뜻의 見聞은 (　)문으로 읽습니다.
7. '다르게 보다'라는 뜻의 異見은 이(　)으로 읽습니다.
8. 見자는 음이 (　)입니다.
9. 見자는 뜻과 음을 합쳐 (　)이라 합니다.
10. '알현'은 한자로 '謁見'인데, 이때 見자는 (　)를 뜻하면서 음은

( )으로 읽습니다. 따라서 見자는 뜻과 음을 합쳐 ( )이라고도 합니다.

11. 見자는 現·峴·硯자에서처럼 ( )의 역할도 하고, 視·觀·覲자에서처럼 ( )의 역할도 합니다.

● 쓰면서 익히는 한자 ●

쓰기 학습 빈 칸에 한자를 쓰고, 뜻과 음을 쓰시오.

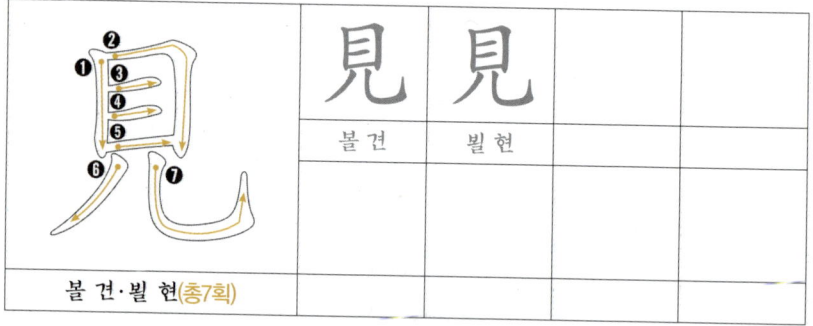

볼 견·빌 현(총7획)

쓰기 복습 빈 칸에 뜻과 음에 맞는 한자를 쓰시오.

뿔 각	방패 간	달 감	수레 거	수레 차	개 견	개사슴록변	개 견

高
높을 고

갑골문	금문	소전
高	高	高

〈高부수 / 6급〉

高[높을 고]자는 건물이 높은 대(臺) 위에 있는 모양을 본뜬 글자입니다. 건물이 높은 대 위에 있다 하여 高[높을 고]자는 뜻이 '높다'가 되었습니다.

고대광실 근정전

'높다'라는 뜻은 구체적인 형태로 나타낼 수 없습니다. 따라서 '높다'를 뜻하는 데 도움이 될 만한 높은 대 위의 건물 모양을 나타낸 高[높을 고]자로 뜻을 나타낸 것입니다. 문명이 발달되지 않았던 옛날에 사람의 힘으로 만든 것 가운데 가장 높은 것은 높은 사람이 사는 궁궐과 같은 고대광실(高臺廣室)이었습니다. 바로 고대광실과 같은 높은 대 위의 건물 모양에서 비롯되면서 '높다'의 뜻을 지니게 된 한자가 高[높을 고]자입니다.

高[높을 고]자는 '높은 산'을 뜻하는 高山(고산), '높은 소리'를 뜻하는 高音(고음), '지대가 높은 땅'을 뜻하는 高地(고지)의 말에서 보듯 음을

'고'로 읽습니다. 高자는 뜻과 음을 합쳐 '높을 고'라 합니다.

 高자는 稿[볏짚 고]·膏[기름 고]·敲[두드릴 고]·縞[명주 호]·嚆[울릴 효]자의 구성에 도움을 주면서 주로 음의 역할을 합니다. 豪[호걸 호]·毫[가는 털 호]자도 高자의 일부가 생략되었지만 高자가 음의 역할을 하는 한자입니다.

초고층 건물 부르즈 칼리파

● 바로바로 익히는 한자 ●

확인 학습 부수 설명을 참고하여 괄호 안에 알맞은 말을 쓰시오.

1. 高자는 건물이 (　　) 대 위에 있는 모양을 본뜬 글자입니다.
2. 건물이 높은 대 위에 있다 하여 高자는 뜻이 (　　)가 되었습니다.
3. 고대광실과 같은 높은 대 위의 건물 모양에서 비롯되면서 (　　)의 뜻을 지니게 된 한자가 高자입니다.
4. 高자는 뜻이 (　　)입니다.
5. '높은 산'을 뜻하는 高山은 (　　)산으로 읽습니다.
6. '높은 소리'를 뜻하는 高音은 (　　)음으로 읽습니다.
7. '지대가 높은 땅'을 뜻하는 高地는 (　　)지로 읽습니다.
8. 高자는 음이 (　　)입니다.

9. 高자는 뜻과 음을 합쳐 (　　　)라 합니다.
10. 高자는 稿·膏·敲·縞·嚆자의 구성에 도움을 주면서 주로 (　)의 역할을 합니다.

● 쓰면서 익히는 한자 ●

쓰기 학습 빈 칸에 한자를 쓰고, 뜻과 음을 쓰시오.

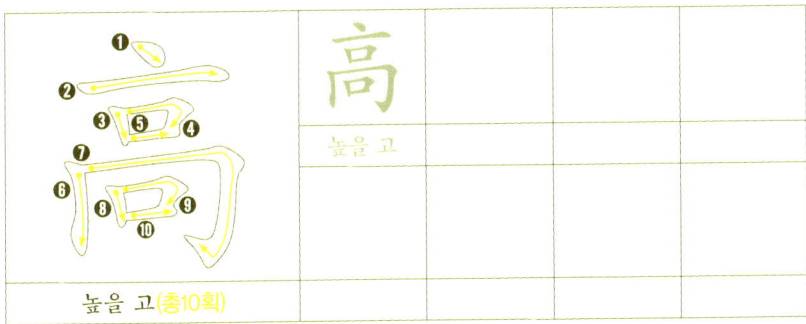

높을 고(총10획)

쓰기 복습 빈 칸에 뜻과 음에 맞는 한자를 쓰시오.

방패 간	달 감	수레 거	수레 차	개 견	개사슴록변	볼 견	빛날 현

골 곡

〈谷부수 / 3급〉

▸ 물이 흘러나오는 골

谷[골 곡]자는 양쪽의 산 사이로 물이 흘러나오는 골(골짜기)을 나타낸 글자입니다. 따라서 谷[골 곡]자는 뜻이 '골'이 되었습니다.

예부터 '산이 높으면 골이 깊다'고 했습니다. 골이 깊으면 물도 끊이지 않고 많이 흐르게 됩니다. 谷[골 곡]자에서는 八의 형태를 위와 아래에 겹쳐 쓰면서 끊이지 않고 흐르는 물을 나타냈고, 口의 형태로 골의 입구를 나타냈습니다. 끊이지 않고 흐르는 물과 골의 입구를 나타낸 데서 谷[골 곡]자는 '골'의 뜻을 지닌 글자가 된 것입니다.

谷[골 곡]자는 '시내가 흐르는 골'을 뜻하는 溪谷(계곡), '골에서 부는 바람'을 뜻하는 谷風(곡풍), '깊은 산 깊은 골'을 뜻하는 深山幽谷(심산유곡)에서 보듯 음을 '곡'으로 읽습니다. 谷자는 뜻과 음을 합쳐 '골 곡'이라 합니다.

谷자는 谿[시내 계]·豁[뚫린 골 활]자에서 뜻의 역할을 하고, 俗[풍습 속]·浴[목욕할 욕]·欲[하고자할 욕]·裕[넉넉할 유]자에서 음의 역할을 합니다.

지리산 뱀사골 골짜기

● 바로바로 익히는 한자 ●

확인 학습 부수 설명을 참고하여 괄호 안에 알맞은 말을 쓰시오.

1. 谷자는 양쪽의 산 사이로 물이 흘러나오는 (   )을 나타낸 글자입니다.
2. 谷자에서는 八의 형태를 위와 아래에 겹쳐 쓰면서 끊이지 않고 흐르는 (   )을 나타냈고, 口의 형태로 (   )의 입구를 나타냈습니다.
3. 谷자는 (   )의 뜻을 지닌 글자입니다.
4. '시내가 흐르는 골'을 뜻하는 溪谷은 계(   )으로 읽습니다.
5. '골에서 부는 바람'을 뜻하는 谷風은 (   )풍으로 읽습니다.
6. '깊은 산 깊은 골'을 뜻하는 深山幽谷은 심산유(   )으로 읽습니다.
7. 谷자는 음을 (   )으로 읽습니다.
8. 谷자는 뜻이 (   )이고, 음이 (   )입니다.
9. 谷자는 뜻과 음을 합쳐 (   )이라 합니다.

10. 谷자는 谿·豁자에서 (   )의 역할을 하고, 俗·浴·欲·裕자에서
    (   )의 역할을 합니다.

● 쓰면서 익히는 한자 ●

쓰기 학습 빈 칸에 한자를 쓰고, 뜻과 음을 쓰시오.

谷	谷			
	골 곡			
골 곡(총7획)				

쓰기 복습 빈 칸에 뜻과 음에 맞는 한자를 쓰시오.

달 감	수레 거	수레 차	개 견	개사슴록변	볼 견	빛 현	높을 고

〈骨부수 / 4급〉

骨[뼈 골]자는 원래 금이 간 뼈를 간단한 형태로 표현한 글자였습니다. 후에 금이 간 뼈는 冎로 쓰이고, 다시 뼈에 살이 붙어 있었음을 나타내기 위해 肉[고기 육]자의 변형 月[육달월]을 붙인 骨[뼈 골]자가 만들어져 '뼈'의 뜻을 지니게 되었습니다.

오래된 뼈

정강뼈

사람의 뼈는 같은 무게의 돌이나 쇠보다도 더 단단할 정도로 강합니다. 심지어 집 지을 때 쓰는 콘크리트보다 단단합니다. 단단한 뼈는 뇌나 폐 등의 연약한 장기를 보호하며, 몸을 지탱하는 데도 중요한 역할을 합니다. 몸을 지탱하는 뼈 가운데 중요한 하나가 정강뼈입니다. 정강뼈는 내리누르는 25톤의 충격까지도 버틸 수 있습니다. 그래서 사람이 죽으면 비교적 오랫동안 남아 있는 뼈가 정강뼈라 할 수 있습니다. 바로 그런 뼈에 금이 간 모양을 바탕으로 이뤄진 한자가 '뼈'를 뜻하는 骨[뼈 골]자입니다.

骨[뼈 골]자는 '흰 뼈'를 뜻하는 白骨(백골), '죽은 뒤에 남은 뼈'를 뜻하는 遺骨(유골), '머리를 덮는 뼈'를 뜻하는 頭蓋骨(두개골)에서 보듯 음을 '골'로 읽습니다. 骨자는 뜻과 음을 합쳐 '뼈 골'이라 합니다.

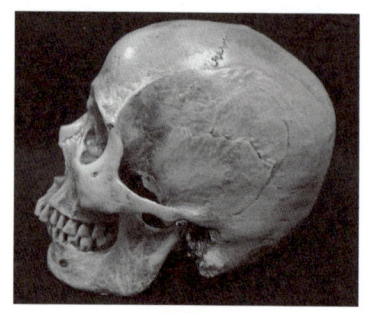
두개골

骨자가 붙는 한자는 骸[뼈 해]·髓[골 수]·體[몸 체]자에서처럼 뜻이 '뼈'와 관련이 있습니다. 骨자는 滑[미끄러울 활]자나 猾[교활할 활]자에서 음의 역할을 하기도 합니다.

● 바로바로 익히는 한자 ●

확인 학습 부수 설명을 참고하여 괄호 안에 알맞은 말을 쓰시오.

1. 骨자는 원래 금이 간 (　)를 간단한 형태로 표현한 글자였습니다.
2. 骨자는 (　)의 뜻을 지닌 글자입니다.
3. 뼈에 금이 간 모양을 바탕으로 이뤄진 한자가 (　)를 뜻하는 骨자입니다.
4. '흰 뼈'를 뜻하는 白骨은 백(　)로 읽습니다.
5. '죽은 뒤에 남은 뼈'를 뜻하는 遺骨은 유(　)로 읽습니다.
6. '머리를 덮는 뼈'를 뜻하는 頭蓋骨은 두개(　)로 읽습니다.
7. 骨자는 음을 (　)로 읽습니다.

8. 骨자는 뜻이 (　)고, 음이 (　)입니다.

9. 骨자는 뜻과 음을 합쳐 (　　)이라 합니다.

10. 骨자가 붙는 한자는 骸·髓·體자에서처럼 뜻이 (　　)와 관련이 있습니다.

11. 骨자는 滑자나 猾자에서 (　)의 역할을 하기도 합니다.

● 쓰면서 익히는 한자 ●

쓰기 학습 빈 칸에 한자를 쓰고, 뜻과 음을 쓰시오.

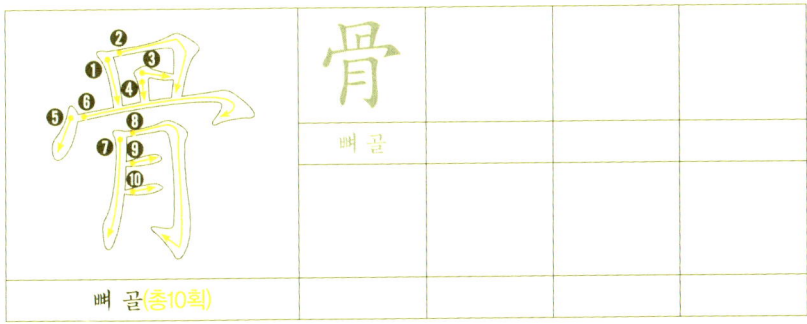

쓰기 복습 빈 칸에 뜻과 음에 맞는 한자를 쓰시오.

수레 거	수레 차	개 견	개사슴록변	볼 견	뵐 현	높을 고	골 곡

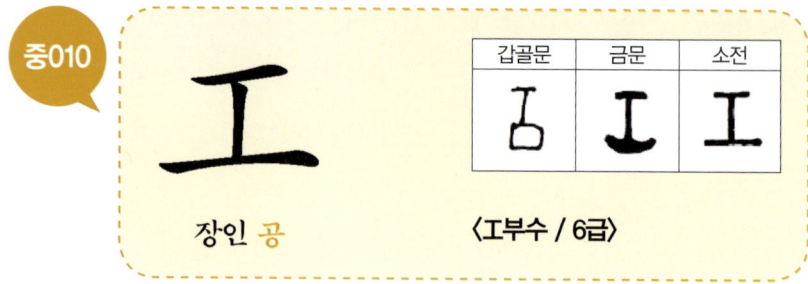

장인 공

〈工부수 / 6급〉

工[장인 공]자는 절굿공이나 도끼, 또는 선을 긋는 자나 정과 같은 어떤 도구를 표현한 글자로 보입니다. 그런 도구를 사용해 물건 만드는 사람이 장인입니다. 工[장인 공]자는 도구를 사용해 물건 만드는 사람과 관련해 뜻이 '장인'이 되었습니다.

장인을 표현한 그림(김준근)

옛날에는 백성을 대체로 선비[士]와 농부[農]와 장인[工]과 상인[商]의 네 부류로 나누었습니다. 그 가운데 장인은 솜씨 있게 물건 만드는 일을 하는 사람을 말합니다. 솜씨 있게 물건을 만들려면 도구가 필요하니 '장인'을 뜻하는 工[장인 공]자는 도구를 표현해 그 글자가 이뤄졌습니다.

工[장인 공]자는 '돌을 다루어 물건 만드는 장인'을 뜻하는 石工(석공), '그릇을 만드는 장인'을 뜻하는 陶工(도공), '여자 장인'을 뜻하는 女工(여공)에서 보듯 음을 '공'으로 읽습니다. 工자는 뜻과 음을 합쳐 '장인 공'이

도공(폴 자쿨레)

라 합니다.

工자는 功[일 공]·空[빌 공]·攻[칠 공]·貢[바칠 공]·恐[두려울 공]·鞏[묶을 공]·控[당길 공]·江[강 이름 강]·腔[빈 속 강]·紅[붉을 홍]·虹[무지개 홍]·訌[무너질 홍]·鴻[큰 기러기 홍]·項[목 항]·肛[똥구멍 항]·缸[항아리 항]자 등의 많은 한자에서 보듯 음의 역할을 합니다.

● 바로바로 익히는 한자 ●

확인 학습   부수 설명을 참고하여 괄호 안에 알맞은 말을 쓰시오.

1. 工자는 절굿공이나 도끼, 또는 선을 긋는 자나 정과 같은 어떤 (   )를 표현한 글자로 보입니다.

2. 도구를 사용해 물건 만드는 사람은 (   )입니다.

3. 工자는 도구를 사용해 물건 만드는 사람과 관련해 뜻이 (   )이 되었습니다.

4. 옛날에는 백성을 대체로 선비[士]와 농부[農]와 장인[工]과 상인[商]의 네 부류로 나누었습니다. 그 가운데 (   )은 솜씨 있게 물건 만드는 일을 하는 사람을 말합니다.

5. 工자는 뜻이 (   )입니다.

6. 石工, 陶工, 女工의 工자는 (   )으로 읽습니다.

7. 工자는 음을 (   )으로 읽습니다.

8. 工자는 뜻이 (　　)이고, 음이 (　)입니다.

9. 工자는 뜻과 음을 합쳐 (　　　)이라 합니다.

10. 工자는 功·空·攻·貢·恐·鞏·控자 등의 많은 한자에서 보듯 (　　)
의 역할을 합니다.

● 쓰면서 익히는 한자 ●

쓰기 학습 빈 칸에 한자를 쓰고, 뜻과 음을 쓰시오.

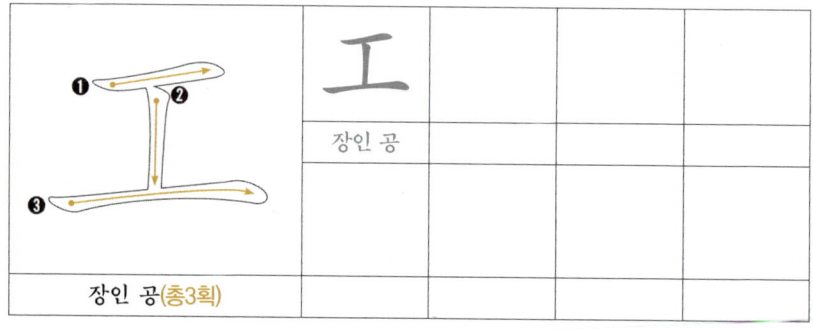

	工			
	장인 공			
장인 공(총3획)				

쓰기 복습 빈 칸에 뜻과 음에 맞는 한자를 쓰시오.

수레 차	개 견	개사슴록변	볼 견	빛날 현	높을 고	골 곡	뼈 골

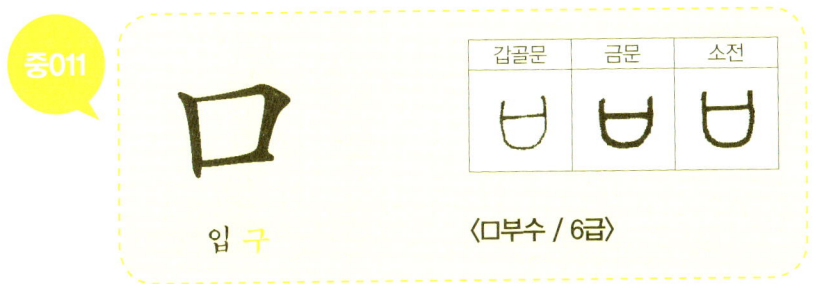

口
입 구

〈口부수 / 6급〉

口[입 구]자는 입의 모습을 본뜬 글자입니다. 따라서 口[입 구]자는 뜻이 '입'이 되었습니다.

아주 옛날 사람의 입은 그저 먹는 역할만 했습니다. 하지만 사람이 손과

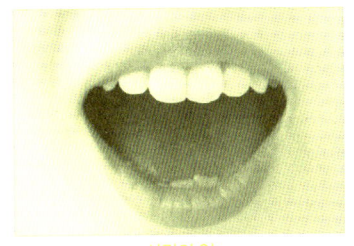
사람의 입

발을 자유자재로 사용하는 고등동물이 되면서 입은 대화를 나누는 중요한 역할을 담당하게 되었습니다. 그렇게 입은 먹고 말하는 역할을 하는 부위입니다. 먹고 말하는 것은 사람에게 중요한 일입니다. 입이 없으면 사람은 살기 어렵습니다. 따라서 口[입 구]자는 '사람'을 뜻하기도 합니다. 또 입은 먹고 말하며 음식과 말이 드나들기에 口[입 구]자는 무언가 드나드는 '어귀'나 '구멍'을 뜻하기도 합니다.

口[입 구]자는 '큰 입의 물고기'를 뜻하는 大口(대구), '한 집에서 같이 살면서 밥을 먹는 사람'을 뜻하는 食口(식구), '사람이 나가고 들어가는 어귀'를 뜻하는 出入口(출입구)에서 보듯 음을 '구'로 읽습니다. 口자는 뜻

과 음을 합쳐 '입 구'라 합니다.

口자가 붙는 한자는 問[물을 문]·召[부를 소]·吐[토할 토]·名[이름 명]·吹[불 취]자에서처럼 뜻이 '입'과 관련이 있습니다.

대식구의 식사

● 바로바로 익히는 한자 ●

확인 학습 부수 설명을 참고하여 괄호 안에 알맞은 말을 쓰시오.

1. 口자는 (　)의 모습을 본뜬 글자입니다.
2. 口자는 뜻이 (　)입니다.
3. 입이 없으면 사람은 살기 어렵습니다. 따라서 口자는 (　　)을 뜻하기도 합니다.
4. 입은 먹고 말하며 음식과 말이 드나들기에 口자는 무언가 드나드는 (　　)나 (　　)을 뜻하기도 합니다.
5. '큰 입의 물고기'를 뜻하는 大口는 대(　)로 읽습니다.
6. '한 집에서 같이 살면서 밥을 먹는 사람'을 뜻하는 食口는 식(　)로 읽습니다.
7. '사람이 나가고 들어가는 어귀'를 뜻하는 出入口는 출입(　)라고 읽습니다.
8. 口자는 음을 (　)로 읽습니다.
9. 口자는 뜻과 음을 합쳐 (　　)라 합니다.

10. 口자가 붙는 한자는 問·김·吐·名·吹자에서처럼 뜻이 (   )과 관련이 있습니다.

● 쓰면서 익히는 한자 ●

쓰기 학습 빈 칸에 한자를 쓰고, 뜻과 음을 쓰시오.

	口		
	입 구		
입 구 (총3획)			

쓰기 복습 빈 칸에 뜻과 음에 맞는 한자를 쓰시오.

개 견	개사슴록변	볼 견	뵐 현	높을 고	골 곡	뼈 골	장인 공

활 궁

갑골문	금문	소전

〈弓부수 / 3급〉

弓[활 궁]자는 시위가 없는 활을 본뜬 글자입니다. 따라서 弓[활 궁]자는 뜻이 '활'이 되었습니다. 원래 弓[활 궁]자는 시위가 있는 형태와 없는 형태가 모두 쓰였습니다. 그러나 아무래도 시위를 매어 놓지 않을 때가 많을 수밖에 없으니 弓[활 궁]자는 시위가 없는 활로 나타냈습니다.

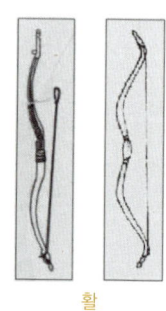

활

흔히 중국은 창의 나라, 일본은 칼의 나라, 한국은 활의 나라라고 합니다. 산이 많은 우리나라는 왜구나 오랑캐가 쳐들어오면 산 위의 성에 올라 싸웠는데, 멀리 있는 적과 싸울 때 주로 활을 사용했습니다. 이처럼 예부터 우리 조상들은 활을 주로 사용했기에, 가장 큰 스포츠 축제인 올림픽 경기에서도 활 쏘는 경기에서 좋은 성적을 거두고 있습니다.

활 쏘는 경기는 洋弓(양궁)입니다. 洋弓(양궁) 경기에서 弓術(궁술)이 신의 경지에 이를 정도로 뛰어난 弓手(궁수)는 神弓(신궁)이라 합니다. 그렇게 활과 관련된 말인 洋弓(양궁)·弓術(궁술)·弓手(궁수)·神弓(신궁)에서 보듯 弓자는 음이 '궁'입니다. 弓자는 뜻과 음을 합쳐 '활 궁'이라 합니다.

弓자가 붙은 한자는 引[당길 인]·弛[늦출 이]·弦[시위 현]·弧[활 호]·張[당길 장]·彈[탄알 탄]자 등에서 보듯 뜻이 '활'과 관련이 있습니다.

양궁 선수가 활 쏘는 모습

● 바로바로 익히는 한자 ●

확인 학습 부수 설명을 참고하여 괄호 안에 알맞은 말을 쓰시오.

1. 弓자는 시위가 없는 (   )을 본뜬 글자입니다.

2. 弓자는 뜻이 (   )입니다.

3. 산이 많은 우리나라는 왜구나 오랑캐가 쳐들어오면 산 위의 성에 올라 싸웠는데, 멀리 있는 적과 싸울 때 주로 (   )을 사용했습니다.

4. (   ) 쏘는 경기는 洋弓(양궁)입니다. 洋弓(양궁) 경기에서 弓術(궁술)이 신의 경지에 이를 정도로 뛰어난 弓手(궁수)는 神弓(신궁)이라 합니다.

5. 활과 관련된 말인 洋弓·弓術·弓手·神弓에서 보듯 弓자는 음이 (   )입니다.

6. 弓자는 음이 (   )입니다.

7. 弓자는 뜻이 (   )이고, 음이 (   )입니다.

8. 弓자는 뜻과 음을 합쳐 (   )이라 합니다.

9. 弓자가 붙은 한자는 引·弛·弦·弧·張·彈자 등에서 보듯 뜻이 (   )과 관련이 있습니다.

● 쓰면서 익히는 한자 ●

쓰기 학습   빈 칸에 한자를 쓰고, 뜻과 음을 쓰시오.

弓	弓			
	활 궁			
활 궁(총3획)				

쓰기 복습   빈 칸에 뜻과 음에 맞는 한자를 쓰시오.

개사슴록변	볼 견	빌 현	높을 고	골 곡	뼈 골	장인 공	입 구

중013

쇠 금·성 김

금문	소전

〈金부수 / 8급〉

金[쇠 금·성 김]자는 금문(金文)으로 살펴보면 왼쪽의 두 점이 불에 녹인 쇳물의 덩이를 나타내고, 오른쪽의 형태가 불에 녹인 쇳물로 물건을 만들기 위한 틀, 혹은 쇳물로 굳혀 만든 물건을 나타낸 것으로 보입니다. 따라서 金[쇠 금·성 김]자는 쇳물의 쇠와 관련된 모양으로 인해 뜻이 '쇠'가 되었습니다.

주물의 틀

옛날 사람들은 애초에 여러 종류의 쇠를 모두 金(금)이라고 했습니다. 하지만 쇠의 색깔이 다른 것을 보고 '흰색의 쇠'는 白金(백금), '붉은색의 쇠'는 赤金(적금), '푸른색의 쇠'는 靑金(청금), '검은색의 쇠'는 黑金(흑금), '누른색의 쇠'는 黃金(황금)이라 했습니다. 오늘날 白金(백금)은 銀(은), 赤金(적금)은 銅(동), 靑金(청금)

쇳물로 솥 만드는 모습

은 錫(석)이나 鉛(연), 黑金(흑금)은 鐵(철)이라 하고, 黃金(황금)만 그냥 金(금)이라 합니다. 白金(백금)·赤金(적금)·靑金(청금)·黑金(흑금)·黃金(황금)에서처럼 金(금)자는 음을 '금'으로 읽습니다.

아울러 金[쇠 금·성 김]자는 우리나라에서 가장 많은 사람이 쓰는 성(성씨)과 관련해 '성'의 뜻을 지니기도 합니다. 金(김)씨의 뿌리가 되는 신라 金閼智(김알지)나 가야 金首露王(김수로왕)의 탄생이 모두 金(금)으로 된 궤짝과 관련이 있기 때문에 金[쇠 금]자는 '성'으로 쓰이게 되었습니다. '성'으로 쓰일 때에 金자는 음을 '김'으로 읽습니다. 따라서 金자는 뜻과 음을 합쳐 '쇠 금', 또는 '성 김'이라 합니다.

金자가 붙는 한자는 銀[은 은]·銅[구리 동]·錫[주석 석]·鉛[납 연]·鐵[쇠 철]자에서 보듯 뜻이 '쇠'와 관련이 있습니다.

● 바로바로 익히는 한자 ●

확인 학습 부수 설명을 참고하여 괄호 안에 알맞은 말을 쓰시오.

1. 金자는 왼쪽의 두 점이 불에 녹인 (   )의 덩이를 나타내고, 오른쪽의 형태가 불에 녹인 (   )로 물건을 만들기 위한 틀, 혹은 (   )로 굳혀 만든 물건을 나타낸 것으로 보입니다.
2. 金자는 쇳물의 쇠와 관련된 모양으로 인해 뜻이 (   )가 되었습니다.
3. 白金은 백(   ), 赤金은 적(   ), 靑金은 청(   )으로 읽습니다.
4. 黃金에서 金자는 음을 (   )이라 합니다.
5. 金자는 우리나라에서 가장 많은 사람이 쓰는 성(성씨)과 관련해

( )의 뜻을 지니기도 합니다.
6. 신라 金閼智나 가야 金首露王의 탄생이 모두 金으로 된 궤짝과 관련이 있기 때문에 金자는 ( )으로 쓰이게 되었습니다.
7. 金자는 뜻과 음을 합쳐 ( ), 또는 ( )이라 합니다.
8. 金자가 붙는 한자는 銀·銅·錫·鉛·鐵자에서 보듯 뜻이 ( )와 관련이 있습니다.

● 쓰면서 익히는 한자 ●

쓰기 학습 빈 칸에 한자를 쓰고, 뜻과 음을 쓰시오.

金	金 쇠 금	金 성 김		
쇠 금·성 김(총8획)				

쓰기 복습 빈 칸에 뜻과 음에 맞는 한자를 쓰시오.

볼 견	빛 현	높을 고	골 곡	뼈 골	장인 공	입 구	활 궁

몸 기

<갑골문 / 금문 / 소전>

<己부수 / 5급>

己[몸 기]자는 일부에서 구부리고 있는 사람의 몸을 표현하면서 뜻이 '몸'이 되었다고 합니다. 그러나 이는 옛날 글자를 보면 잘못된 풀이로 보입니다. 오히려 구부러진 굵은 줄을 나타낸 모양에서 '몸'을 뜻하는 己[몸 기]자가 이뤄졌다는 풀이가 더 바른 것으로 보입니다.

굵은 줄 가운데 그물의 위쪽 코를 꿰어 놓은 줄이 '벼리'입니다. '벼리'는 잡아당겨 오므렸다 폈다 하면서 그물을 다스리는 역할을 합니다. 그러나 굵은 줄인 '벼리'는 후대에 糸[실 사]자를 덧붙인 紀[벼리 기]자가 대신하고, 己[몸 기]자는 벼리가 그물을 다스리듯 사람이

구부러진 굵은 줄

위에 벼리가 있는 그물

몸을 다스린다 하면서 뜻이 '몸'이 된 것으로 보입니다.

己[몸 기]자는 '스스로의 몸'을 뜻하는 自己(자기)에 쓰이면서 다시 '자기'의 뜻을 지니기도 합니다. 知己(지기)·利己的(이기적)·克己訓鍊(극기훈련)의 己[몸 기]자가 '자기'의 뜻을 지니고, '기'의 음으로 읽습니다. 己자는 뜻과 음을 합쳐 '몸 기'라 합니다.

己자는 紀[벼리 기]·忌[꺼릴 기]·記[기록할 기]·起[일어날 기]·杞[나무이름 기]자 등의 한자에서 보듯 주로 음의 역할을 합니다.

● 바로바로 익히는 한자 ●

확인 학습 부수 설명을 참고하여 괄호 안에 알맞은 말을 쓰시오.

1. 구부러진 굵은 줄을 나타낸 모양에서 (   )을 뜻하는 己자가 이뤄진 것으로 보입니다.
2. 굵은 줄 가운데 그물의 위쪽 코를 꿰어 놓은 줄이 (   )입니다.
3. '벼리'는 잡아당겨 오므렸다 폈다 하면서 그물을 (   ) 역할을 합니다.
4. 己자는 벼리가 그물을 다스리듯 사람이 몸을 다스린다 하면서 뜻이 (   )이 된 것으로 보입니다.
5. 己자는 '스스로의 몸'을 뜻하는 自己에 쓰이면서 다시 (   )의 뜻을 지니기도 합니다.
6. 己자는 知己·利己的·克己訓鍊에서처럼 (   )의 뜻을 지니고, (   )의 음으로 읽습니다.

7. 己자는 뜻과 음을 합쳐 (   )라 합니다.
8. 己자는 紀·忌·記·起·杞자 등의 한자에서 보듯 주로 (   )의 역할을 합니다.

● 쓰면서 익히는 한자 ●

쓰기 학습 빈 칸에 한자를 쓰고, 뜻과 음을 쓰시오.

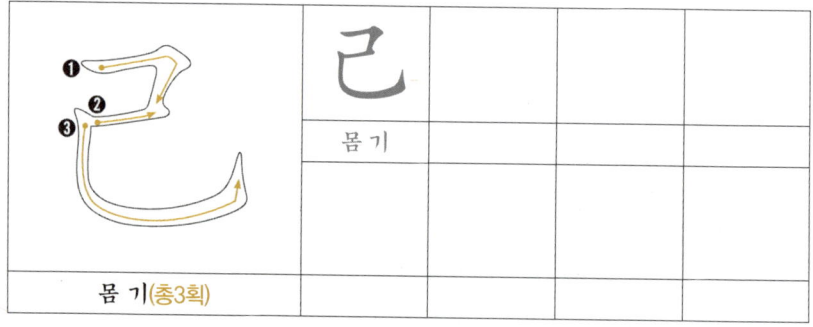

쓰기 복습 빈 칸에 뜻과 음에 맞는 한자를 쓰시오.

높을 고	골 곡	뼈 골	장인 공	입 구	활 궁	쇠 금	성 김

계집 녀

〈女부수 / 8급〉

女[계집 녀]자는 두 손을 모으고 꿇어앉아 일하는 여자를 본뜬 글자입니다. 옷 등을 만들고 있는 어른인 여자를 나타냈습니다. 옛날에는 어른인 여자를 '계집'이라 했습니다. '계집'은 '계시다'의 '계'와 사람이 사는 '집'이 합쳐진 말로, 집안에 계시면서 길쌈 등을 해 살림을 꾸리는 여자를 이른 것입니다. 오늘날에도 女[계집 녀]자는 뜻이 옛날에 어른인 여자를 이르는 말인 '계집'입니다.

꿇어 앉아 일하는 여자

女[계집 녀]자는 '옷감을 짜는 계집(여자)'을 뜻하는 織女(직녀), '바다에서 물질하는 계집(여자)'을 뜻하는 海女(해녀), '지아비가 있는 계집(여자)'을 뜻하는 有夫女(유부녀)의 말에서 보듯 음을 '녀'로 읽습니다.

그러나 女王(여왕)·女軍(여군)·女先生(여선생)에서 보듯 女[계집 녀]자가 말의 맨 앞에 놓일 때는 음이 변하여 '여'로 읽습니다. 女자는 뜻과 음을 합쳐 '계집 녀'라 합니다.

女자가 붙는 한자는 好[좋을 호]·奸[범할 간]·妃[왕비 비]·妓[기생 기]·妨[해로울 방]·妥[편안할 타]·姓[성씨 성]·姪[조카 질]자 등에서 보듯 뜻이 '계집(여자)'과 관련이 있습니다.

여인 방적하는 모습(기산풍속도)

● 바로바로 익히는 한자 ●

확인 학습 부수 설명을 참고하여 괄호 안에 알맞은 말을 쓰시오.

1. 女자는 두 손을 모으고 꿇어앉아 일하는 (   )를 본뜬 글자입니다.

2. 옛날에는 어른인 여자를 (   )이라 했습니다.

3. 오늘날에도 女자는 뜻이 옛날에 어른인 여자를 이르는 말인 (   )입니다.

4. 織女는 직(   ), 海女는 해(   ), 有夫女는 유부(   )로 읽습니다.

5. 織女·海女·有夫女의 女자는 (   )의 음으로 읽습니다.

6. 女자는 음이 (   )입니다.

7. 女자는 뜻이 (   )이고, 음이 (   )입니다.

8. 女자는 뜻과 음을 합쳐 (   )라 합니다.

9. 女王·女軍·女先生에서 보듯 여자가 말의 맨 앞에 놓일 때는 음이 변하여 (   )로 읽습니다.

10. 女자가 붙는 한자는 好·奸·妃·妓·妨·妥·姓·姪자 등에서 보듯 뜻이 (　　)과 관련이 있습니다.

● 쓰면서 익히는 한자 ●

쓰기 학습 빈 칸에 한자를 쓰고, 뜻과 음을 쓰시오.

女 계집 녀	女 계집 녀		
계집 녀(총3획)			

쓰기 복습 빈 칸에 뜻과 음에 맞는 한자를 쓰시오.

골 곡	뼈 골	장인 공	입 구	활 궁	쇠 금	성 김	몸 기

큰 대

〈大부수 / 8급〉

大[큰 대]자는 정면을 향해 두 팔과 두 다리를 크게 벌리고 있는 어른인 남자를 본뜬 글자입니다. 따라서 大[큰 대]자는 팔과 다리를 크게 벌리고 있는 사람 모습과 관련해 뜻이 '크다'가 되었습니다.

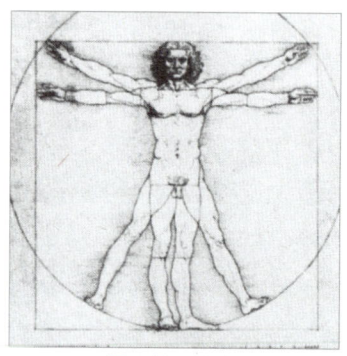

비투르비우스 인체비례

'크다'의 뜻은 구체적으로 표현하기 힘들기 때문에 만물(萬物)의 영장(靈長)인 사람의 몸을 빌려 뜻을 나타냈습니다. 아이보다 큰 어른, 여자에 비해 비교적 큰 남자를 가장 크게 보이는 정면으로 본뜨고, 두 팔과 두 다리를 크게 벌린 모습의 大자로 '크다'의 뜻을 나타낸 것입니다.

대인과 소인

大[큰 대]자는 '자라서 어른이 된 큰 사람'을 뜻하는 大人(대인), '큰 문'을 뜻하는 大門(대문), '큰 나라'를 뜻하는 大國(대국)의 말에서 보듯 음을 '대'로 읽습니다. 大자는 뜻과 음을 합쳐 '큰 대'라 합니다.

大자가 붙는 한자는 奄[가릴 엄]·奇[기이할 기]·套[덮개 투]·奢[사치할 사]·奬[권면할 장]자 등에서 보듯 뜻이 '크다'와 관련이 있습니다.

● 바로바로 익히는 한자 ●

확인 학습 부수 설명을 참고하여 괄호 안에 알맞은 말을 쓰시오.

1. 大자는 정면을 향해 두 팔과 두 다리를 (   ) 벌리고 있는 어른인 남자를 본뜬 글자입니다.

2. 大자는 팔과 다리를 (   ) 벌리고 있는 사람 모습과 관련해 뜻이 (   )가 되었습니다.

3. 大자는 아이보다 (   ) 어른, 여자에 비해 비교적 (   ) 남자를 가장 (   ) 보이는 정면으로 본뜨고, 게다가 두 팔과 두 다리를 (   ) 벌린 모습으로 나타낸 것입니다.

4. 大자는 뜻이 (   )입니다.

5. '자라서 어른이 된 큰 사람'을 뜻하는 大人은 (   )인으로 읽습니다.

6. '큰 문'을 뜻하는 大門은 (   )문으로 읽습니다.

7. '큰 나라'를 뜻하는 大國은 (   )국으로 읽습니다.

8. 大人·大門·大國의 大자는 (   )로 읽습니다.

9. 大자는 음이 (   )입니다.

10. 大자는 뜻이 (   )고, 음이 (   )입니다.

11. 大자는 뜻과 음을 합쳐 (   )라 합니다.

12. 大자가 붙는 한자는 奄·奇·套·奢·奬자 등에서 보듯 뜻이 (   )와 관련이 있습니다.

● 쓰면서 익히는 한자 ●

쓰기 학습 빈 칸에 한자를 쓰고, 뜻과 음을 쓰시오.

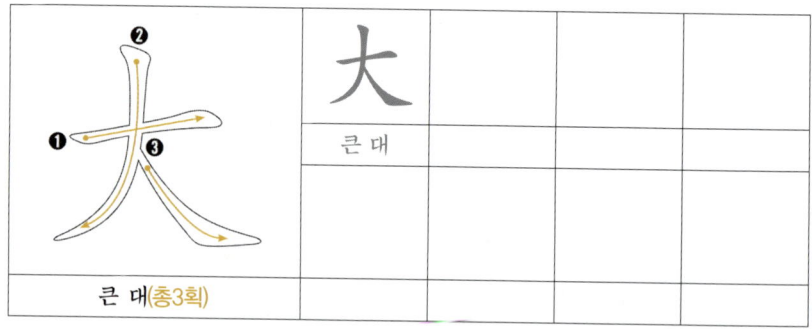

큰 대(총3획)

쓰기 복습 빈 칸에 뜻과 음에 맞는 한자를 쓰시오.

뼈 골	장인 공	입 구	활 궁	쇠 금	성 김	몸 기	계집 녀

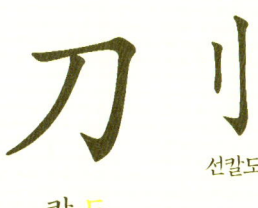

刀[칼 도]자는 위에 칼자루가 있고 아래에 칼등과 칼날이 있는 칼을 본뜬 글자입니다. 따라서 刀[칼 도]자는 뜻이 '칼'이 되었습니다.

사람들이 최초로 만들어 쓴 칼은 돌로 만들어졌습니다. 깨진 돌의 날카로운 부분으로 무언가 자르거나 떼어내는 데 이용한 것입니다. 그러다 날카로운 부분을 좀 더 예리하도록 갈아 쓰게 되었습니다. 칼의 옛말이 '갈'인데, '갈'은 '갈다[磨·研]'에서 비롯된 말입니다. '갈(칼)'을 갈다'의 '갈(칼)'과 '갈다'는 같은 뿌리에서 생겨난 것입니다. 刀[칼 도]자는 바로 '갈'에서 비롯된 '칼'을 뜻하는 글자입니다.

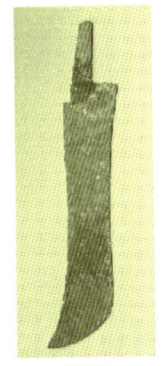
청동도

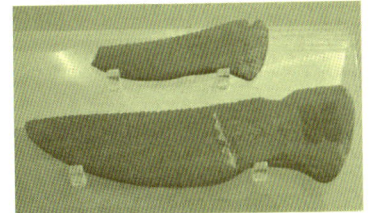
돌칼

刀[칼 도]자는 '열매를 깎는 칼'을 뜻하는 果刀(과도), '짧은 칼'을 뜻하는 短刀(단도), '은으로 단장한 칼'을 뜻하는 銀粧刀(은장도)의 말에서 보듯 음을 '도'로 읽습니다. 刀자는 뜻과 음을 합쳐 '칼 도'라 합니다.

刀자는 한쪽에 날이 있는 칼을 나타내고, 劍[칼 검]자는 양쪽에 모두 날이 있는 칼을 나타냅니다. 劍[칼 검]자에 붙은 刂는 바로 刀자가 변형된 형태입니다. 刂는 '선칼도'라 합니다. 刀자의 뜻과 음인 '칼 도' 앞에 刂의 형태가 곧게 선 모양이라 하여 '선'을 더해 '선칼도'라 한 것입니다.

刀(刂)자가 붙은 한자는 切[끊을 절]·分[나눌 분]·刊[책 펴낼 간]·列[벌일 렬]·初[처음 초]·利[날카로울 리]자 등에서 보듯 뜻이 '칼'과 관련이 있습니다.

● 바로바로 익히는 한자 ●

확인 학습 부수 설명을 참고하여 괄호 안에 알맞은 말을 쓰시오.

1. 刀자는 위에 칼자루가 있고 아래에 칼등과 칼날이 있는 (   )을 본뜬 글자입니다.
2. 칼의 옛말이 (   )인데, (   )은 '갈다'에서 비롯된 말입니다.
3. 刀자는 바로 '갈'에서 비롯된 (   )을 뜻하는 글자입니다.
4. 果刀, 短刀, 銀粧刀의 刀자는 (   )로 읽습니다.
5. 刀자는 음이 (   )입니다.
6. 刀자는 뜻이 (   )이고, 음이 (   )입니다.
7. 刀자는 뜻과 음을 합쳐 (   )라 합니다.
8. 刀자는 한쪽에 날이 있는 (   )을 나타내고, 劍[칼 검]자는 양쪽에 모두 날이 있는 (   )을 나타냅니다.

9. 劍(검)자에 붙는 刂는 바로 刀자가 변형된 형태입니다. 刂는 (   ) 라 합니다.

10. 刀(刂)자가 붙은 한자는 切·分·刊·列·初·利자 등에서 보듯 뜻이 (   )과 관련이 있습니다.

● 쓰면서 익히는 한자 ●

쓰기 학습 빈 칸에 한자를 쓰고, 뜻과 음을 쓰시오.

刀	刀			
칼 도(총2획)	칼 도			

刂						
선칼도						

쓰기 복습 빈 칸에 뜻과 음에 맞는 한자를 쓰시오.

장인 공	입 구	활 궁	쇠 금	성 김	몸 기	계집 녀	큰 대

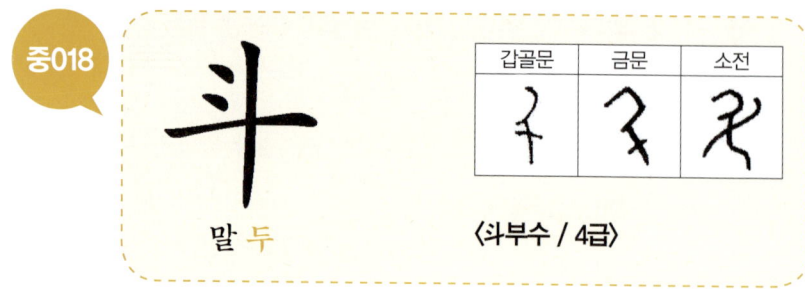

斗[말 두]자는 원래 술 따위를 푸는 자루가 달린 용기를 나타낸 글자입니다. 후에 그와 같은 용기로 술 따위의 용량(容量)을 헤아리면서 斗[말 두]자는 다시 용량과 관련된 '말'의 뜻을 지니게 되었습니다. 결국 술을 뜨는 용기를 나타낸 斗[말 두]자는 용량과 관련해 뜻이 '말'이 된 것입니다.

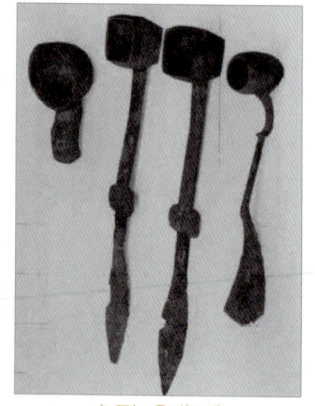

술 푸는 용기(구기)

예부터 '말술은 지고 갈 수는 없어도 마시고는 갈 수 있다'거나 '말술도 사양하지 않는다'는 말 속에 '말술'의 '말'이 바로 斗[말 두]자의 뜻입니다. '말술'은 '한 말의 용량이 되는 술'을 뜻하지만 '많이 마시는 술'을 뜻하기도 합니다.

斗[말 두]자의 옛날 글자를 살피면 마치 '북두칠성'을 이어놓은 모양처럼 보입니다. 따라서 斗[말 두]자는 '북두칠성'을 한자로 쓴 '北斗七星'에서 쓰임을 찾을 수 있습니다. '북녘[北]에 두[斗]자처럼 보이는 일곱[七] 개의 별[星]'이 北斗七星(북두칠성)입니다. '말 술[斗酒]도 사양하지[辭] 않는다[不]'는 뜻인 '斗酒不辭(두주불사)'에서도 斗[말 두]자가 쓰입니다. '北斗七星(북두칠성)'이나 '斗酒不辭(두주불사)'에서 보듯 斗[말 두]자는 음이 '두'입니다. 斗자는 뜻과 음을 합쳐 '말 두'라 합니다.

북두칠성

斗자가 붙은 한자는 料[헤아릴 료]·斜[기울일 사]·科[조목 과]자에서처럼 용량인 '말'의 사용과 관련된 뜻을 지닙니다.

● 바로바로 익히는 한자 ●

확인 학습 부수 설명을 참고하여 괄호 안에 알맞은 말을 쓰시오.

1. 斗자는 원래 술 따위를 푸는 자루가 달린 (   )를 나타낸 글자입니다.

2. 斗자는 다시 용량과 관련된 (   )의 뜻을 지니게 되었습니다.

3. 斗자는 용량과 관련해 뜻이 (   )이 된 것입니다.

4. '말술도 사양하지 않는다'는 말 속에 '말술'의 (   )이 바로 斗자의 뜻입니다.

5. '북녘[北]에 두[斗]자처럼 보이는 일곱[七] 개의 별[星]'이 (   )입니다.

6. 斗자는 '말술[斗酒]도 사양하지[辭] 않는다[不]'는 뜻인 (   )에

도 쓰입니다.

7. 北斗七星이나 斗酒不辭의 말에서 보듯 斗자는 음이 (　)입니다.

8. 斗자는 뜻과 음을 합쳐 (　　)라 합니다.

9. 斗자가 붙는 한자는 料·斜·科자에서처럼 용량인 (　)의 사용과 관련된 뜻을 지닙니다.

● 쓰면서 익히는 한자 ●

쓰기 학습　빈 칸에 한자를 쓰고, 뜻과 음을 쓰시오.

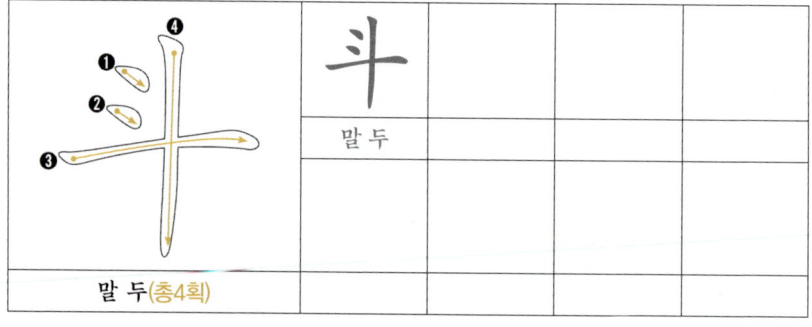

쓰기 복습　빈 칸에 뜻과 음에 맞는 한자를 쓰시오.

활 궁	쇠 금	성 김	몸 기	계집 녀	큰 대	칼 도	선칼도

豆
콩 두

갑골문	금문	소전

〈豆부수 / 4급〉

　豆[콩 두]자는 제사에서 음식을 담는 데 쓰는 굽 높은 그릇인 제기(祭器)를 본뜬 글자입니다. 옛날에는 흔히 이미 만들어져 사용되는 글자를 빌려 다른 뜻을 나타내기도 했기 때문에 제기를 본뜬 豆[콩 두]자도 '콩'의 뜻으로 빌려 쓰였습니다. 따라서 豆[콩 두]자는 뜻이 '콩'이 되었습니다.

청동(靑銅)의 豆

　하지만 豆[콩 두]자는 원래 제기를 본뜬 글자이므로 그 자형이 붙는 豐[풍성할 풍]자나 登[오를 등]자는 뜻이 '제기'와 관련이 있습니다.

　아울러 '제기'를 나타낸 豆[콩 두]자는 '나무로 만든 제기'를 뜻하는 木豆(목두)나 '도마처럼 만든 제기'를 뜻하는 俎豆(조두)에서처럼 '제기'를 뜻하면서 '두'로 읽기도 합니다. 하지만 오늘날 豆[콩 두]

옻칠한 조두(俎豆)

자는 '작은 콩인 팥'을 뜻하는 小豆(소두)나 '푸른 콩의 빛'을 뜻하는 綠豆色(녹두색)의 말에서 보듯 흔히 '콩'을 뜻하면서 음을 '두'로 읽습니다. 豆자는 뜻과 음을 합쳐 '콩 두'라 합니다.

녹두

豆자가 붙는 한자는 豐[풍성할 풍]자나 登[오를 등]자에서처럼 뜻이 '제기'와 관련이 있기도 하지만 頭[머리 두]자나 痘[천연두 두]자에서처럼 음 '두'와 관련이 있기도 합니다.

● 바로바로 익히는 한자 ●

확인 학습 부수 설명을 참고하여 괄호 안에 알맞은 말을 쓰시오.

1. 豆자는 제사에서 음식을 담는 데 쓰는 굽 높은 그릇인 (   )를 본뜬 글자입니다.
2. 제기를 본뜬 豆자는 (   )의 뜻으로 빌려 쓰였습니다.
3. 豆자는 뜻이 (   )이 되었습니다.
4. 豆자는 '나무로 만든 제기'를 뜻하는 木豆나 '도마처럼 만든 제기'를 뜻하는 俎豆에서처럼 (   )를 뜻하면서 (   )로 읽습니다.
5. 오늘날 豆자는 '작은 콩인 팥'을 뜻하는 小豆나 '푸른 콩의 빛'을 뜻하는 綠豆色의 말에서 보듯 흔히 (   )을 뜻하면서 음을 (   )로 읽습니다.

6. 豆자는 뜻이 (   )이고, 음이 (   )입니다.

7. 豆자는 뜻과 음을 합쳐 (   )라 합니다.

8. 豆자가 붙는 한자는 豐자나 登자에서처럼 뜻이 (   )와 관련이 있기도 하지만 頭자나 痘자에서처럼 음 (   )와 관련이 있기도 합니다.

● 쓰면서 익히는 한자 ●

쓰기 학습 빈 칸에 한자를 쓰고, 뜻과 음을 쓰시오.

豆 공 두(총7획)	豆 공 두			

쓰기 복습 빈 칸에 뜻과 음에 맞는 한자를 쓰시오.

쇠 금	성 김	몸 기	계집 녀	큰 대	칼 도	선칼도	말 두

중020

力
힘 력

갑골문	금문	소전

〈力부수 / 7급〉

力[힘 력]자는 옛날 사람들이 사용했던 간단한 형태의 외날 쟁기를 본뜬 글자입니다. 그런 쟁기로 땅을 일구는 일은 아주 많은 힘이 들기 때문에 쟁기에서 비롯된 力[힘 력]자는 결국 뜻이 '힘'이 되었습니다.

사람이 쟁기질을 하는 것은 먹고살기 위해서입니다. 하지만 쟁기질은 많은 힘이 들었기 때문에 식구를 부양해야 할 사내가 했습니다. 따라서 '사내'를 뜻하는 男[사내 남]자에도 농토를 나타낸 田[밭 전]자에 쟁기를 나타낸 力[힘 력]자가 붙었습니다.

力[힘 력]자는 '사람의 힘'을 뜻하는 人力(인력), '나라의 힘'을 뜻하는 國力(국력), '물의 힘을 이용한 발전소를

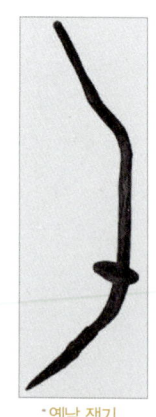
*옛날 쟁기

쟁기질하는 사내의 모습

뜻하는 水力發電所(수력발전소)에서 보듯 음을 '력'으로 읽습니다. 力자는 뜻과 음을 합쳐 '힘 력'이라 합니다. 그러나 力道(역도)나 力不足(역부족)에서 보듯 力[힘 력]자가 맨 앞에 놓일 때는 음을 '역'으로도 읽습니다.

男子의 금문

力자가 붙은 한자는 加[더할 가]·功[일 공]·勇[날랠 용]·務[힘쓸 무]·劣[못할 렬]자에서처럼 뜻이 '힘'과 관련이 있습니다.

● 바로바로 익히는 한자 ●

확인 학습 부수 설명을 참고하여 괄호 안에 알맞은 말을 쓰시오.

1. 力자는 옛날 사람들이 사용했던 간단한 형태의 외날 (   )를 본뜬 글자입니다.
2. 쟁기로 땅을 일구는 일은 아주 많은 (   )이 듭니다.
3. 쟁기에서 비롯된 力자는 뜻이 (   )이 되었습니다.
4. '사람의 힘'을 뜻하는 人力은 인(   )으로 읽습니다.
5. '나라의 힘'을 뜻하는 國力은 국(   )으로 읽습니다.
6. '물의 힘을 이용한 발전소'를 뜻하는 水力發電所는 수(   )발전소로 읽습니다.
7. 力자는 음을 (   )으로 읽습니다.
8. 力자는 뜻과 음을 합쳐 (   )이라 합니다.
9. 力道나 力不足의 말에서 보듯 力자가 말의 맨 앞에 사용될 때는 음

을 (　)으로도 읽습니다.

10. 力자가 붙은 한자는 加·功·勇·務·劣자에서처럼 뜻이 (　)과 관련이 있습니다.

● 쓰면서 익히는 한자 ●

쓰기 학습 빈 칸에 한자를 쓰고, 뜻과 음을 쓰시오.

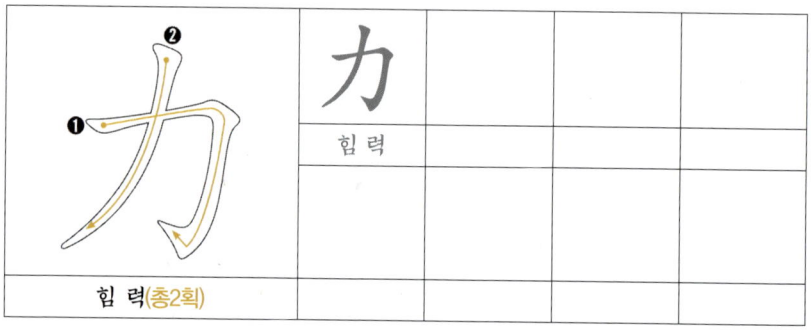

力 힘 력			
힘 력(총2획)			

쓰기 복습 빈 칸에 뜻과 음에 맞는 한자를 쓰시오.

성 김	몸 기	계집 녀	큰 대	칼 도	선칼도	말 두	콩 두

중021

老 늙을 로
耂 늙을로엄

〈老부수 / 6급〉

老[늙을 로]자는 흐트러진 긴 머리털이 난 허리가 굽은 늙은 사람이 지팡이를 짚고 있는 모습을 본뜬 글자입니다. 늙은 사람을 표현했기 때문에 老[늙을 로]자는 뜻이 '늙다'가 되었습니다.

지팡이를 짚은 늙은이

늙어 정신이 흐려지면 머리털을 잘 갈무리하는 데 어려움이 있기 때문에 흐트러진 머리털이 있고, 또 늙으면 대개 허리가 굽으면서 지팡이를 짚고 다니기 때문에 그런 모습으로 '늙다'의 老[늙을 로]자가 이뤄진 것입니다. 老[늙을 로]자가 다른 글자와 어울려 쓰일 때는 孝(효)자나 考(고)자에서 보듯 耂의 형태로도 쓰입니다. 耂의 형태는 '늙을로엄'이라 합니다. 老[늙을 로]자의 자형에서 耂[늙을로엄]은 '엄'의 부분만 쓰이고 있기에 '늙을 로' 뒤에 '엄'을 덧붙여 '늙을로엄'이라 부른 것입니다.

'늙다'를 뜻하는 老[늙을 로]자는 '나이가 들어 늙다'를 뜻하는 年老(연로), '먹으면 늙지 않는다는 상상의 풀'을 뜻하는 不老草(불로초), '부부가 백년을 함께 늙다'라는 뜻의 百年偕老(백년해로)에서 보듯 음을 '로'로 읽습니다. 老자는 뜻과 음을 합쳐 '늙을 로'라 합니다.

老자가 老人(노인)·老母(노모)·老年(노년)에서 보듯 맨 앞에 놓일 때는 음을 '노'로도 읽습니다.

老(耂)자가 붙는 한자는 考[상고할 고]·耆[늙은이 기]·孝[효도 효]자에서 보듯 뜻이 '늙다'와 관련이 있습니다.

● 바로바로 익히는 한자 ●

확인 학습 부수 설명을 참고하여 괄호 안에 알맞은 말을 쓰시오.

1. 老자는 흐트러진 긴 머리털이 난 허리가 굽은 (   ) 사람이 지팡이를 짚고 있는 모습을 본뜬 글자입니다.
2. 老자는 뜻이 (   )입니다.
3. 老자가 다른 글자와 어울려 쓰일 때는 耂의 형태로도 쓰입니다. 耂의 형태는 (   )이라 합니다.
4. '나이가 들어 늙다'를 뜻하는 年老는 연(   )로 읽습니다.
5. '먹으면 늙지 않는다는 상상의 풀'을 뜻하는 不老草는 불(   )초로 읽습니다.
6. 百年偕老는 백년해(   )로 읽습니다.
7. 老자는 음이 (   )입니다.
8. 老자는 뜻과 음을 합쳐 (   )라 합니다.

9. 老자가 老人·老母·老年에서 보듯 맨 앞에 놓일 때는 음을 (   )로도 읽습니다.

10. 老(耂)자가 붙는 한자는 考·耆·孝자에서 보듯 뜻이 (   )와 관련이 있습니다.

● 쓰면서 익히는 한자 ●

쓰기 학습 빈 칸에 한자를 쓰고, 뜻과 음을 쓰시오.

老	老		
늙을 로(총6획)	늙을 로		

耂						
늙을로엄						

쓰기 복습 빈 칸에 뜻과 음에 맞는 한자를 쓰시오.

몸 기	계집 녀	큰 대	갈 도	선갈도	말 두	콩 두	힘 력

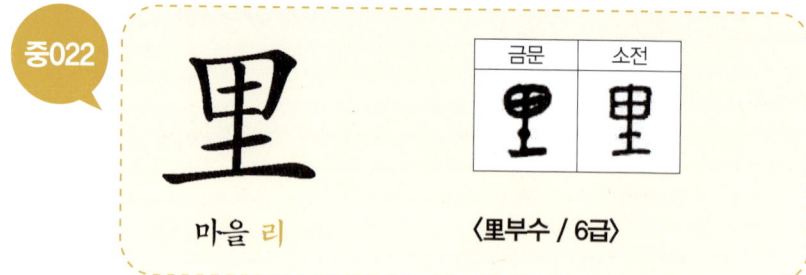

里 마을 리

〈里부수 / 6급〉

里[마을 리]자는 田[밭 전]자와 土[흙 토]자가 합쳐진 글자입니다. 田[밭 전]자는 사람이 농사지어 먹고살 밭[田]과 관련이 있으며, 土[흙 토]자는 밭이 흙[土]으로 이뤄졌음을 나타냈습니다.

화전으로 일군 마을(안반데기)

예부터 사람들은 먹을 것을 해결하기 위해 밭을 일구어 농사를 짓고, 주변에 마을을 이뤄 모여 살았습니다. 따라서 농사지어 먹고살 밭[田]과 흙[土]이 합쳐진 里[마을 리]자가 '마을'의 뜻을 지니게 되었습니다.

옛날 사람들은 흔히 산기슭을 불로 태워 농사짓는 밭을 만들었습니다. 이때 먹고살기 위해 농사지을 수 있는 밭과 관련해 다른 마을이 이뤄질 때는 일정한 거리(距離)를 두고 이뤄졌습니다. 따라서 里[마을 리]자는 '거리의 단위'로도 쓰이고 있습니다.

里[마을 리]자는 '골 주변의 마을'을 뜻했던 洞里(동리), '시골의 마을'을 뜻하는 鄕里(향리), 또는 '1리(里 : 300걸음)의 열 곱절 거리'를 뜻하는 十里(십리), '하루에 천 리를 달리는 말'을 뜻하는 千里馬(천리마)에서 보듯 음을 '리'로 읽습니다. 里자는 뜻과 음을 합쳐 '마을 리'라 합니다.

里자는 里長(이장)이나 里程標(이정표)에서 보듯 맨 앞에 놓일 때는 음을 '이'로 읽습니다.

里자가 붙는 한자는 理[다스릴 리]·裏[속리=裡]·鯉[잉어 리]자에서처럼 주로 음의 역할을 합니다.

● 바로바로 익히는 한자 ●

확인 학습 부수 설명을 참고하여 괄호 안에 알맞은 말을 쓰시오.

1. 里자는 (   )자와 (   )자가 합쳐진 글자입니다.
2. 田자는 사람이 농사지어 먹고살 (   )과 관련이 있으며, 土자는 밭이 (   )으로 이뤄졌음을 나타냈습니다.
3. 예부터 사람들은 먹을 것을 해결하기 위해 밭을 일구어 농사를 짓고, 주변에 (   )을 이뤄 모여 살았습니다.
4. 里자는 뜻이 (   )입니다.
5. 里자는 '(   )의 단위'로도 쓰이고 있습니다.
6. 洞里, 鄕里, 十里, 千里馬의 里자는 음을 (   )로 읽습니다.
7. 里자는 음이 (   )입니다.
8. 里자는 뜻이 (   )이고, 음이 (   )입니다.

9. 里자는 뜻과 음을 합쳐 (   )라 합니다.

10. 里長이나 里程標에서 보듯 맨 앞에 놓일 때는 음을 (   )로 읽습니다.

11. 里자가 붙는 한자는 理·裏·鯉자에서처럼 주로 (   )의 역할을 합니다.

● 쓰면서 익히는 한자 ●

쓰기 학습   빈 칸에 한자를 쓰고, 뜻과 음을 쓰시오.

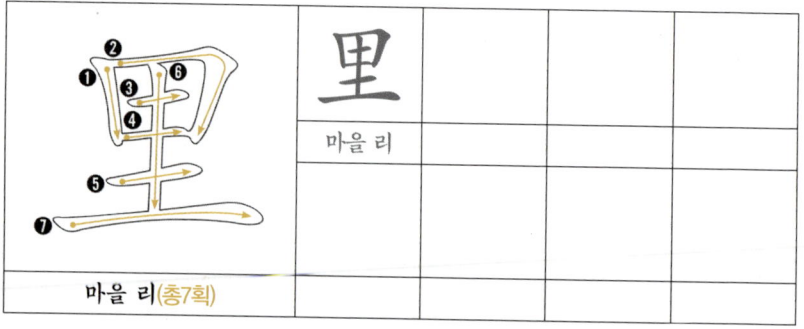

쓰기 복습   빈 칸에 뜻과 음에 맞는 한자를 쓰시오.

큰 대	칼 도	선칼도	말 두	콩 두	힘 력	늙을 로	늙을로엄

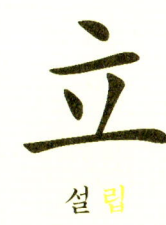

立
설 립

| 갑골문 | 금문 | 소전 |

〈立부수 / 7급〉

立[설 립]자는 사람이 땅 위의 한자리에 서 있는 모습을 본뜬 글자입니다. 따라서 땅 위에 선 사람에서 비롯된 立[설 립]자는 뜻이 '서다'가 되었습니다.

세상의 여러 동물 가운데 사람만 유일하게 곧게 서서 활동할 수 있습니다. 원래 최초의 인류는 원숭이처럼 나무 위에서 살았습니다. 하지만 빙하기로 인해 나무가 없어지자 초원에서 살기 시작했습니다. 그러자 맹수들을 경계하고 먹잇감을 살피기 위해 사람은 미어캣처럼 머리를 치켜 올리고 두 발로 섰습니다. 그러다 결국 두 발로만 서서 활동하게 된 것입니다. 따라서 서 있는 사람 모습으로 立[설 립]자가 만들어졌습니다.

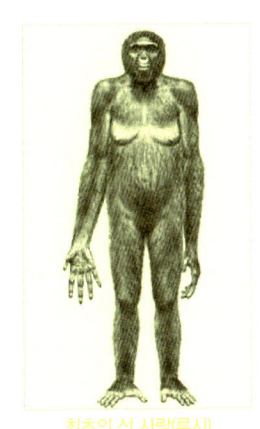

최초의 선 사람(루시)

'서다'를 뜻하는 立[설 립]자는 '곧게 서다'라는 뜻의 直立(직립), '스스로 서다'라는 뜻의 自立(자립), '가운데 서다'라는 뜻의 中立(중립)의 말에서

사람의 진화 과정

보듯 음을 '립'으로 읽습니다. 立자는 뜻과 음을 합쳐 '설 립'이라 합니다.

立春(입춘), 立場(입장), 立地(입지)에서 보듯 立자가 맨 앞에 놓일 때는 음을 '입'으로도 읽습니다.

立자는 笠[삿갓 립]·粒[쌀알 립]·泣[울 읍]·位[자리 위]자의 구성에 도움을 주면서 음의 역할을 합니다.

● 바로바로 익히는 한자 ●

확인 학습 부수 설명을 참고하여 괄호 안에 알맞은 말을 쓰시오.

1. 立자는 사람이 땅 위의 한자리에 (   ) 있는 모습을 본뜬 글자입니다.
2. 땅 위에 선 사람에서 비롯된 立자는 뜻이 (   )가 되었습니다.
3. '곧게 서다'라는 뜻의 直立은 직(   )으로 읽습니다.
4. '스스로 서다'라는 뜻의 自立은 자(   )으로 읽습니다.
5. '가운데 서다'라는 뜻의 中立은 중(   )으로 읽습니다.
6. 直立, 自立, 中立의 立자는 (   )으로 읽습니다.
7. 立자는 음을 (   )으로 읽습니다.

8. 立자는 뜻이 (   )고, 음이 (   )입니다.

9. 立자는 뜻과 음을 합쳐 (   )이라 합니다.

10. 立春, 立場, 立地의 말에서 보듯 立자가 맨 앞에 놓일 때는 음을 (   )으로도 읽습니다.

11. 立자는 笠·粒·泣·位자의 구성에 도움을 주면서 (   )의 역할을 합니다.

● 쓰면서 익히는 한자 ●

쓰기 학습 빈 칸에 한자를 쓰고, 뜻과 음을 쓰시오.

	立 설 립			
설 립(총5획)				

쓰기 복습 빈 칸에 뜻과 음에 맞는 한자를 쓰시오.

갈 도	선칼도	말 두	콩 두	힘 력	늙을 로	늙을로엄	마을 리

갑골문	금문	소전

말 마

〈馬부수 / 5급〉

   馬[말 마]자는 길쭉한 머리와 눈, 몸체에 이어진 갈기와 발과 꼬리가 보이는 말을 세워서 나타낸 글자입니다. 말의 가장 특징적인 여러 부위를 나타낸 데서 馬[말 마]자는 뜻이 '말'이 되었습니다.

   길쭉한 머리에 있는 눈은 초식동물(草食動物)인 말이 육식동물(肉食動物)을 피해 도망가

몸을 세우고 있는 말

는 데 도움이 되도록 발달되었습니다. 말은 포유류(哺乳類) 가운데 눈이 큰 동물이므로 이를 크게 강조해 나타낸 것입니다. 아울러 말은 다른 동물에서 볼 수 없는 갈기가 있기에 갈기의 모습을 쓰기 편하도록 세워서 나타냈습니다. 바로 그런 특징을 살려서 나타낸 馬[말 마]자는 '말'의 뜻을 지닌 글자가 되었습니다.

   '말'을 뜻하는 馬[말 마]자는 '말이 끄는 수레'를 뜻하는 馬車(마차), '나무로 된 말'을 뜻하는 木馬(목마), '하루에 천 리를 달리는 말'을 뜻하는

千里馬(천리마)에서 보듯 음을 '마'로 읽습니다. 馬자는 뜻과 음을 합쳐 '말 마'라 합니다.

馬자가 붙는 한자는 駿[준마 준]·騎[말 탈 기]·駐[말 머무를 주]·驅[몰 구]·騷[시끄러울 소]· 馴[길들일 순]자에서 보듯 뜻이 '말'과 관련이 있습니다.

진시황릉 청동거마

● 바로바로 익히는 한자 ●

확인 학습 부수 설명을 참고하여 괄호 안에 알맞은 말을 쓰시오.

1. 馬자는 길쭉한 머리, 눈과 몸체, 갈기와 발과 꼬리가 보이는 (   )을 세워서 나타낸 글자입니다.
2. 馬자는 뜻이 (   )이 되었습니다.
3. '말이 끄는 수레'를 뜻하는 馬車는 (   )차로 읽습니다.
4. '나무로 된 말'을 뜻하는 木馬는 목(   )로 읽습니다.
5. '하루에 천 리를 달리는 말'을 뜻하는 千里馬는 천리(   )로 읽습니다.
6. 馬車, 木馬, 千里馬의 馬자는 (   )로 읽습니다.
7. 馬자는 음이 (   )입니다.
8. 馬자는 뜻이 (   )이고, 음이 (   )입니다.
9. 馬자는 뜻과 음을 합쳐 (   )라 합니다.

10. 馬가 붙는 한자는 駿·騎·駐·驅·騷·馴자에서 보듯 뜻이 (   )과 관련이 있습니다.

● 쓰면서 익히는 한자 ●

쓰기 학습 빈 칸에 한자를 쓰고, 뜻과 음을 쓰시오.

馬 말 마(총10획)	馬 말 마		

쓰기 복습 빈 칸에 뜻과 음에 맞는 한자를 쓰시오.

선갈도	말 두	콩 두	힘 력	늙을 로	늙을로엄	마을 리	설 립

중025

麥
보리 맥

갑골문	금문	소전

〈麥부수 / 3급〉

麥[보리 맥]자는 줄기가 곧고 잎은 아래로 숙였으나 이삭이 꼿꼿하고 뿌리 부분이 특이한 형상을 한 보리를 본뜬 글자입니다. 따라서 麥[보리 맥]자는 뜻이 '보리'가 되었습니다.

곡물은 사람의 생명을 유지시키는 데 중요한 역할을 하는 식물입니다. 따라서 옛날부터 사람들은 생존을 위해 곡물 생산에 많은 관심을 기울여 왔으며, 그로 인해 비교적 많은 곡물이 재배되었습니다. 그런 곡물 가운데 보리는 밀과 함께 사람들이 맨 처음 재배하기 시작한 곡물로 보리를 뜻하는 한자가 麥[보리 맥]자입니다. 麥[보리 맥]은 다시 大麥(대맥)인 보리와 小麥(소맥)인 밀로 나뉩니다.

麥[보리 맥]자는 '보리로 만든 술'을 뜻하는 麥

자라고 있는 보리

보리와 밀의 이삭

酒(맥주), '콩과 보리'를 뜻하는 菽麥(숙맥), '보리밥 무늬가 있는 돌'을 뜻하는 麥飯石(맥반석)에서 보듯 음을 '맥'으로 읽습니다. 麥자는 뜻과 음을 합쳐 '보리 맥'이라 합니다.

보리밥

麥자가 붙어 비교적 자주 쓰이는 麵[밀가루 면]자와 麴[누룩 국]자는 뜻이 '보리'와 관련이 있습니다.

맥반석

● 바로바로 익히는 한자 ●

확인 학습 부수 설명을 참고하여 괄호 안에 알맞은 말을 쓰시오.

1. 麥자는 줄기가 곧고 잎은 아래로 숙였으나 이삭이 꼿꼿하고 뿌리 부분이 특이한 형상을 한 (   )를 본뜬 글자입니다.
2. 麥자는 뜻이 (   )가 되었습니다.
3. 麥은 다시 大麥인 (   )와 小麥인 (   )로 나뉩니다.
4. '보리로 만든 술'을 뜻하는 麥酒는 (   )주로 읽습니다.
5. '콩과 보리'를 뜻하는 菽麥은 숙(   )으로 읽습니다.
6. '보리밥 무늬가 있는 돌'을 뜻하는 麥飯石은 (   )반석으로 읽습니다.
7. 麥酒, 菽麥, 麥飯石의 麥자는 (   )으로 읽습니다.
8. 麥자는 음을 (   )으로 읽습니다.

9. 麥자는 뜻이 (   )고, 음이 (   )입니다.
10. 麥자는 뜻과 음을 합쳐 (   )이라 합니다.
11. 麥자가 붙어 비교적 자주 쓰이는 麵자와 麴자는 뜻이 (   )와 관련이 있습니다.

● 쓰면서 익히는 한자 ●

쓰기 학습 빈 칸에 한자를 쓰고, 뜻과 음을 쓰시오.

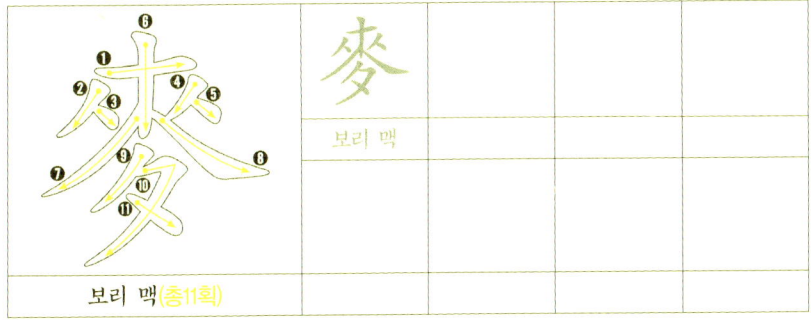

보리 맥(총11획)

쓰기 복습 빈 칸에 뜻과 음에 맞는 한자를 쓰시오.

말 두	콩 두	힘 력	늙을 로	늙을로엄	마을 리	설 립	말 마

낯 면

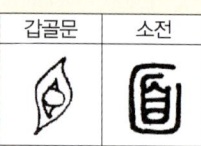

〈面부수 / 6급〉

面[낯 면]자는 눈[目]을 중심으로 사람의 낯을 표현한 글자입니다. '몸이 천 냥이면 눈이 구백 냥이다'라는 속담에서도 알 수 있듯 사람의 눈은 낯에서 가장 중요한 부분이기 때문에 그렇게 본뜬 것입니다. 따라서 눈[目]을 중심으로 표현된 面[낯 면]자는 뜻이 '낯'이 되었습니다.

사람의 몸 가운데 남의 눈에 가장 잘 띄는 곳이 낯으로, 한 사람에 대한 전체적인 인상을 대표합니다. 나아가 낯은 사람에 대한 여러 정보를 확인하는 데 도움을 주는 부분이며, 사람의 현재 상태나 감정을 드러내는 구실을 하는 부분입니다. 바로 그 부위를 나타낸 面[낯 면]자는 '낯'의 뜻을 지니게 되었습니다.

청동의 인면구

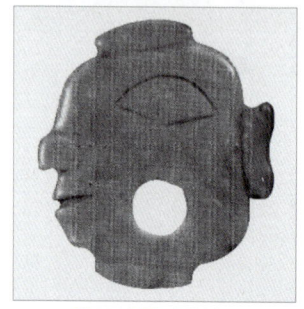

옥으로 만든 사람 얼굴

'낯'을 뜻하는 面[낯 면]자는 '낯을 마주 접하다'라는 뜻의 面接(면접), '낯을 씻다'라는 뜻의 洗面(세면), '낯의 털을 칼로 깎다'라는 뜻의 面刀(면도)에서 보듯 음을 '면'으로 읽습니다. 面자는 뜻과 음을 합쳐 '낯 면'이라 합니다.

세면하는 청동대야

面자가 붙어 익히 쓰이는 한자로는 麵[밀가루 면]자 하나뿐입니다. 麵[밀가루 면]자는 面자가 음의 역할을 합니다.

● 바로바로 익히는 한자 ●

확인 학습 부수 설명을 참고하여 괄호 안에 알맞은 말을 쓰시오.

1. 面자는 눈[目]을 중심으로 사람의 (　)을 표현한 글자입니다.
2. 사람의 눈은 (　)에서 가장 중요한 부분입니다.
3. 눈[目]을 중심으로 표현된 面자는 뜻이 (　)이 되었습니다.
4. 사람의 몸 가운데 남의 눈에 가장 잘 띄는 곳이 (　)으로, 한 사람에 대한 전체적인 인상을 대표합니다.
5. 面자는 (　)의 뜻을 지니게 되었습니다.
6. '낯을 마주 접하다'라는 뜻의 面接은 (　)접으로 읽습니다.
7. '낯을 씻다'라는 뜻의 洗面은 세(　)으로 읽습니다.
8. '낯의 털을 칼로 깎다'라는 뜻의 面刀는 (　)도로 읽습니다.

9. 面자는 음을 (　)으로 읽습니다.

10. 面자는 뜻이 (　)이고, 음이 (　)입니다.

11. 面자는 뜻과 음을 합쳐 (　　)이라 합니다.

12. 面자가 붙어 익히 쓰이는 한자로는 麵자 하나뿐입니다. 麵자는 面자가 (　)의 역할을 합니다.

● 쓰면서 익히는 한자 ●

쓰기 학습 빈 칸에 한자를 쓰고, 뜻과 음을 쓰시오.

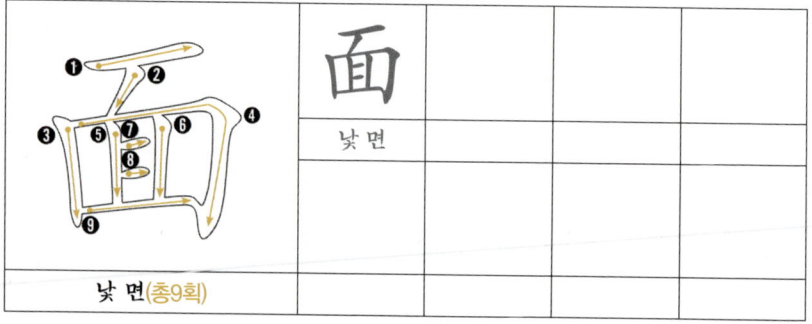

쓰기 복습 빈 칸에 뜻과 음에 맞는 한자를 쓰시오.

콩 두	힘 력	늙을 로	늙을로엄	마을 리	설 립	말 마	보리 맥

중027

터럭 모

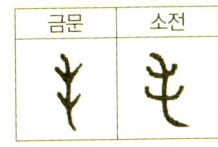

〈毛부수 / 4급〉

毛[터럭 모]자는 새의 피부에 나는 깃대와 깃대에서 갈라져 나온 터럭을 간단히 나타낸 글자입니다. 따라서 毛[터럭 모]자는 뜻이 '터럭'이 되었습니다. 새 외에 동물이나 사람의 피부에 나는 실 모양의 것도 터럭입니다. 하지만 의미가 확대되어 식물의 잎이나 뿌리에 나는 실 모양의 것을 이르기도 하고, 물체의 거죽에 부풀어 일어나는 실 모양의 것을 이르기도 합니다.

깃대와 터럭

그 가운데 흔히 보면서 형태가 가장 분명한 것이 새의 깃에서 나는 터럭입니다. 따라서 새의 깃에 나는 터럭으로 이뤄진 毛[터럭 모]자는 '터럭'의 뜻을 지닌 글자가 되었습니다.

毛[터럭 모]자는 '터럭이 붙은 가죽'을 뜻하는 毛皮(모피), '양의 터럭'을 뜻하는 羊毛(양모), '터럭과 뼈'를 뜻하는 毛骨(모골)에서 보듯 음을 '모'로 읽습니다. 毛자는 뜻과 음을 합쳐 '터럭 모'라 합니다.

여러 짐승의 모피

毛자 부수에 속하는 한자는 毫[잔털 호]·尾[꼬리 미]·麾[대장기 휘]자에서 보듯 뜻이 '터럭'과 관련이 있습니다.

● 바로바로 익히는 한자 ●

확인 학습 부수 설명을 참고하여 괄호 안에 알맞은 말을 쓰시오.

1. 毛자는 새의 피부에 나는 깃대와 깃대에서 갈라져 나온 (   )을 간단히 나타낸 글자입니다.
2. 毛자는 뜻이 (   )이 되었습니다.
3. 새 외에 동물이나 사람의 피부에 나는 실 모양의 것도 (   )입니다.
4. 새의 깃에 나는 (   )으로 이뤄진 글자가 毛자입니다.
5. '터럭이 붙은 가죽'을 뜻하는 毛皮는 (   )피로 읽습니다.
6. '양의 터럭'을 뜻하는 羊毛는 양(   )로 읽습니다.
7. '터럭과 뼈'를 뜻하는 毛骨은 (   )골로 읽습니다.
8. 毛자는 음을 (   )로 읽습니다.
9. 毛자는 뜻이 (   )이고, 음이 (   )입니다.

10. 毛자는 뜻과 음을 합쳐 (　　　)라 합니다.
11. 毛자 부수에 속하는 한자는 毫·尾·麾자에서 보듯 뜻이 (　　)과 관련이 있습니다.

● 쓰면서 익히는 한자 ●

쓰기 학습 빈 칸에 한자를 쓰고, 뜻과 음을 쓰시오.

털 모(총4획)					

쓰기 복습 빈 칸에 뜻과 음에 맞는 한자를 쓰시오.

힘 력	늙을 로	늙을로엄	마을 리	설 립	말 마	보리 맥	낯 면

〈木부수 / 8급〉

木[나무 목]자는 가지와 줄기와 뿌리가 있는 나무를 간단하게 본뜬 글자입니다. 따라서 木[나무 목]자는 뜻이 '나무'가 되었습니다. 나무의 잎은 푸르다가 붉게 변하기도 하고, 봄에 났다가 가을에 없어지기도 하기 때문에 나무의 본질(本質)이 될 수 없습니다. 따라서 木[나무 목]자는 잎이 보이지 않는 나무로 나타냈습니다.

언덕 위의 나무

나무는 사람들에게 매우 유용한 존재입니다. 잎이나 가지로는 대개 불을 피우고, 줄기는 도구나 집을 만드는 데 쓰이며, 일부 뿌리는 약재로도 쓰입니다. 뿐만 아니라 나무는 그 무엇보다 중요한 산소를 제공해 주고 있습니다. 따라서 나무를 일러 흔히 '아낌없이 주는 나무'라 하고 있습니다. 木[나무 목]자는 바로 그 '나무'를 뜻하는 글자입니다.

木[나무 목]자는 '나무로 만든 말'을 뜻하는 木馬(목마), '큰 나무'를 뜻하는 巨木(거목), '풀과 나무'를 뜻하는 草木(초목)에서 보듯 음이 '목'입니다. 木자는 뜻과 음을 합쳐 '나무 목'이라 합니다.

木자가 붙는 한자는 松[소나무 송]·桃[복숭아나무 도]·李[오얏나무 리]·梨[배나무 리]·桂[계수나무 계]·桐[오동나무 동]·梅[매화나무 매]자 등에서처럼 뜻이 '나무'와 관련이 있습니다.

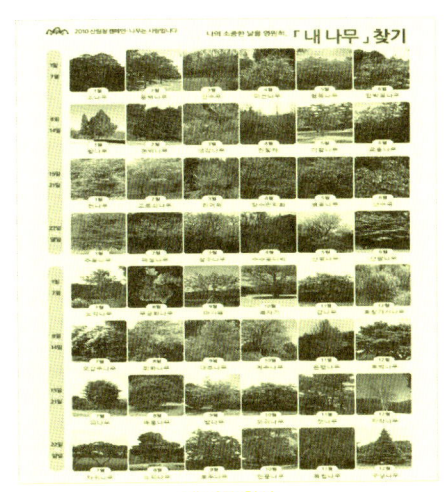

내 나무 찾기

● 바로바로 익히는 한자 ●

확인 학습 부수 설명을 참고하여 괄호 안에 알맞은 말을 쓰시오.

1. 木자는 가지와 줄기와 뿌리가 있는 (   )를 간단하게 본뜬 글자입니다.
2. 木자는 뜻이 (   )가 되었습니다.
3. 木자는 잎이 보이지 않는 (   )로 나타냈습니다.
4. '나무로 만든 말'을 뜻하는 木馬는 (   )마로 읽습니다.
5. '큰 나무'를 뜻하는 巨木은 거(   )으로 읽습니다.
6. '풀과 나무'를 뜻하는 草木은 초(   )으로 읽습니다.

7. 木馬, 巨木, 草木의 木자는 (   )으로 읽습니다.

8. 木자는 음이 (   )입니다.

9. 木자는 뜻이 (   )고, 음이 (   )입니다.

10. 木자는 뜻과 음을 합쳐 (   )이라 합니다.

11. 木자가 붙는 한자는 松·桃·李·梨·桂·桐·梅자 등에서처럼 뜻이 (   )와 관련이 있습니다.

● 쓰면서 익히는 한자 ●

쓰기 학습 빈 칸에 한자를 쓰고, 뜻과 음을 쓰시오.

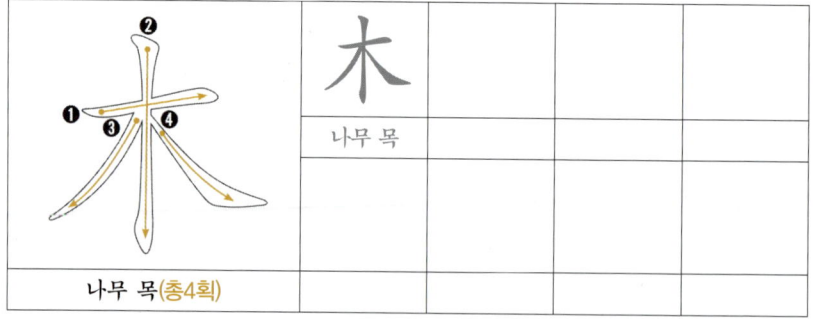

쓰기 복습 빈 칸에 뜻과 음에 맞는 한자를 쓰시오.

늙을 로	늙을로엄	마을 리	설 립	말 마	보리 맥	낯 면	터럭 모

目

눈 목

갑골문	금문	소전

〈目부수 / 6급〉

　目[눈 목]자는 눈동자가 보이는 눈을 본뜬 글자입니다. 따라서 目[눈 목]자는 뜻이 '눈'이 되었습니다.

　눈은 보기 위해 있는 것입니다. 그런데 정작 보았는데 보지 못한 사람

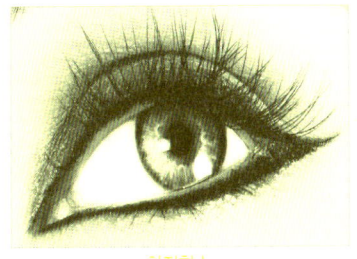

화장한 눈

들이 많습니다. 보고 싶은 것만 보았기 때문입니다. 아는 만큼 보이기 때문입니다. 그리고 보았는데 보이지 않은 것은 마음에 없기 때문입니다. 마음을 먹고 제대로 보아야 보입니다. 따라서 눈은 '마음의 창'이라고도 합니다.

　눈은 '몸의 등불'이라고도 합니다. 아무리 맛있는 음식이 있어도 눈으로 찾아야만 먹을 수 있고, 아무리 향기로운 꽃이 있어도 눈으로 찾아야만 냄새 맡을 수 있고, 아무리 듣기 좋은 새소리라도 눈으로 찾아야만 들을 수 있기 때문입니다. 그래서 예부터 '몸이 천 냥이면 눈이 구백 냥'이라고 했습니다. 目[눈 목]자는 바로 그 '마음의 창', '몸의 등불'인 '눈'

을 뜻하는 한자입니다.

目[눈 목]자는 '귀나 눈'을 뜻하는 耳目(이목), '눈의 앞'을 뜻하는 目前(목전), '눈으로 어림잡아 재다'라는 뜻을 지닌 目測(목측)의 말에서 보듯 음을 '목'으로 읽습니다. 目자는 뜻과 음을 합쳐 '눈 목'이라 합니다.

目자가 붙는 한자는 見[볼 견]·相[볼 상]·看[볼 간]·睹[볼 도]·眺[볼 조]·瞻[볼 첨]·瞰[볼 감]자 등에서 보듯 뜻이 '눈'과 관련이 있습니다. 그 가운데 見자를 제외한 모든 한자는 目자 부수에 속합니다.

● 바로바로 익히는 한자 ●

확인 학습 부수 설명을 참고하여 괄호 안에 알맞은 말을 쓰시오.

1. 目자는 눈동자가 보이는 (　)을 본뜬 글자입니다.
2. 目자는 뜻이 (　)이 되었습니다.
3. 예부터 '몸이 천 냥이면 (　)이 구백 냥'이라고 했습니다.
4. 目자는 '마음의 창', '몸의 등불'인 (　)을 뜻하는 한자입니다.
5. '귀나 눈'을 뜻하는 耳目은 이(　)으로 읽습니다.
6. '눈의 앞'을 뜻하는 目前은 (　)전으로 읽습니다.
7. '눈으로 어림잡아 재다'라는 뜻을 지닌 目測은 (　　)측으로 읽습니다.
8. 耳目, 目前, 目測의 目자는 (　)으로 읽습니다.
9. 目자는 음이 (　)입니다.
10. 目자는 뜻이 (　)이고, 음이 (　)입니다.

11. 目자는 뜻과 음을 합쳐 (　　　)이라 합니다.
12. 目자가 붙는 한자는 見·相·看·睹·眺·瞻·瞰자 등에서 보듯 뜻이 '눈'과 관련이 있습니다.

● 쓰면서 익히는 한자 ●

쓰기 학습 빈 칸에 한자를 쓰고, 뜻과 음을 쓰시오.

	目		
	눈 목		
눈 목(총5획)			

쓰기 복습 빈 칸에 뜻과 음에 맞는 한자를 쓰시오.

늙을로엄	마을 리	설 립	말 마	보리 맥	낯 면	터럭 모	나무 목

글월 문

〈文부수 / 6급〉

文[글월 문]자는 원래 바르게 서 있는 사람의 가슴에 갖가지 그림이 그려진 모습을 본뜬 글자입니다.

바로 그런 그림에서 오늘날 사용하는 대부분의 글(글월)이 만들어졌습니다. '글(글월)'과 '그림'의 말을 풀어서 살펴보면, 공통으로 ㄱ + ㅡ + ㄹ의 형태가 보이는 것으로도 서로 관계가 있음을 알 수 있습니다.

몸에 그림이 그려진 사람

따라서 그림이 그려진 사람에서 비롯된 文[글월 문]자는 뜻이 글의 옛말인 '글월'이 되었습니다.

오늘날에는 반대로 '글(글월)'이 '그림'으로 인식되기도 합니다. 컴퓨터나 휴대전화의 글을 이용해 그림으로 인식할 수 있도록 만들어 감정이나 느낌을 전

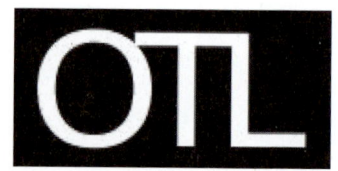

좌절을 의미하는 이모티콘

달하는 이모티콘(emoticon)이 바로 그런 경우입니다. 예컨대 한글 모음을 이용한 ㅠ.ㅠ는 '우는 모습'을 의미하고, 알파벳의 OTL은 '좌절'을 의미합니다.

文[글월 문]자는 '긴 글월(글)'을 뜻하는 長文(장문), '이름이 널리 알려진 글월(글)'을 뜻하는 名文(명문), '글월(글)을 쓰는 사람'을 뜻하는 文人(문인)에서 보듯 음을 '문'으로 읽습니다. 文자는 뜻과 음을 합쳐 '글월 문'이라 합니다.

文자는 紋[무늬 문]·紊[어지러울 문]·蚊[모기 문]자 등의 글자 구성에 도움을 주면서 주로 음의 역할을 합니다.

● 바로바로 익히는 한자 ●

확인 학습 부수 설명을 참고하여 괄호 안에 알맞은 말을 쓰시오.

1. 文자는 원래 바르게 서 있는 사람의 가슴에 갖가지 (　　)이 그려진 모습을 본뜬 글자입니다.
2. 그림에서 오늘날 사용하는 대부분의 (　　)이 만들어졌습니다.
3. 그림이 그려진 사람에서 비롯된 文자는 뜻이 글의 옛말인 (　　)이 되었습니다.
4. '긴 글월(글)'을 뜻하는 長文은 장(　　)으로 읽습니다.
5. '이름이 널리 알려진 글월(글)'을 뜻하는 名文은 명(　　)으로 읽습니다.
6. '글월(글)을 쓰는 사람'을 뜻하는 文人은 (　　)인으로 읽습니다.

7. 長文, 名文, 文人의 文자는 (   )으로 읽습니다.
8. 文자는 음이 (   )입니다.
9. 文자는 뜻이 (   )이고, 음이 (   )입니다.
10. 文자는 뜻과 음을 합쳐 (   )이라 합니다.
11. 文자는 紋·紊·蚊자 등의 글자 구성에 도움을 주면서 주로 (   )의 역할을 합니다.

● 쓰면서 익히는 한자 ●

쓰기 학습 빈 칸에 한자를 쓰고, 뜻과 음을 쓰시오.

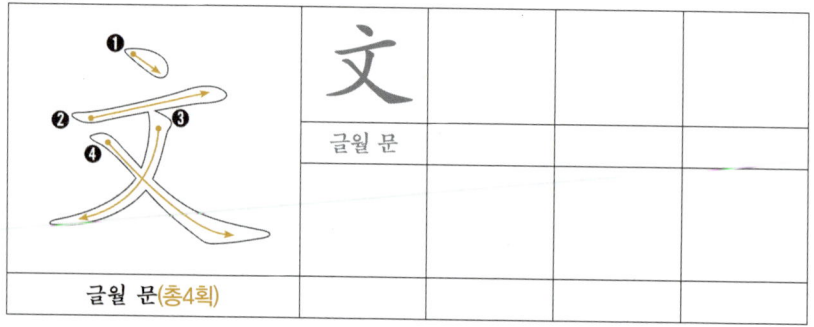

쓰기 복습 빈 칸에 뜻과 음에 맞는 한자를 쓰시오.

마을 리	설 립	말 마	보리 맥	낯 면	터럭 모	나무 목	눈 목

중031

문 문

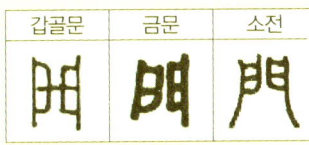

〈門부수 / 8급〉

門[문 문]자는 두 짝의 문을 본 뜬 글자입니다. 따라서 門[문 문]자는 뜻이 '문'이 되었습니다.

집은 사람이 활동하는 데 안과 바깥을 구분 짓는 공간입니다. 집의 안과 바깥을 드나들며 거치는

사립문

곳이 바로 문입니다. 문은 닫아 두기 위함보다 열기 위해, 열어 두기 위해 만듭니다. 문을 닫아만 둔다면 문을 만들 필요가 없습니다.

또 문은 넓거나 높게도 만들고 좁거나 낮게 만들기도 합니다. 문이 크고 넓으면 많은 사람이 드나들 수 있지만 낮고 좁은 문은 작은 사람들만 드나들 수 있습니다. 낮고 좁은 문을 드나들기 위해서는 허리를 숙이고 몸을 낮춰야 하지요. 門[문 문]자는 바로 이러한 문을 뜻하는 글자입니다.

門[문 문]자는 '큰 문'을 뜻하는 大門(대문), '방을 드나드는 문'을 뜻하는

房門(방문), '학교를 드나드는 문'을 뜻하는 校門(교문)에서 보듯 음을 '문'으로 읽습니다. 門자는 뜻과 음을 합쳐 '문 문'이라 합니다.

門자가 붙는 한자는 閑[한가할 한]·間[사이 간]·開[열 개]·閉[닫을 폐]·閣[누각 각]자 등에서 보듯 뜻이 '문'과 관련이 있습니다.

성균관대학교 교문

● 바로바로 익히는 한자 ●

확인 학습 부수 설명을 참고하여 괄호 안에 알맞은 말을 쓰시오.

1. 門자는 두 짝의 (   )을 본뜬 글자입니다.
2. 門자는 뜻이 (   )이 되었습니다.
3. 집의 안과 바깥을 드나들며 거치는 곳이 바로 (   )입니다.
4. 門자는 (   )을 뜻하는 글자입니다.
5. '큰 문'을 뜻하는 大門은 대(   )으로 읽습니다.
6. '방을 드나드는 문'을 뜻하는 房門은 방(   )으로 읽습니다.
7. '학교를 드나드는 문'을 뜻하는 校門은 교(   )으로 읽습니다.
8. 大門, 房門, 校門의 門자는 (   )으로 읽습니다.
9. 門자는 음이 (   )입니다.
10. 門자는 뜻이 (   )이고, 음이 (   )입니다.

11. 門자는 뜻과 음을 합쳐 (   )이라 합니다.
12. 門자가 붙는 한자는 閑·間·開·閉·閣자 등에서 보듯 뜻이 (   )과 관련이 있습니다.

● 쓰면서 익히는 한자 ●

쓰기 학습 빈 칸에 한자를 쓰고, 뜻과 음을 쓰시오.

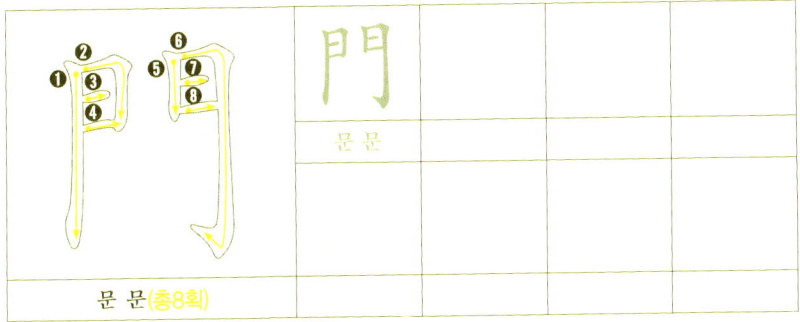

쓰기 복습 빈 칸에 뜻과 음에 맞는 한자를 쓰시오.

설 립	말 마	보리 맥	낯 면	터럭 모	나무 목	눈 목	글월 문

쌀 미

갑골문	금문	소전

〈米부수 / 6급〉

米[쌀 미]자는 곡물의 이삭 줄기에 달려 있는 작은 알갱이의 쌀을 본뜬 글자입니다. 따라서 米[쌀 미]자는 뜻이 '쌀'이 되었습니다.

쌀은 원래 '볏과에 속한 곡물의 껍질을 벗겨서 나온 알맹이'를 통틀어 이르는 말입니다. 볏과에 속한 곡물은 벼뿐만 아니라 보리, 밀, 귀리, 기장, 율무, 수수, 옥수수, 조 등이 있습니다. 따라서 쌀에는 볍쌀, 보리쌀, 밀쌀, 귀리쌀, 기장쌀, 율무쌀, 수수쌀, 옥수수쌀, 좁쌀 등이 있습니다. 하지만 오늘날에는 벼에서 나는 알맹이를 사람들이 주식(主食)으로 삼으면서 '쌀' 하면 '벼에서 껍질을 벗겨 낸 알맹이'

벼 이삭

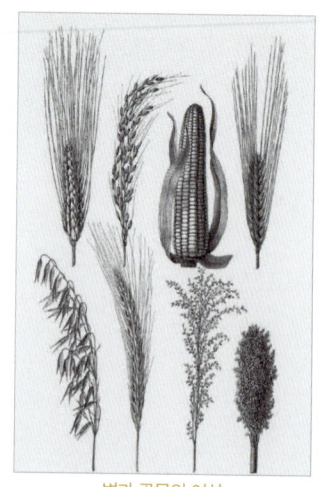

볏과 곡물의 이삭

를 이르는 말로 주로 쓰고 있습니다.

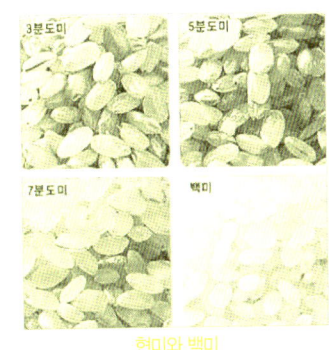
현미와 백미

米[쌀 미]자는 '흰 쌀'을 뜻하는 白米(백미), '갓 찧어서 좀 노르께한 쌀의 빛'을 뜻하는 米色(미색), '부처에게 공양하는 쌀'을 뜻하는 供養米(공양미)에서 보듯 음을 '미'로 읽습니다. 米자는 뜻과 음을 합쳐 '쌀 미'라 합니다.

米자가 붙는 한자는 粉[가루 분]·粥[죽 죽]·粒[쌀알 립]·粧[단장할 장]·精[자세할 정]·糧[양식 량]자에서처럼 뜻이 '쌀'과 관련이 있습니다.

● 바로바로 익히는 한자 ●

확인 학습 부수 설명을 참고하여 괄호 안에 알맞은 말을 쓰시오.

1. 米자는 곡물의 이삭 줄기에 달려 있는 작은 알갱이의 (   )을 본뜬 글자입니다.
2. 米자는 뜻이 (   )입니다.
3. (   )은 원래 '볏과에 속한 곡물의 껍질을 벗겨서 나온 알맹이'를 통틀어 이르는 말입니다.
4. 오늘날은 벼에서 나는 알맹이를 사람들이 주식으로 삼으면서 (   ) 하면 '벼에서 껍질을 벗겨 낸 알맹이'를 이르는 말로 주로 쓰고 있습니다.
5. 白米는 백(   ), 米色은 (   )색, 供養米는 공양(   )로 읽습니다.

6. 米자는 음이 (　)입니다.

7. 米자는 뜻이 (　)이고, 음이 (　)입니다.

8. 米자는 뜻과 음을 합쳐 (　　)라 합니다.

9. 米자가 붙는 한자는 粉·粥·粒·粧·精·糧자에서처럼 뜻이 (　)과 관련이 있습니다.

• 쓰면서 익히는 한자 •

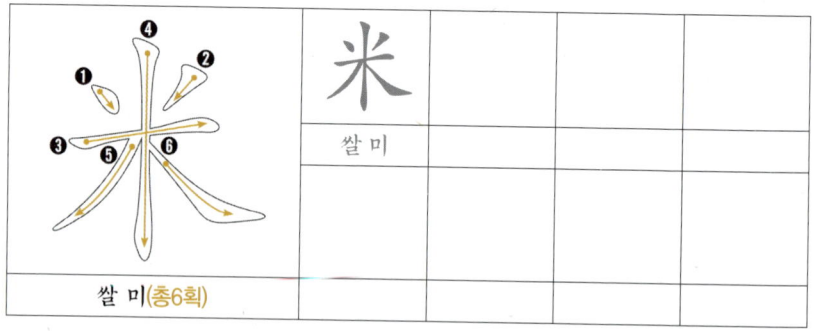

쓰기 학습　빈 칸에 한자를 쓰고, 뜻과 음을 쓰시오.

쌀 미(총6획)

쓰기 복습　빈 칸에 뜻과 음에 맞는 한자를 쓰시오.

말 마	보리 맥	낯 면	터럭 모	나무 목	눈 목	글월 문	문 문

중033

方
모 방

| 갑골문 | 금문 | 소전 |

〈方부수 / 6급〉

方[모 방]자는 옛날 사람들이 사용했던 쌍날의 쟁기를 나타낸 글자로 보입니다. 쟁기는 땅을 일구는 농사 도구로, 끝이 뾰족하게 모가 난 모양으로 이뤄져 있습니다. 方[모 방]자는 바로 쟁기의 모가 난 모양과 관련해 뜻이 '모'가 되었습니다.

쟁기의 가장 중요한 부분은 땅을 일구는 모가 난 부분입니다. 따라서 모가 난 부분이 있는 옛날의 쟁기를 나타낸 方[모 방]자가 '모'를 뜻하게 된 것입니다.

옛날의 쟁기

'모'는 '네모'의 '모'와 관련이 있기 때문에 方[모 방]자는 '네모'의 뜻을 지니기도 합니다. 옛날 사람들은 사람이 사는 땅이 네모라고 여겼습니다. 따라서 方[모 방]자

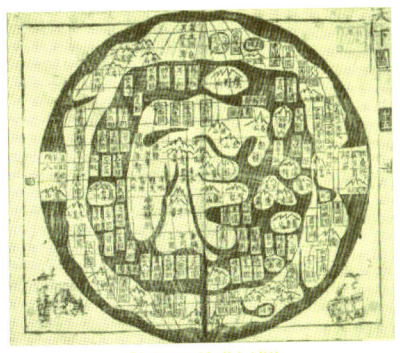

천하도로 살펴본 사방

111

는 네모의 각 방면을 이르는 '방향'의 뜻을 지니기도 합니다.

方[모 방]자는 '네 개의 모난 부분이 있는 자리'를 뜻하는 方席(방석), '노아가 만든 네모난 배'를 뜻하는 方舟(방주), '네모의 방향'을 뜻하는 四方(사방)에서 보듯 음을 '방'으로 읽습니다. 方자는 뜻과 음을 합쳐 '모 방'이라 합니다.

方자는 防[막을 방]·房[방 방]·放[놓을 방]·紡[자을 방]·訪[찾을 방]·妨[해로울 방]·芳[꽃다울 방]·肪[기름 방]·坊[동네 방]·彷[거닐 방]자 등에서 보듯 글자 구성에 도움을 주면서 주로 음의 역할을 합니다.

● 바로바로 익히는 한자 ●

확인 학습 부수 설명을 참고하여 괄호 안에 알맞은 말을 쓰시오.

1. 方자는 옛날 사람들이 사용했던 쌍날의 (   )를 나타낸 글자로 보입니다.
2. 쟁기는 땅을 일구는 농사 도구로, 끝은 뾰족하게 (   )가 난 모양으로 이뤄져 있습니다.
3. 모가 난 부분이 있는 옛날의 쟁기를 나타낸 方자가 (   )를 뜻하게 된 것입니다.
4. '모'는 '네모'의 '모'와 관련이 있기 때문에 方자는 (   )의 뜻을 지니기도 합니다. 方자는 네모의 각 방면을 이르는 (   )의 뜻을 지니기도 합니다.
5. 方席, 方舟, 四方의 方자는 (   )으로 읽습니다.

6. 方자는 음이 (　)입니다.

7. 方자는 뜻이 (　)고, 음이 (　)입니다.

8. 方자는 뜻과 음을 합쳐 (　　)이라 합니다.

9. 方자는 防·房·放·紡·訪·妨·芳·肪·坊·彷자 등에서 보듯 글자 구성에 도움을 주면서 주로 (　)의 역할을 합니다.

● 쓰면서 익히는 한자 ●

쓰기 학습 빈 칸에 한자를 쓰고, 뜻과 음을 쓰시오.

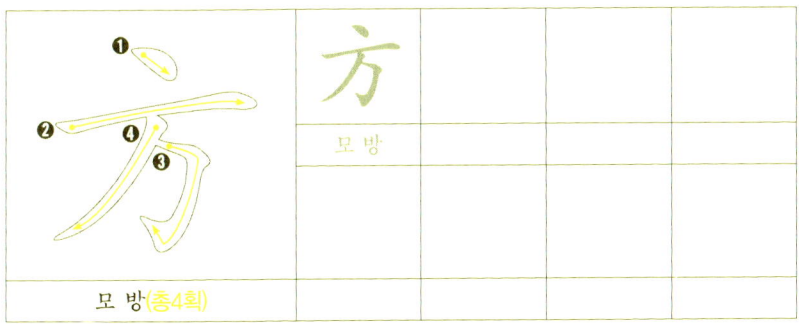

모 방(총4획)

쓰기 복습 빈 칸에 뜻과 음에 맞는 한자를 쓰시오.

보리 맥	낯 면	터럭 모	나무 목	눈 목	글월 문	문 문	쌀 미

흰 백

〈白부수 / 6급〉

　白[흰 백]자의 뜻 '희다'는 빛깔과 관련이 있습니다. 그런데 빛깔은 구체적인 형태로 표현할 수 없습니다. 뜻을 나타내려면 뜻과 밀접한 어떤 물체를 빌어서 나타내야 합니다. 하지만 白[흰 백]자는 어떤 형태를 빌어 나타냈는지 분명치 않습니다.

하얀 불빛의 불똥

　白[흰 백]자는 학자들에 따라 해, 손톱, 얼굴, 불똥 등의 여러 견해로 풀이되고 있습니다. 그 가운데 白[흰 백]자는 불똥과 관련되어 이뤄졌다는 견해가 가장 타당해 보입니다. 白[흰 백]자의 고문자가 '불똥'을 나타낸 丶[불똥 주]자의 고문자와 같은 형태를 지니고 있기 때문입니다. 작은 불덩이인 불똥이 타오를 때에 비치는 빛과 관련해 白[흰 백]자가 '희다'의 뜻을 지니게 된 것으로 보입니다.

금문 丶[불똥 주]

　빛의 삼원색을 합치면 환한 흰색이 됩니다. 따라서 새까만 밤을 불빛으로 밝히면 환해집니다. 그처럼 낮을 환하게 비추는 것이 햇빛입니다. 따라서 불빛과 관련된 白[흰 백]자는 햇빛과 서로 통하면서 햇빛의 해와 같은 뿌리에서 나온 '희다'의 뜻을 지니게 된 것으로 보입니다.

白[흰 백]자는 '살빛이 흰 사람'을 뜻하는 白人(백인), '흰 빛이 나는 쇠붙이'를 뜻하는 白金(백금), '빛깔이 흰 흙'을 뜻하는 白土(백토)에서 보듯 음을 '백'으로 읽습니다. 白자는 뜻과 음을 합쳐 '흰 백'이라 합니다.

白자는 百[일백 백]·伯[맏 백]·柏[나무이름 백=栢]·魄[넋 백]·帛[비단 백]·舶[큰 배 박]·迫[닥칠 박]·拍[칠 박]·泊[배댈 박]자 등에 붙어 주로 음의 역할을 합니다.

● 바로바로 익히는 한자 ●

확인 학습 부수 설명을 참고하여 괄호 안에 알맞은 말을 쓰시오.

1. 白자는 (　　)과 관련되어 이뤄졌다는 견해가 가장 타당해 보입니다.

2. 白자의 고문자는 (　　)을 뜻하는 丶자의 고문자와 같은 형태를 지니고 있습니다.

3. 작은 불덩이인 불똥이 타오를 때에 비치는 빛과 관련해 白자가 (　　)의 뜻을 지니게 된 것으로 보입니다.

4. 불빛과 관련된 白자는 햇빛과 서로 통하면서 햇빛의 해와 같은 뿌리에서 나온 (　　)의 뜻을 지니게 된 것으로 보입니다.

5. 白人, 白金, 白土의 白자는 (　　)으로 읽습니다.

6. 白자는 음이 (　)입니다.

7. 白자는 뜻이 (　　)고, 음이 (　)입니다.

8. 白자는 뜻과 음을 합쳐 (　　)이라 합니다.

9. 白자는 百·伯·柏·魄·帛·舶·迫·拍·泊자 등에 붙어 주로 (　)의 역할을 합니다.

● 쓰면서 익히는 한자 ●

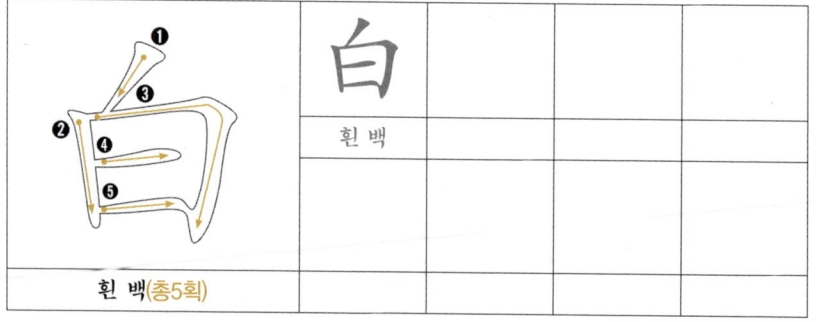

쓰기 학습 빈 칸에 한자를 쓰고, 뜻과 음을 쓰시오.

쓰기 복습 빈 칸에 뜻과 음에 맞는 한자를 쓰시오.

낯 면	터럭 모	나무 목	눈 목	글월 문	문 문	쌀 미	모 방

중035

아비 부

갑골문	금문	소전

〈父부수 / 6급〉

父[아비 부]자는 도끼를 손에 쥐고 있는 모습을 나타냈습니다. 도끼를 손에 쥐고 사냥 등을 해 식구를 부양하는 사람인 아비를 나타낸 것입니다. 따라서 도끼를 손에 쥔 모습에서 비롯된 父[아비 부]자는 뜻이 '아비'가 되었습니다.

돌도끼

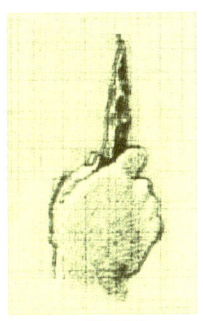
도끼를 쥔 손

'아비'는 오늘날 '아버지'의 낮춤말로 쓰이고 있지만 옛날에는 '아비' 자체가 '아버지'를 뜻하는 말이었습니다. 예전에는 '아버지'를 '아비'로 불렀던 것입니다. 따라서 父[아비 부]자의 뜻도 그때의 명칭

돌도끼로 사냥하는 모습(재현)

그대로 '아비'라 한 것입니다. 오늘날에 입장에서 아비를 낮춤말로 보고 뜻을 '아버지'라 하는 이들이 있으나 이는 오랫동안 사람들이 불러온 명

칭을 무시하고 마음대로 바꾼 것에 지나지 않습니다.

'아비(아버지)'를 뜻하는 父[아비 부]자는 '아버지와 어머니'를 뜻하는 父母(부모), '아버지와 아들'을 뜻하는 父子(부자), '늙은 아버지'를 뜻하는 老父(노부)의 말에서 보듯 '부'로 읽습니다. 父자는 뜻과 음을 합쳐 '아비 부'라 합니다.

父자는 斧[도끼 부]자나 釜[가마솥 부]자의 구성에 도움을 주면서 음의 역할을 합니다. 따라서 斧[도끼 부]자와 釜[가마솥 부]자의 음은 父자와 똑같이 '부'로 읽습니다.

● 바로바로 익히는 한자 ●

확인 학습 부수 설명을 참고하여 괄호 안에 알맞은 말을 쓰시오.

1. 父자는 (   )를 (   )에 쥐고 있는 모습을 나타냈습니다.
2. 도끼를 손에 쥐고 사냥 등을 해 식구를 부양하는 사람인 (   )를 나타낸 것입니다.
3. 도끼를 손에 쥔 모습에서 비롯된 父자는 뜻이 (   )가 되었습니다.
4. 예전에는 '아버지'를 (   )로 불렀습니다. 따라서 父자의 뜻도 그때의 명칭 그대로 (   )라 합니다.
5. '아버지와 어머니'를 뜻하는 父母는 (   )모로 읽습니다.
6. '아버지와 아들'을 뜻하는 父子는 (   )자로 읽습니다.
7. '늙은 아버지'를 뜻하는 老父는 노(   )로 읽습니다.
8. 父母, 父子, 老父의 父자는 (   )로 읽습니다.

9. 父자는 음이 (　　)입니다.

10. 父자는 뜻이 (　　)고, 음이 (　　)입니다.

11. 父자는 뜻과 음을 합쳐 (　　)라 합니다.

12. 斧자와 釜자의 음은 父자와 똑같이 (　　)로 읽습니다.

● 쓰면서 익히는 한자 ●

쓰기 학습 빈 칸에 한자를 쓰고, 뜻과 음을 쓰시오.

아비 부(총4획)

쓰기 복습 빈 칸에 뜻과 음에 맞는 한자를 쓰시오.

터럭 모	나무 목	눈 목	글월 문	문 문	쌀 미	모 방	흰 백

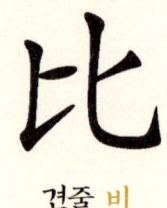

견줄 비

〈比부수 / 5급〉

比[견줄 비]자는 두 사람이 나란히 서서 서로 견주는 모습을 표현했습니다. 따라서 比[견줄 비]자는 뜻이 '견주다'가 되었습니다.

대체로 견준다는 말은 두 개의 존재가 어떤 차이가 있는지 알기 위해 서로 대어 본다는 것입니다. 마치 친구인 두 사람이 누가 큰지 키를 견주어 보는 것처럼 말입니다. 따라서 두 사람이 나란히 선 모습에서 비롯된 比[견줄 비]자는 뜻이 '견주다'가 되었습니다.

고구려 고분벽화 일부

比[견줄 비]자처럼 較[견줄 교]자도 '견주다'의 뜻을 지닙니다. 그래서 比[견줄 비]자와 較[견줄 교]자는 합쳐져 比較(비교)라는 말을 이루고, 比較(비교)는 '견주다'

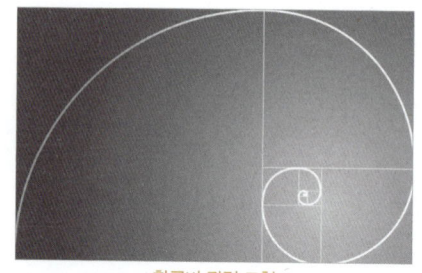

황금비 관련 도형

를 뜻하는 한자어가 되었습니다. 나아가 比較(비교)해서 보기 좋은 比率(비율)은 黃金比(황금비)라 합니다. 比較(비교)·比率(비율)·黃金比(황금비)에서 보듯 比[견줄 비]자는 음을 '비'로 읽습니다. 比자는 뜻과 음을 합쳐 '견줄 비'라 합니다.

比자는 批[칠 비]·砒[비소 비]·庇[덮을 비]·琵[비파 비]·毘[도울 비=毗]·毖[삼갈 비]자 등에서 보듯 주로 음의 역할을 합니다.

● 바로바로 익히는 한자 ●

확인 학습 부수 설명을 참고하여 괄호 안에 알맞은 말을 쓰시오.

1. 比자는 두 사람이 나란히 서서 서로 (   ) 모습을 표현했습니다.
2. 比자는 뜻이 (   )가 되었습니다.
3. 두 사람이 나란히 선 모습에서 비롯된 比자는 뜻이 (   )가 되었습니다.
4. 比자처럼 較자도 (   )의 뜻을 지닙니다. 그래서 比자와 較자는 합쳐져 比較라는 말을 이루고, 比較는 (   )를 뜻하는 한자어가 되었습니다.
5. 견주다의 뜻을 지닌 比較는 (   )교로 읽습니다.
6. 比率은 (   )율로 읽습니다.
7. 黃金比는 황금(   )로 읽습니다.
8. 比較·比率·黃金比의 말에서 보듯 比자는 음을 (   )로 읽습니다.
9. 比자는 음이 (   )입니다.

10. 比자는 뜻이 (　　)고, 음이 (　)입니다.

11. 比자는 뜻과 음을 합쳐 (　　　)라 합니다.

12. 比자는 批·砒·庇·琵·毘·毖자 등에서 보듯 주로 (　　)의 역할을 합니다.

● 쓰면서 익히는 한자 ●

쓰기 학습 빈 칸에 한자를 쓰고, 뜻과 음을 쓰시오.

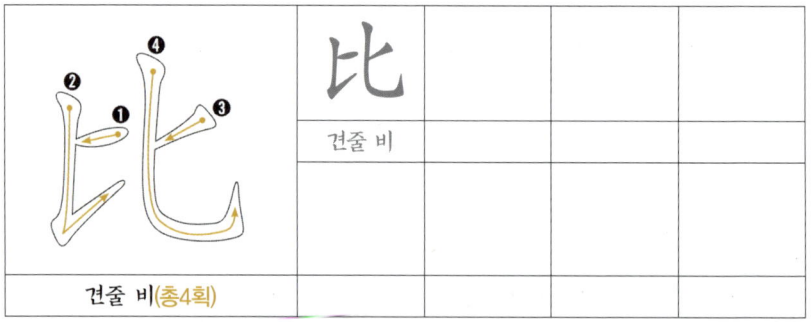

쓰기 복습 빈 칸에 뜻과 음에 맞는 한자를 쓰시오.

나무 목	눈 목	글월 문	문 문	쌀 미	모 방	흰 백	아비 부

아닐 비

| 갑골문 | 금문 | 소전 |

〈非부수 / 4급〉

非[아닐 비]자는 새의 두 날개가 각기 다른 방향으로 펼쳐진 모양을 표현한 글자로 보입니다. 그처럼 두 날개가 각기 다른 방향으로 펼쳐진 모양은 결국 방향이 같은 게 '아니다'라고 할 수 있습니다. 따라서 같은 방향이 아닌 새의 두 날개를 표현한 非[아닐 비]자는 뜻이 '아니다'가 되었습니다.

두 날개가 펼쳐진 모양

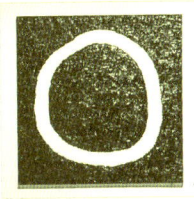

시시비비(이상섭)

非[아닐 비]자의 뜻 '아니다'는 긍정(肯定)의 상대 개념인 부정(否定)을 의미해, 어떤 사실이 옳지 아니하다 여기는 것입니다. 다시 말하면 그르다고 여기는 것입니다. 따라서 非[아닐 비]자는 '그르다'의 뜻을 지니기도 합니다.

'그르다'의 뜻을 지니기도 하는 非[아닐 비]자는 '옳다'의 뜻을 지닌 是

[옳을 시]자와 어울려 是非(시비)라는 단어로 쓰입니다. 흔히 옳고 그름을 따질 때 '시비를 가리다'나 '시비를 따지다'라고 하는데, 그때 '시비'의 한자가 바로 '是非'입니다. '是非'는 다시 강조하여 '是是非非(시시비비)'라 하기도 합니다. 이렇게 非[아닐 비]자는 是非(시비)나 是是非非(시시비비)에서 보듯 음이 '비'입니다. 非자는 뜻과 음을 합쳐 '아닐 비'라 합니다.

非자는 悲[슬플 비]·匪[대상자 비]·扉[바퀴 비]·誹[헐뜯을 비]·排[밀칠 배]·輩[무리 배]·徘[노닐 배]·俳[광대 배]자에서 보듯 주로 글자 구성에 도움을 주면서 음의 역할을 합니다.

● 바로바로 익히는 한자 ●

확인 학습 부수 설명을 참고하여 괄호 안에 알맞은 말을 쓰시오.

1. 非자는 새의 두 날개가 각기 다른 방향으로 펼쳐진 모양을 표현한 글자로 보입니다. 그처럼 두 날개가 각기 다른 방향으로 펼쳐진 모양은 결국 방향이 같은 게 (   )라고 할 수 있습니다.
2. 같은 방향이 아닌 새의 두 날개를 표현한 非자는 뜻이 (   )가 되었습니다.
3. 非자는 뜻이 (   )입니다.
4. 非자의 뜻 (   )는 긍정의 상대 개념인 부정을 의미해 어떤 사실이 옳지 아니하다 여기는 것입니다. 다시 말하면 그르다고 여기는 것입니다. 따라서 非자는 (   )의 뜻을 지니기도 합니다.
5. 非자는 是非나 是是非非에서 보듯 음이 (   )입니다.

6. 非자는 뜻이 (   )고, 음이 (   )입니다.

7. 非자는 뜻과 음을 합쳐 (   )라 합니다.

8. 非자는 悲·匪·蜚·誹·排·輩·徘·俳자에서 보듯 주로 글자 구성에 도움을 주면서 (   )의 역할을 합니다.

● 쓰면서 익히는 한자 ●

쓰기 학습 빈 칸에 한자를 쓰고, 뜻과 음을 쓰시오.

쓰기 복습 빈 칸에 뜻과 음에 맞는 한자를 쓰시오.

눈 목	글월 문	문 문	쌀 미	모 방	흰 백	아비 부	견줄 비

중038

날 비

금문	소전
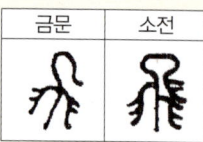

〈飛부수 / 4급〉

飛[날 비]자는 새가 날개를 활짝 펴고 하늘 위로 나는 모양을 본뜬 글자입니다. 따라서 飛[날 비]자는 뜻이 '날다'가 되었습니다.

새가 하늘을 날 수 있는 것은 가볍기

하늘을 나는 새

때문입니다. 몸이 무거우면 떨어질 수밖에 없습니다. 새는 자신의 몸을 가볍게 하기 위해 뼈 속까지 비운다고 합니다. 먹이에 욕심을 부리지 않아 소화기관의 길이도 짧습니다. 그렇게 하니 하늘을 날 수 있는 것입니다. 사람도 마찬가지입니다. 사람이 훨훨 나는 새처럼 자유로운 삶을 살려면 마음을 비워 가벼워져야 합니다. 마음을 비우려면 욕심을 버려야 합니다. 나만 더 잘 먹고 잘 살려는 마음을 버리

옛날 사람이 비행하는 모습 재현(비거)

고 더불어 살려는 마음을 가져야 합니다. 그래야 새처럼 하늘을 자유롭게 나는 삶을 살 수 있습니다. 飛[날 비]자는 그처럼 새가 나는 모양에서 '날다'의 뜻을 지닌 글자가 되었습니다.

飛[날 비]자는 '날아서 다니다'를 뜻하는 飛行(비행), '날아서 위로 오르다'를 뜻하는 飛上(비상), '나는 듯이 빠른 범'을 뜻하는 飛虎(비호)의 말에서 보듯 음을 '비'로 읽습니다. 飛자는 뜻과 음을 합쳐 '날 비'라 합니다.

飛자가 붙어 자주 쓰이는 한자로는 飜[날 번]자 하나뿐입니다. 飜(번)자는 飛자처럼 뜻이 '날다'입니다.

● 바로바로 익히는 한자 ●

확인 학습 부수 설명을 참고하여 괄호 안에 알맞은 말을 쓰시오.

1. 飛자는 새가 날개를 활짝 펴고 하늘 위로 (   ) 모양을 본뜬 글자입니다.
2. 飛자는 뜻이 (   )가 되었습니다.
3. '날아서 다니다'를 뜻하는 飛行은 (   )행으로 읽습니다.
4. '날아서 위로 오르다'를 뜻하는 飛上은 (   )상으로 읽습니다.
5. '나는 듯이 빠른 범'을 뜻하는 飛虎는 (   )호로 읽습니다.
6. 飛行, 飛上, 飛虎의 飛자는 (   )로 읽습니다.
7. 飛자는 음이 (   )입니다.
8. 飛자는 뜻이 (   )고, 음이 (   )입니다.
9. 飛자는 뜻과 음을 합쳐 (   )라 합니다.

10. 飛자가 붙어 자주 쓰이는 한자로는 飜자 하나뿐입니다. 飜자는 飛자처럼 뜻이 (   )입니다.

● 쓰면서 익히는 한자 ●

쓰기 학습 빈 칸에 한자를 쓰고, 뜻과 음을 쓰시오.

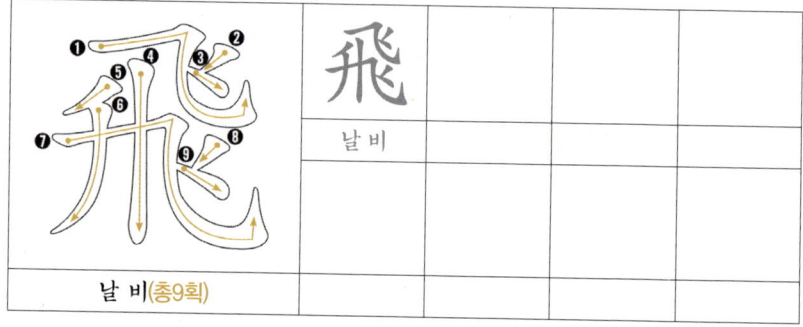

날 비(총9획) / 날 비

쓰기 복습 빈 칸에 뜻과 음에 맞는 한자를 쓰시오.

글월 문	문 문	쌀 미	모 방	흰 백	아비 부	견줄 비	아닐 비

코 비

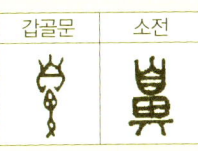

〈鼻부수 / 5급〉

鼻[코 비]자는 自[스스로 자]자와 畀[줄 비]자가 합쳐진 글자입니다. 自(자)자는 코를 표현한 것입니다. 따라서 自(자)자가 원래 '코'를 뜻했으나 후대로 내려오면서 얼굴 중심에 있는 코로 스스로를 나타낸 데서 뜻이 '스스로'로 쓰이게 되자 '코'를 뜻하는 데는 畀(비)자를 덧붙인 鼻[코 비]자가 쓰이게 되었습니다.

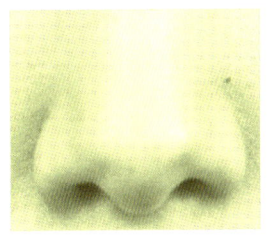
사람의 코

화살을 나타낸 畀(비)자는 痹[저릴 비]자에서처럼 음의 역할을 하는 '비'로 읽는 글자입니다. 自(자)자와 달리 鼻[코 비]자도 '비'로 읽게 되자 역시 畀(비)자를 붙인 것입니다.

畀자의 금문

흔히 자기 사정이 급하여 남을 돌볼 겨를이 없을 때 '내 코가 석자'라고 합니다. 이를 한자로는 吾鼻三尺(오비삼척)이라 하는데, 이때에 鼻[코 비]자는 '코'가 아니라 '콧물'을 뜻합니다. 하지만 대부분의 한자어에서

鼻[코 비]자는 '코'의 뜻으로 쓰입니다.

鼻[코 비]자는 '코로 내는 소리'를 뜻하는 鼻音(비음), '콧속에 생기는 염증'을 뜻하는 鼻炎(비염), '귀·눈·입·코'를 아울러 이르는 말인 耳目口鼻(이목구비)에서 보듯 음을 '비'로 읽습니다. 鼻자는 뜻과 음을 합쳐 '코 비'라 합니다.

鼻자가 붙어 오늘날 자주 쓰이는 한자는 없습니다. 그나마 齅[냄새 후]자에서 그 쓰임을 볼 수 있는데, 齅(후)자는 후대에 다시 嗅(후)자로 바뀌어 쓰이고 있습니다.

● 바로바로 익히는 한자 ●

확인 학습 부수 설명을 참고하여 괄호 안에 알맞은 말을 쓰시오.

1. 鼻자는 自[스스로 자]자와 畀[줄 비]자가 합쳐진 글자입니다. 自(자)자는 (   )를 표현한 것입니다.

2. 自(자)자가 원래 (   )를 뜻했으나 후대로 내려오면서 얼굴 중심에 있는 코로 스스로를 나타낸 데서 뜻이 (   )로 쓰이게 되자 (   )를 뜻하는 데는 畀(비)자를 덧붙인 鼻자가 쓰이게 되었습니다.

3. 화살을 나타낸 畀(비)자는 痺[저릴 비]자에서처럼 음의 역할을 하는 (   )로 읽는 글자입니다.

4. 自(자)자와 달리 鼻자도 (   )로 읽게 되자 역시 畀(비)자를 붙인 것입니다.

5. 鼻音은 (   )음으로, 鼻炎은 (   )염으로, 耳目口鼻는 이목구(   )로

읽습니다.
6. 鼻자는 음이 (   )입니다.
7. 鼻자는 뜻이 (   )고, 음이 (   )입니다.
8. 鼻자는 뜻과 음을 합쳐 (   )라 합니다.

● 쓰면서 익히는 한자 ●

쓰기 학습 빈 칸에 한자를 쓰고, 뜻과 음을 쓰시오.

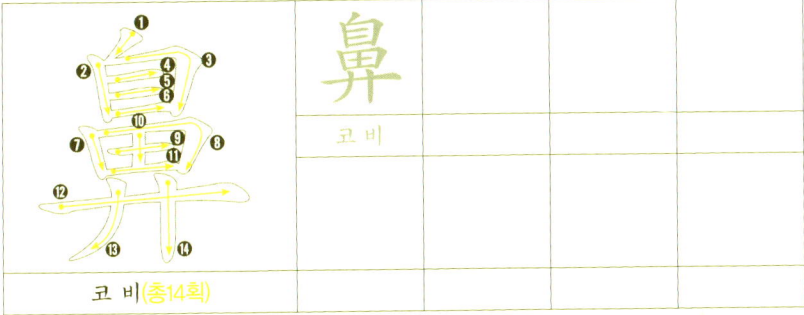

쓰기 복습 빈 칸에 뜻과 음에 맞는 한자를 쓰시오.

문 문	쌀 미	모 방	흰 백	아비 부	견줄 비	아닐 비	날 비

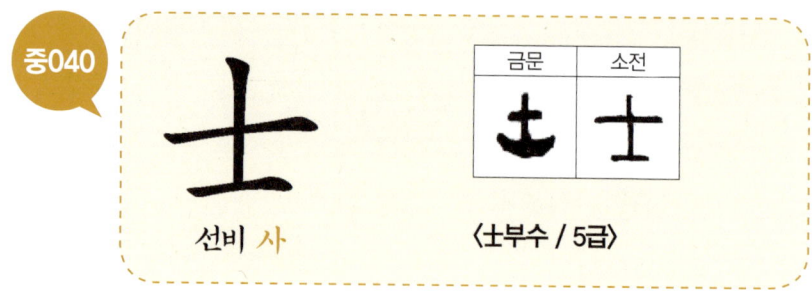

<士부수 / 5급>

士[선비 사]자는 도끼를 본뜬 글자입니다. 쇠로 도구를 만들기 시작하던 시대에 도끼는 신분이 높은 사람의 권위를 드러내는 물건으로 사용되었습니다. 따라서 士[선비 사]자는 신분이 높은 사람과 관련해 뜻이 '선비'가 되었습니다.

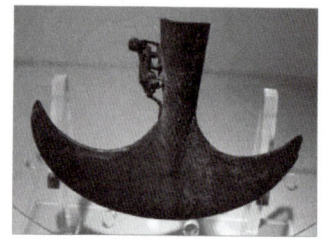

청동도끼

선비는 오늘날 학문을 닦는 사람, 또는 학식이 있고 행동이 바르며 의리와 원칙을 지키는 고결한 인품을 지닌 사람을 이르는 말로 여겨지고 있습니다. 이는 조선시대에 그런 사람을 선비로 우대했기 때문입니다. 하지만 고대에 선비는 지배계급에 속하는 사람이었습니다. 지배계급에 속하는 사람은 무사에 가까웠습니다. 그래서 무사가 지니는 도끼를 나타낸 士[선비 사]자가 '선비'의 뜻을 지닌 글자가 된 것입니다.

'무사'의 '사'로 쓰이는 한자인 士[선비 사]자는 軍士(군사)·兵士(병사)·壯士(장사)·鬪士(투사)·勇士(용사)에서도 그 쓰임을 엿볼 수 있습니다. 오늘날 나라를 지키기 위해 교육을 받는 사관학교인 陸士(육사)·空士(공사)·海士(해사)에서도 '선비'를 뜻하는 士[선비 사]자가 원래 무사와 같은 존재였음을 알게 해 주고 있습니다.

장기판의 사(士)

士[선비 사]자는 軍士(군사)·兵士(병사)·壯士(장사)·鬪士(투사)·勇士(용사)에서 보듯 음이 '사'입니다. 士자는 뜻과 음을 합쳐 '선비 사'라 합니다.

士자는 仕[벼슬할 사]자에서 음의 역할을 하거나 壯[씩씩할 장]자나 壻[사위 서]자에서 뜻의 역할을 합니다.

● 바로바로 익히는 한자 ●

확인 학습 부수 설명을 참고하여 괄호 안에 알맞은 말을 쓰시오.

1. 士자는 (   )를 본뜬 글자입니다.
2. 쇠로 도구를 만들기 시작하던 시대에 도끼는 신분이 높은 사람의 (   )를 드러내는 물건으로 사용되었습니다.
3. 士자는 벼슬을 하는 신분이 높은 사람과 관련해 뜻이 (   )가 되었습니다.
4. 옛날에 선비는 지배계급에 속하는 사람이었습니다. 지배계급에 속하는 사람은 무사에 가까웠습니다. 그래서 무사가 지니는 도끼를 나타낸 士자가 (   )의 뜻을 지닌 글자가 된 것입니다.

5. 士자는 軍士·兵士·壯士·鬪士·勇士에서 보듯 음이 (　　)입니다.

6. 士자는 뜻이 (　　)고, 음이 (　　)입니다.

7. 士자는 뜻과 음을 합쳐 (　　)라 합니다.

8. 士자는 仕자에서 (　　)의 역할을 하거나 壯자나 堉자에서 (　　)의 역할을 합니다.

● 쓰면서 익히는 한자 ●

쓰기 학습 빈 칸에 한자를 쓰고, 뜻과 음을 쓰시오.

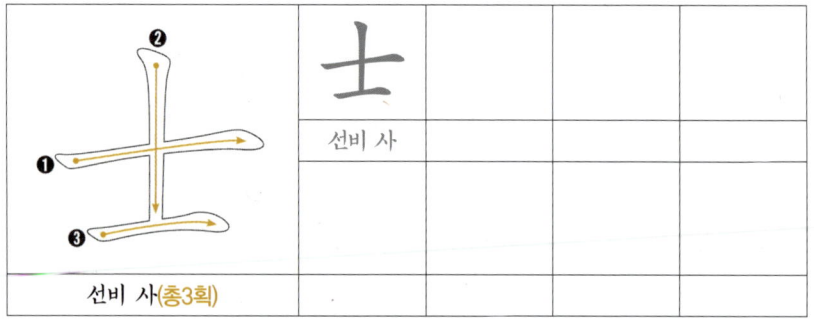

쓰기 복습 빈 칸에 뜻과 음에 맞는 한자를 쓰시오.

쌀 미	모 방	흰 백	아비 부	견줄 비	아닐 비	날 비	코 비

중041

山
뫼 산

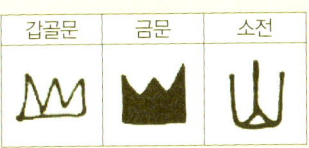

〈山부수 / 8급〉

　山[뫼 산]자는 봉우리가 세 개 있는 산을 본뜬 글자입니다. 옛날에는 그 '산'을 '뫼'라고 했습니다.

　조선의 4대 명필가(名筆家) 가운데 한 사람인 양사언(楊士彦)은 유명한 시조를 지었습니다.

서울의 삼각산(북한산)

"태산이 높다하되 하늘아래 뫼이로다
오르고 또 오르면 못 오를 리 없건마는
사람이 제 아니 오르고 뫼만 높다 하나니"

　이 시조(時調)에 쓰인 '뫼이로다' 와 '뫼만 높다'의 '뫼'가 바로 '산'을 뜻하는 옛말입니다. 오늘날에도 山 [뫼 산]자는 옛말 그대로 뜻을 '뫼' 라 합니다. 일부에서는 뜻을 '메'라

태산 전경도 일부

고도 합니다. '메'는 '산'을 예스럽게 이르는 말인데, 우리말 표준어 기준에는 '원형과 가까운 말을 택한다'라고 했으니 '뫼'가 山[뫼 산]자의 뜻으로 더 합당할 것입니다.

'뫼(산)'을 뜻하는 山[뫼 산]자는 '불을 내뿜는 산'을 뜻하는 火山(화산), '푸른 산'을 뜻하는 靑山(청산), '서녘에 있는 산'을 뜻하는 西山(서산)의 말에서 보듯 음을 '산'으로 읽습니다. 山자는 뜻과 음을 합쳐 '뫼 산'이라 합니다.

山자가 붙는 한자는 岸[언덕 안]·岐[갈림길 기]·峴[고개 현]·嶺[고개 령]·崔[높은 산 최]자에서처럼 뜻이 '산'과 관련이 있습니다.

● 바로바로 익히는 한자 ●

확인 학습 부수 설명을 참고하여 괄호 안에 알맞은 말을 쓰시오.

1. 山자는 봉우리가 세 개 있는 (　)을 본뜬 글자입니다.
2. 옛날에는 그 '산'을 (　)라고 했습니다.
3. 조선의 4대 명필가 가운데 한 사람인 양사언은 '태산이 높다하되 하늘아래 (　)이로다'라는 시조를 지었습니다.
4. 오늘날에도 山자는 옛말 그대로 뜻을 (　)라 합니다.
5. '불을 내뿜는 산'을 뜻하는 火山은 화(　)으로 읽습니다.
6. '푸른 산'을 뜻하는 靑山은 청(　)으로 읽습니다.
7. '서녘에 있는 산'을 뜻하는 西山은 서(　)으로 읽습니다.
8. 火山, 靑山, 西山의 山자는 (　)으로 읽습니다.

9. 山자는 음이 ( )입니다.
10. 山자는 뜻이 ( )고, 음이 ( )입니다.
11. 山자는 뜻과 음을 합쳐 (   )이라 합니다.
12. 山자가 붙는 한자는 岸·岐·峴·嶺·崔자에서처럼 뜻이 ( )과 관련이 있습니다.

● 쓰면서 익히는 한자 ●

쓰기 학습 빈 칸에 한자를 쓰고, 뜻과 음을 쓰시오.

山	山			
뫼 산(총3획)	뫼 산			

쓰기 복습 빈 칸에 뜻과 음에 맞는 한자를 쓰시오.

모 방	흰 백	아비 부	견줄 비	아닐 비	날 비	코 비	선비 사

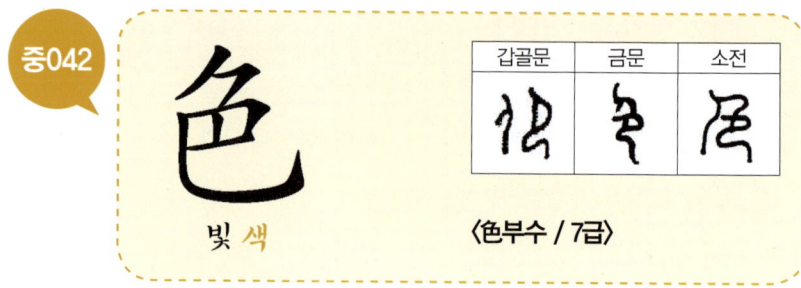

중042 色
빛 색
〈色부수 / 7급〉

色[빛 색]자는 두 사람이 서로 어르는 모습을 나타낸 글자입니다. 옛말에 '어르다'는 어른인 남자와 여자가 서로를 배필로 삼아 사랑을 나눈다는 말입니다.

조선시대에 유명한 기생이면서 글을 잘 지었던 황진이는 다음과 같은 시조를 지었습니다.

남녀가 서로 어르는 그림(신윤복)

"동짓달 기나긴 밤을 한 허리 베어 내여
 춘풍 이불 아래 서리서리 넣었다가
 어론님 오신 날 밤엔 구뷔구뷔 펴리라"

시조에 나오는 '어론님'이 바로 '어르다'와 관련된 말입니다. '어른'도 '어르다'와 관련된 말입니다. 하지만 서로 사랑을 나누는 두 사람으로 이뤄진 色[빛 색]자는 후대로 내려오면서 서로 사랑하는 사람 얼굴의 빛과 관련해 뜻이 '빛'이 되었습니다.

色[빛 색]자는 '푸른 빛'을 뜻하는 靑色(청색), '다섯 가지의 빛'을 뜻하는 五色(오색), '같은 빛'을 뜻하는 同色(동색)에서 보듯 음을 '색'으로 읽습니다. 色자는 뜻과 음을 합쳐 '빛 색'이라 합니다.

오색 주머니

色자가 붙어 익히 쓰이는 한자에는 豊[풍성할 풍]자와 합쳐진 艶[고울 염]자 하나뿐입니다. 艶[고울 염]자는 색[色]이 풍성하여[豊] '곱다'는 뜻의 한자입니다.

● 바로바로 익히는 한자 ●

확인 학습 부수 설명을 참고하여 괄호 안에 알맞은 말을 쓰시오.

1. 色자는 두 사람이 서로 (   ) 모습을 나타낸 글자입니다.
2. 옛말에 (   )는 어른인 남자와 여자가 서로를 배필로 삼아 사랑을 나눈다는 말입니다.
3. 서로 사랑을 나누는 두 사람으로 이뤄진 色자는 후대로 내려오면서 서로 사랑하는 사람 얼굴의 (   )과 관련해 뜻이 (   )이 되었습니다.
4. '푸른 빛'을 뜻하는 靑色은 청(   )으로 읽습니다.
5. '다섯 가지의 빛'을 뜻하는 五色은 오(   )으로 읽습니다.
6. '같은 빛'을 뜻하는 同色은 동(   )으로 읽습니다.

7. 色자는 음을 (　)으로 읽습니다.

8. 色자는 뜻이 (　)이고, 음이 (　)입니다.

9. 色자는 뜻과 음을 합쳐 (　　)이라 합니다.

10. 色자가 붙어 익히 쓰이는 艶자는 (　　)이 풍성하여[豊] 곱다는 뜻의 한자입니다

● 쓰면서 익히는 한자 ●

쓰기 학습 빈 칸에 한자를 쓰고, 뜻과 음을 쓰시오.

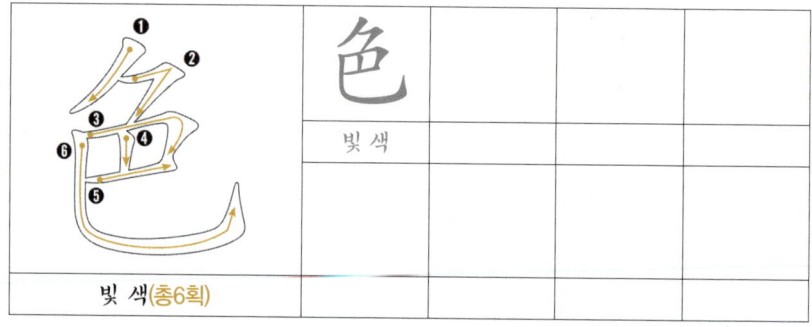

| 빛 색(총6획) | 빛 색 | | | |

쓰기 복습 빈 칸에 뜻과 음에 맞는 한자를 쓰시오.

흰 백	아비 부	견줄 비	아닐 비	날 비	코 비	선비 사	뫼 산

중043

生
날 생

갑골문	금문	소전

〈生부수 / 8급〉

生[날 생]자는 싹[屮]이 흙[土] 위로 나는 모양을 본뜬 글자입니다. 싹이 나는 모양에서 生[날 생]자는 뜻이 '나다'가 되었습니다.

지구에 존재하는 수많은 생명체는 흙에서 나서 흙으로 돌아갑니다. 흙에서 나는 생명체 가운데 먹이사슬의 가장 아래가 초목의 싹입니다. 生[날 생]자는 바로 그 싹이 흙에서 나는 모양을 나타냈습니다.

싹이 나는 모양

오늘날 먹이사슬의 맨 위에 있는 사람도 흔히 '흙에서 나서 흙으로 돌아간다'고 합니다. 사람이 태어난 날은 생일이 됩니다. 생일은 한자로 生日(생일)인데, 이때 生[날 생]자는 '낳다'의 뜻입니다. 이렇게 生[날 생]자는

먹이사슬 피라미드

'나다'의 뜻 외에 '낳다' 등의 여러 뜻을 지니기도 합니다.

生[날 생]자는 '나서 자라다'를 뜻하는 生長(생장), '들에서 나다'를 뜻하는 野生(야생), '저절로 나다'를 뜻하는 自生(자생)의 말에서 보듯 음을 '생'으로 읽습니다. 生자는 뜻과 음을 합쳐 '날 생'이라 합니다.

生자는 牲[희생 생]·甥[생질 생]·笙[생황 생]·性[성품 성]·星[별 성]·姓[성씨 성]자의 구성에 도움을 주면서 주로 음의 역할을 합니다.

● 바로바로 익히는 한자 ●

확인 학습 부수 설명을 참고하여 괄호 안에 알맞은 말을 쓰시오.

1. 生자는 싹[屮]이 흙[土] 위로 (   ) 모양을 본뜬 글자입니다.
2. 싹이 나는 모양에서 生자는 뜻이 (   )가 되었습니다.
3. 흙에서 나는 생명체 가운데 먹이사슬의 가장 아래가 초목의 (   )입니다.
4. 生자는 바로 그 싹이 흙에서 (   ) 모양을 나타냈습니다.
5. '나서 자라다'를 뜻하는 生長은 (   )장으로 읽습니다.
6. '들에서 나다'를 뜻하는 野生은 야(   )으로 읽습니다.
7. '저절로 나다'를 뜻하는 自生은 자(   )으로 읽습니다.
8. 生長, 野生, 自生의 生자는 (   )으로 읽습니다.
9. 生자는 음이 (   )입니다.
10. 生자는 뜻이 (   )고, 음이 (   )입니다.
11. 生자는 뜻과 음을 합쳐 (   )이라 합니다.

12. 生자는 牲·甥·笙·性·星·姓자의 구성에 도움을 주면서 주로 (   ) 의 역할을 합니다.

● 쓰면서 익히는 한자 ●

쓰기 학습 빈 칸에 한자를 쓰고, 뜻과 음을 쓰시오.

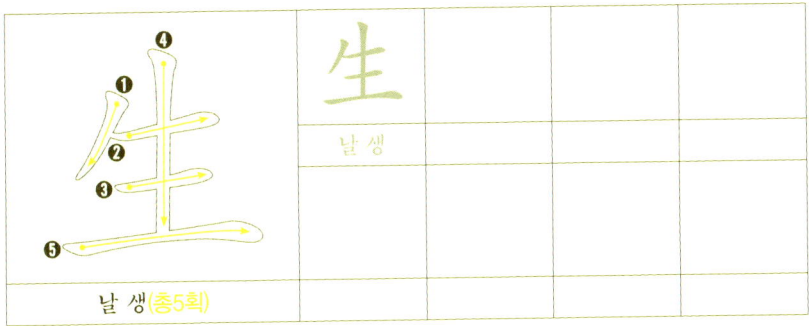

날 생(총5획)			

쓰기 복습 빈 칸에 뜻과 음에 맞는 한자를 쓰시오.

아비 부	견줄 비	아닐 비	날 비	코 비	선비 사	뫼 산	빛 색

저녁 석

〈夕부수 / 6급〉

夕[저녁 석]자는 저녁에 뜨는 이지러진 달을 본뜬 글자입니다. 이지러진 달을 본떴지만 달이 저녁에 뜨기 때문에 夕[저녁 석]자는 이지러진 달 모양에서 '저녁'의 뜻을 지니게 되었습니다.

문명이 발달하지 않았던 옛날에는 해가 뜨는 아침에 일어나 활동하고, 달이 뜨는 저녁에 하루의 일을 마치고 잠을 잤습니다. 저녁은 다음 날의 활동을 위해 힘을 얻는 시간입니다. 夕[저녁 석]자는 바로 그런 '저녁'을 뜻하는 글자입니다.

夕[저녁 석]자는 '음력 8월 15일로, 가장 큰 보름달이 뜬다

이지러진 달

달의 여러 모양

는 가을 저녁'을 뜻하는 秋夕(추석), '저녁나절의 해'를 뜻하는 夕陽(석양), '견우와 직녀가 만난다는 음력 7월 7일의 저녁'을 뜻하는 七月七夕(칠월칠석)의 말에서 보듯 '석'의 음으로 읽습니다. 夕자는 뜻과 음을 합쳐 '저녁 석'이라 합니다.

夕자가 붙는 한자는 夜[밤 야]·夢[꿈 몽]·夙[일찍 숙]자처럼 뜻이 '저녁'과 관련이 있습니다.

● 바로바로 익히는 한자 ●

확인 학습 부수 설명을 참고하여 괄호 안에 알맞은 말을 쓰시오.

1. 夕자는 저녁에 뜨는 이지러진 (   )을 본뜬 글자입니다.
2. 달이 저녁에 뜨기 때문에 夕자는 이지러진 달 모양에서 (   )의 뜻을 지니게 되었습니다.
3. 저녁은 다음 날의 활동을 위해 힘을 얻는 시간입니다. 夕자는 바로 그런 (   )을 뜻하는 글자입니다.
4. '음력 8월 15일로, 가장 큰 보름달이 뜬다는 가을 저녁'을 뜻하는 秋夕은 추(   )으로 읽습니다.
5. '저녁나절의 해'를 뜻하는 夕陽은 (   )양으로 읽습니다.
6. '견우와 직녀가 만난다는 음력 7월 7일의 저녁'을 뜻하는 七月七夕은 칠월칠(   )으로 읽습니다.
7. 夕자는 음이 (   )입니다.
8. 夕자는 뜻이 (   )이고, 음이 (   )입니다.

9. 夕자는 뜻과 음을 합쳐 (   )이라 합니다.

10. 夕자가 붙는 한자는 夜·夢·夙자에서처럼 뜻이 (   )과 관련이 있습니다.

● 쓰면서 익히는 한자 ●

쓰기 학습 빈 칸에 한자를 쓰고, 뜻과 음을 쓰시오.

夕	夕 저녁 석			
저녁 석(총3획)				

쓰기 복습 빈 칸에 뜻과 음에 맞는 한자를 쓰시오.

견줄 비	아닐 비	날 비	코 비	선비 사	뫼 산	빛 색	날 생

갑골문	금문	소전

돌 석

〈石부수 / 6급〉

石[돌 석]자는 厂의 형태와 口의 형태가 합쳐진 글자입니다. 원래 石[돌 석]자는 厂의 형태만으로 표현했습니다. 厂의 형태는 예리한 부분이 있는 삼각형 형태의 돌을 표현했습니다. 사실 厂의 형태는 아주 옛날 사람들이 손에 쥐고 흔히 사용했던 돌도끼를 나타낸 것으로 보입니다. 후에 돌로 만들어진 물건이거나 돌을 이용해 판

돌도끼

구덩이를 나타낸 것으로 보이는 口의 형태가 덧붙여져 결국 '돌'을 뜻하는 石[돌 석]자가 이뤄졌습니다.

문명이 발달되기 전 사람들은 돌을 이용해 활동을 했습니다. 石[돌 석]자는 바로 그때 사람들이 흔히 만들었던 돌도끼와 관련해 이뤄진 글자로 여겨집니다.

石[돌 석]자는 '돌을 다뤄 물건 만드는 장인'을 뜻하는 石工(석공), '돌로 이뤄진 탑'을 뜻하는 石塔(석탑), '하늘에서 떨어진 돌'을 뜻하는 隕石(운

벼루

석)에서 보듯 음을 '석'으로 읽습니다. 石자는 뜻과 음을 합쳐 '돌 석'이라 합니다.

   石자가 붙은 한자는 砂[모래 사]·破[깨질 파]·研[갈 연]·硯[벼루 연]·碑[비석 비]자 등에서 보듯 뜻이 '돌'과 관련이 있습니다.

● 바로바로 익히는 한자 ●

확인 학습 부수 설명을 참고하여 괄호 안에 알맞은 말을 쓰시오.

1. 원래 石자는 厂의 형태만으로 표현했습니다. 厂의 형태는 예리한 부분이 있는 삼각형 형태의 (   )을 표현했습니다.
2. 厂의 형태는 아주 옛날 사람들이 손에 쥐고 흔히 사용했던 (   )를 나타낸 것으로 보입니다.
3. 돌로 만들어진 물건이거나 돌을 이용해 판 구덩이를 나타낸 것으로 보이는 口의 형태가 덧붙여져 결국 (   )을 뜻하는 石자가 이뤄졌습니다.
4. 石工은 (   )공, 石塔은 (   )탑, 隕石은 운(   )으로 읽습니다.
5. 石工, 石塔, 隕石의 石자는 (   )으로 읽습니다.
6. 石자는 음이 (   )입니다.
7. 石자는 뜻이 (   )이고, 음이 (   )입니다.
8. 石자는 뜻과 음을 합쳐 (   )이라 합니다.

9. 石자가 붙은 한자는 砂·破·硏·硯·碑자 등에서 보듯 뜻이 (   )과 관련이 있습니다.

● 쓰면서 익히는 한자 ●

쓰기 학습 빈 칸에 한자를 쓰고, 뜻과 음을 쓰시오.

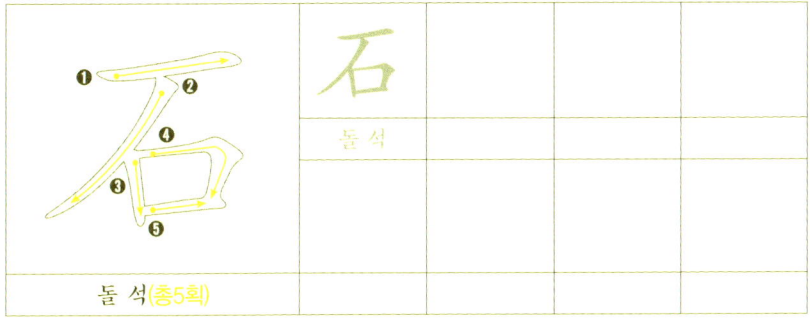

돌 석(총5획)

쓰기 복습 빈 칸에 뜻과 음에 맞는 한자를 쓰시오.

아닐 비	날 비	코 비	선비 사	뫼 산	빛 색	날 생	저녁 석

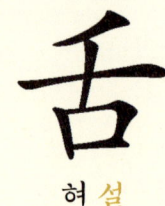

혀 설

〈舌부수 / 4급〉

舌[혀 설]자는 입 밖으로 내민 혀를 표현한 글자입니다. 따라서 舌[혀 설]자는 뜻이 '혀'가 되었습니다. 옛날에 쓰인 글자에서 혀를 갈라진 선으로 표현한 것은 움직이는 모습만을 취한 것으로 보이고, 간혹 나타나 있는 점들은 침으로 보입니다.

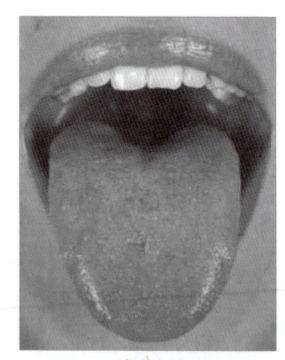

사람의 혀

혀의 주요 역할 가운데 하나가 말을 분명히 하는 데 도움을 주는 것입니다. 혀가 조금만 짧아도 발음이 어눌한 것도 혀가 말을 하는 데 중요한 역할을 하고 있음을 알게 해 줍니다. 그처럼 혀는 말하는 것과 밀접한 관련이 있기에 舌[혀 설]자는 '말'의 뜻을 지니기도 합니다.

舌 고문자   혀를 나타낸 그림

舌[혀 설]자는 '소의 혀'를 뜻하는 牛舌(우설), '혀에 생긴 암'을 뜻하는

舌癌(설암), '혀에 이끼처럼 끼는 물질'을 뜻하는 舌苔(설태)의 말에서 보듯 음을 '설'로 읽습니다. 그 외에 舌[혀 설]자가 '말'의 뜻으로 쓰이는 舌戰(설전) · 毒舌(독설) · 長廣舌(장광설)에서도 음이 '설'로 읽히는 것을 알 수 있습니다. 舌자는 뜻과 음을 합쳐 '혀 설'이라 합니다.

舌자가 붙어 오늘날 익히 쓰이는 한자로는 憩[쉴 게]자 하나뿐입니다. 하지만 갑골문 飮[마실 음]자의 자형에서 舌자의 쓰임을 엿볼 수 있습니다.

갑골문 飮

● 바로바로 익히는 한자 ●

확인 학습 부수 설명을 참고하여 괄호 안에 알맞은 말을 쓰시오.

1. 舌자는 입 밖으로 내민 (　)를 표현한 글자입니다.
2. 舌자는 뜻이 (　)가 되었습니다.
3. 옛날에 쓰인 글자에서 (　)를 갈라진 선으로 표현한 것은 움직이는 모습만을 취한 것으로 보이고, 간혹 나타나 있는 점들은 침으로 보입니다.
4. 혀는 말하는 것과 밀접한 관련이 있기에 舌자는 (　)의 뜻을 지니기도 합니다.
5. '소의 혀'를 뜻하는 牛舌은 우(　)로 읽습니다.
6. '혀에 생긴 암'을 뜻하는 舌癌은 (　)암으로 읽습니다.
7. '혀에 이끼처럼 끼는 물질'을 뜻하는 舌苔는 (　)태로 읽습니다.
8. 舌자는 (　)로 읽습니다.

9. 舌자는 뜻이 (　)고, 음이 (　)입니다.
10. 舌자는 뜻과 음을 합쳐 (　　)이라 합니다.

● 쓰면서 익히는 한자 ●

쓰기 학습 빈 칸에 한자를 쓰고, 뜻과 음을 쓰시오.

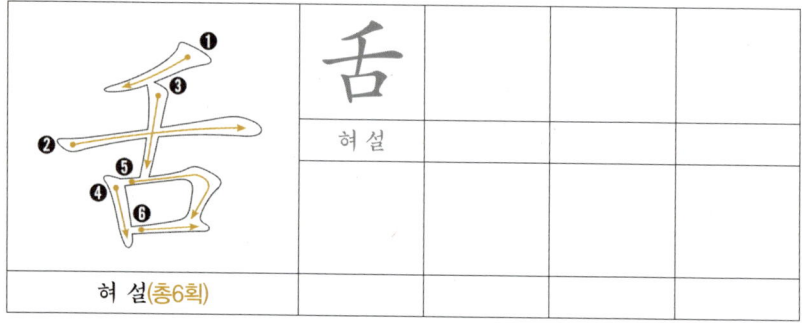

	혀 설			
혀 설(총6획)				

쓰기 복습 빈 칸에 뜻과 음에 맞는 한자를 쓰시오.

날 비	코 비	선비 사	뫼 산	빛 색	날 생	저녁 석	돌 석

갑골문	금문	소전

작을 소

〈小부수 / 8급〉

小[작을 소]자는 흩어져 있는 세 개의 작은 물체를 본뜬 글자입니다. 작은 물체를 본뜬 데서 小[작을 소]자는 뜻이 '작다'가 되었습니다.

'작다'의 반대는 '크다'입니다. 큰 것이 갖추고 있는 모든 것을 작은 것도 모두 갖추고 있다면 작은 것은 특별한 것이라 할 수 있습니다. 큰 것이 모든 것을 갖추기는 쉽지만 작은 것이 모든 것을 갖추기는 쉽지 않기 때문입니다.

小[작을 소]자는 어떤 작은 물체를 나타냈는지 분명하지 않습니다. 다만 옛날이나 오늘날이나 사람에게 가장 특별한 것이 먹는 것이니 小[작을 소]자는 쌀과 같은 작은 곡물의 알갱이(또는 알맹이)를 간단히 세 개만 나타낸 것으로 보입니다. 곡물의 알갱이는 작지만 하나의 생명을 품고 있는 특별한 존재입니다.

작은 곡물의 알맹이

小[작을 소]자는 '작은 물건'을 뜻하는 小品(소품), '작은 계집아이'를 뜻하는 小女(소녀), '작은 사람이 사는 나라'를 뜻하는 小人國(소인국)에서 보듯 '소'로 읽습니다. 小자는 뜻과 음을 합쳐 '작을 소'라 합니다.

참새

小자는 少[적을 소]·尖[뾰족할 첨]·雀[참새 작]·肖[닮을 초]·劣[못할 렬]자의 구성에 도움을 주면서 뜻이나 음의 역할을 합니다.

● 바로바로 익히는 한자 ●

확인 학습 부수 설명을 참고하여 괄호 안에 알맞은 말을 쓰시오.

1. 小자는 흩어져 있는 세 개의 (　　) 물체를 본뜬 글자입니다.
2. 작은 물체를 본뜬 데서 小자는 뜻이 (　　)가 되었습니다.
3. 옛날이나 오늘날이나 사람에게 가장 특별한 것이 먹는 것이니 小자는 쌀과 같은 (　　) 곡물의 알갱이를 간단히 세 개만 나타낸 것으로 보입니다.
4. '작은 물건'을 뜻하는 小品은 (　)품으로 읽습니다.
5. '작은 계집아이'를 뜻하는 小女는 (　)녀로 읽습니다.
6. '작은 사람이 사는 나라'를 뜻하는 小人國은 (　)인국으로 읽습니다.
7. 小자는 음을 (　)로 읽습니다.
8. 小자는 뜻이 (　　)고, 음이 (　　)입니다.

9. 小자는 뜻과 음을 합쳐 (   )라 합니다.
10. 小자는 少·尖·雀·肖·劣자의 구성에 도움을 주면서 (   )이나 (   )의 역할을 합니다.

● 쓰면서 익히는 한자 ●

쓰기 학습 빈 칸에 한자를 쓰고, 뜻과 음을 쓰시오.

小	小			
	작을 소			
작을 소 (총3획)				

쓰기 복습 빈 칸에 뜻과 음에 맞는 한자를 쓰시오.

코 비	선비 사	뫼 산	빛 색	날 생	저녁 석	돌 석	혀 설

중048

水
물 수
삼수변
〈水부수 / 8급〉

갑골문	금문	소전

水[물 수]자는 흐르는 물을 본뜬 글자입니다. 따라서 뜻이 '물'이 되었습니다. 물은 구체적인 형태가 없기 때문에 흐르는 물로 나타낸 것입니다. 태극기에도 水자의 고문자와 같은 모양의 감괘가 '물'을 상징하고 있습니다.

물이 없으면 지구의 모든 생명체는 살 수 없습니다. 다른 행성과 달리 지구에 생명체가 존재하는 것도 물이 있기 때문입니다. 물이 풍부할수록 생명체도 많이 모여 있습니다. 사람들도 아주 옛날부터 물을 중심으로 모여 살았습니다. 몸의 70%쯤이 물로 이뤄져 있는 사람에게 물은 없어서는 안 되는 아주 귀한 존재입니다. 따라서 오늘날 물은 blue gold(블루 골드)라 하기도 합니다. 水자는 바로 그 '물'을 뜻하는 한자입니다.

흐르는 물

태극기의 감괘

水[물 수]자는 '물에서 싸우는 군사'를 뜻하는 水軍(수군), '물의 흐름을 조절하는 문'을 뜻하는 水門(수문), '물에서 헤엄치는 일'을 뜻하는 水泳(수영)이라는 말에서 보듯 음을 '수'로 읽습니다. 水자는 뜻과 음을 합쳐 '물 수'라 합니다. 水자가 한자에서 왼쪽에 붙을 때는 沐(목)자나 浴(욕)자에서처럼 氵의 형태로도 쓰입니다. 氵은 '삼수변'이라 합니다. '삼수변'은 水자의 음 '수'를 중심으로 글자의 형태가 세 개의 획으로 이뤄졌다 하여 三[석 삼]자의 음 '삼'을 앞에 붙이고, 부수가 자체(字體)의 구성에서 왼쪽에 덧붙일 때의 명칭 '변'을 뒤에 붙인 것입니다.

水(氵)가 붙는 한자는 波[물결 파]·洋[큰 바다 양]·淸[맑을 청]·滑[미끄러울 활]·漁[고기 잡을 어]·濟[건널 제]에서 보듯 뜻이 '물'과 관련이 있습니다.

● 바로바로 익히는 한자 ●

확인 학습 부수 설명을 참고하여 괄호 안에 알맞은 말을 쓰시오.

1. 水자는 흐르는 (　)을 본뜬 글자입니다.
2. 水자는 뜻이 (　)이 되었습니다.
3. '물에서 싸우는 군사'를 뜻하는 水軍은 (　)군으로 읽습니다.
4. '물의 흐름을 조절하는 문'을 뜻하는 水門은 (　)문으로 읽습니다.
5. '물에서 헤엄치는 일'을 뜻하는 水泳은 (　)영으로 읽습니다.
6. 水軍, 水門, 水泳의 水자는 (　)로 읽습니다.
7. 水자는 음을 (　)로 읽습니다.
8. 水자는 뜻이 (　)이고, 음이 (　)입니다.
9. 水자는 뜻과 음을 합쳐 (　)라 합니다.

10. 水자가 한자에서 왼쪽에 붙을 때는 沐(목)자나 浴(욕)자처럼 氵의 형태로도 쓰입니다. 氵은 (   )이라 합니다.

11. 水(氵)가 붙는 한자는 波·洋·淸·滑·漁·濟자에서 보듯 뜻이 (   )과 관련이 있습니다.

● 쓰면서 익히는 한자 ●

쓰기 학습   빈 칸에 한자를 쓰고, 뜻과 음을 쓰시오.

水 물 수(총4획)	水 물 수			

氵 삼수변				

쓰기 복습   빈 칸에 뜻과 음에 맞는 한자를 쓰시오.

선비 사	뫼 산	빛 색	날 생	저녁 석	돌 석	혀 설	작을 소

중049

손 수 / 재방변

〈手부수 / 6급〉

手[손 수]자는 선(線)으로 간략하게 손을 본뜬 글자입니다. 따라서 手[손 수]자는 뜻이 '손'이 되었습니다.

동물 가운데 자유자재로 손을 쓸 수 있는 존재는 사람뿐입니다. 실제로 사람만 자유롭게 양끝 손가락을 서로 맞붙일 수 있습니다. 사람을 다른 동물과 구분 짓는 중요한 부분이 바로 손입니다. 손은 제2의 뇌이며, 몸 밖의 두뇌입니다. 사람은 손을 이용해 오늘날의 발전된 문명을 이룩했습니다. 바로 그 '손'을 뜻하는 한자가 手[손 수]자입니다.

手[손 수]자는 '손과 발'을 뜻하는 手足(수족), '손으로 표현하는 말'을 뜻하는 手話(수화), '손의 가운데'를 뜻하는 手中(수중)에서 보듯 '수'로 읽습니다. 手자는 뜻과 음

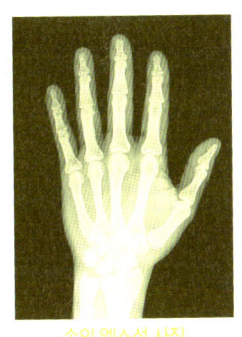

손의 엑스선 사진

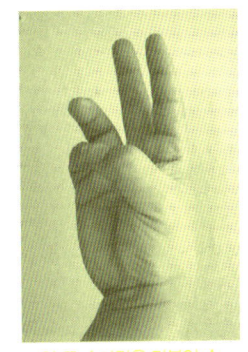

양 끝 손가락을 맞붙인 손

을 합쳐 '손 수'라 합니다.

手자가 한자에서 왼쪽에 붙을 때는 指[손가락 지]나 拇[엄지손가락 무]자에서처럼 扌의 형태로도 쓰입니다. 扌은 '재방변'이라 합니다. '재방변'은 扌의 형태가 才[재주 재]와 닮아 그 글자의 음인 '재(才)'를 빌리고 글자 곁에 붙었다 하여 傍[곁 방]자의 음인 '방(傍)'과 부수가 왼쪽에 붙을 때의 명칭 '변(邊)'을 합친 것입니다.

手(扌)자 부수에 속하는 한자는 技[재주 기]·批[칠 비]·投[던질 투]·披[헤칠 피]·拉[끌 랍]·拍[칠 박]자 등에서 보듯 뜻이 '손'과 관련이 있습니다.

● 바로바로 익히는 한자 ●

확인 학습 부수 설명을 참고하여 괄호 안에 알맞은 말을 쓰시오.

1. 手자는 선(線)으로 간략하게 (　)을 본뜬 글자입니다.
2. 手자는 뜻이 (　)이 되었습니다.
3. 동물 가운데 자유자재로 (　)을 쓸 수 있는 존재는 사람뿐입니다.
4. 사람을 다른 동물과 구분 짓는 중요한 부분이 바로 (　)입니다.
5. '손과 발'을 뜻하는 手足은 (　)족으로 읽습니다.
6. '손으로 표현하는 말'을 뜻하는 手話는 (　)화로 읽습니다.
7. '손의 가운데'를 뜻하는 手中은 (　)중으로 읽습니다.
8. 手자는 음을 (　)로 읽습니다.
9. 手자는 뜻이 (　)이고, 음이 (　)입니다.
10. 手자는 뜻과 음을 합쳐 (　　)라 합니다.

11. 手자가 한자에서 왼쪽에 붙을 때는 指자나 拇자처럼 扌의 형태로도 쓰입니다. 扌은 (   )이라 합니다.
12. 手(扌)자 부수에 속하는 한자는 技·批·投·披·拉·拍자 등에서 보듯 뜻이 (   )과 관련이 있습니다.

● 쓰면서 익히는 한자 ●

쓰기 학습 빈 칸에 한자를 쓰고, 뜻과 음을 쓰시오.

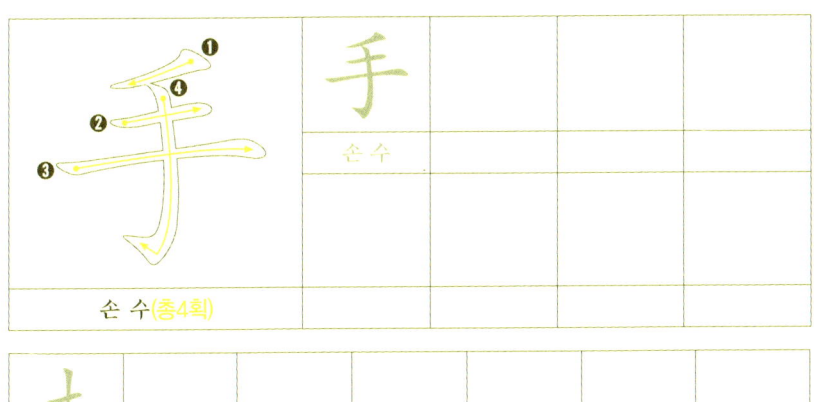

쓰기 복습 빈 칸에 뜻과 음에 맞는 한자를 쓰시오.

빛 색	날 생	저녁 석	돌 석	혀 설	작을 소	물 수	삼수변

〈首부수 / 5급〉

首[머리 수]자는 간략하게 나타낸 머리털과 강조된 눈이 중심이 된, 옆에서 본 머리를 본뜬 글자입니다. 따라서 首[머리 수]자는 뜻이 '머리'가 되었습니다.

머리를 옆으로 보고 그리면 코와 입과 귀는 겉의 윤곽으로 이어져 표현됩

고대의 인두상

니다. 반면에 눈은 윤곽 안에 표현됩니다. 首[머리 수]자도 머리 윤곽 속의 눈을 강조한 모습으로 자형이 이뤄지면서 '머리'를 뜻하는 글자가 되었습니다.

'머리'는 기억하거나 생각을 하는 신체의 가장 높은 곳에 위치한 부위입니다. 따라서 首[머리 수]자는 뜻이 확대되어 사람의 무리 가운데 지위가 가장 높은 사람인 '우두머리'를 뜻하기도 합니다. 대통령(大統領)을 이르는 國家元首(국가원수)에 首[머리 수]자를 쓰는 것도 그 때문입니다.

首[머리 수]자는 '스스로 머리를 드러내다'라는 뜻의 自首(자수), '머리를

베다'라는 뜻의 斬首(참수), '학의 머리처럼 길게 빼고 애타게 기다리다'라는 뜻의 鶴首苦待(학수고대)에서 보듯 음을 '수'로 읽습니다. 首자는 뜻과 음을 합쳐 '머리 수'라 합니다.

首자가 붙어 자주 사용되는 한자에는 道[길 도]자가 있습니다. 道[길 도]자에서는 首자가 음의 역할을 합니다.

참수된 모습

● 바로바로 익히는 한자 ●

확인 학습 부수 설명을 참고하여 괄호 안에 알맞은 말을 쓰시오.

1. 首자는 간략하게 나타낸 머리털과 강조된 눈이 중심이 된 옆에서 본 (　　)를 본뜬 글자입니다.
2. 首자는 뜻이 (　　)가 되었습니다.
3. 首자는 머리 윤곽 속의 눈을 강조한 모습으로 자형이 이뤄지면서 (　　)를 뜻하는 글자가 되었습니다.
4. '스스로 머리를 드러내다'라는 뜻의 自首는 자(　　)로 읽습니다.
5. '머리를 베다'라는 뜻의 斬首는 참(　　)로 읽습니다.
6. '학의 머리처럼 길게 빼고 애타게 기다리다'라는 뜻의 鶴首苦待는 학(　　)고대로 읽습니다.
7. 首자는 음을 (　　)로 읽습니다.
8. 首자는 뜻이 (　　)고, 음이 (　　)입니다.

9. 首자는 뜻과 음을 합쳐 (   )라 합니다.
10. 首자가 붙어 자주 사용되는 한자에는 道자가 있습니다. 道자에서는 首자가 (   )의 역할을 합니다.

● 쓰면서 익히는 한자 ●

쓰기 학습 빈 칸에 한자를 쓰고, 뜻과 음을 쓰시오.

首	首			
	머리 수			
머리 수(총9획)				

쓰기 복습 빈 칸에 뜻과 음에 맞는 한자를 쓰시오.

저녁 석	돌 석	혀 설	작을 소	물 수	삼수변	손 수	재방변

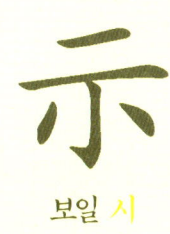

중051

示

보일 시

갑골문	금문	소전
丅	示	示

〈示부수 / 5급〉

示[보일 시]자는 신이나 하늘에 제사(祭祀) 지낼 때에 사용된 높고 평평한 제탁(祭卓)을 표현한 글자입니다. 옛날 사람들은 신이나 하늘이 좋은 일이나 나쁜 일을 사람에게 보여 알릴 수 있는 신령스런 능력이 있다고 믿었습니다. 따라서 제물을 올린 제탁에서 신이나 하늘에 제사 지내면 신령스러움이 드러나 보인다 하여 示[보일 시]자는 뜻이 '보이다'가 되었습니다.

예컨대 날씨가 가물어 농사를 짓는 데 필요한 물이 없으면 예부터 사람들은 하늘에 제사를 지내 비를 내려 달라 빌었습니다. 그렇게 제사에 정성을 드리면 하늘이 감응해 비를 드러내 보인다고 여겼던 것입

고대의 제탁

탕왕의 기우제

니다. 따라서 그럴 때 제사 지내는 제탁을 나타낸 示[보일 시]자가 '보이다'의 뜻을 지니게 된 것입니다.

示[보일 시]자는 '여러 물건을 펴서 보이다'라는 뜻의 展示(전시), '겉으로 드러내 보이다'라는 뜻의 表示(표시), '예를 들어 보이다'라는 뜻의 例示(예시)에서 보듯 음을 '시'로 읽습니다. 示자는 뜻과 음을 합쳐 '보일 시'라 합니다.

示자 부수에 속하는 한자는 祭[제사 제]·祀[제사 사]·祝[빌 축]·祈[빌 기]·福[복 복]·祉[복 지]자 등에서 보듯 뜻이 '제사'와 관련이 있습니다.

● 바로바로 익히는 한자 ●

확인 학습 부수 설명을 참고하여 괄호 안에 알맞은 말을 쓰시오.

1. 示자는 신이나 하늘에 제사 지낼 때에 사용된 높고 평평한 (　　) 을 표현한 글자입니다.
2. 제물을 올린 (　　)에서 신이나 하늘에 제사 지내면 신령스러움이 드러나 보인다 하여 示자는 뜻이 (　　)가 되었습니다.
3. '여러 물건을 펴서 보이다'라는 뜻의 展示는 전(　　)로 읽습니다.
4. '겉으로 드러내 보이다'라는 뜻의 表示는 표(　　)로 읽습니다.
5. '예를 들어 보이다'라는 뜻의 例示는 예(　　)로 읽습니다.
6. 展示, 表示, 例示의 示자는 (　　)의 음으로 읽습니다.
7. 示자는 음을 (　　)로 읽습니다.
8. 示자는 뜻이 (　　)고, 음이 (　　)입니다.

9. 示자는 뜻과 음을 합쳐 (　　　)라 합니다.
10. 示자 부수에 속하는 한자는 祭·祀·祝·祈·福·祉자 등에서 보듯 뜻이 (　　)와 관련이 있습니다.

● 쓰면서 익히는 한자 ●

쓰기 학습 빈 칸에 한자를 쓰고, 뜻과 음을 쓰시오.

	보일 시			
보일 시(총5획)				

쓰기 복습 빈 칸에 뜻과 음에 맞는 한자를 쓰시오.

돌 석	혀 설	작을 소	물 수	삼수변	손 수	재방변	머리 수

중052

| 갑골문 | 금문 | 소전 |

밥 식(사)

〈食부수 / 6급〉

食[밥 식]자는 뚜껑이 있는 그릇에 담겨 있는 밥을 본뜬 글자입니다. 따라서 食[밥 식]자는 뜻이 '밥'이 되었습니다. 食[밥 식]자는 밥을 먹는다 하여 '먹다'의 뜻을 지니기도 합니다.

사람이 세상을 사는 데 기본적으로 필요한 세 가지는 '의식주'입니다. '의식주'의 '의'는 '옷', '식'은 '밥', '주'는 '집'으로 모두 '짓다'라는 행위를 하는 공통점이 있습니다. 옷을 짓고, 밥을 짓고, 집을 짓고……. 그러나 그 가운데 가장 중요한 것은 '밥'입니다. '옷'이나 '집'이 없으면 춥게 살겠지만 '밥'이 없으면 죽기 때문입니다. 따라서 '의식주' 가운데 가장 중요한 것이 '식'이며, '식'으로 읽히는 食[밥 식]자는 바로 '밥'을 뜻하는 글자입니다.

食[밥 식]자는 '밥 먹는 일'을 뜻하는 食事(식사), '밖에서 사 먹는 밥'을

밥그릇

그릇에 담겨 있는 밥

뜻하는 外食(외식), '밥을 사 먹는 집'을 뜻하는 食堂(식당)에서 보듯 '식'으로 읽습니다. 食자는 뜻과 음을 합쳐 '밥 식'이라 합니다. 아울러 食자는 '밥 사'라고도 합니다. 이때 食자의 뜻은 '거친 밥'과 관련이 있습니다. '먹이다'의 뜻으로 쓰일 때도 '사'로 읽습니다.

食자가 붙는 한자는 飢[주릴 기]·飮[마실 음]·飯[밥 반]·餌[먹이 이]·飽[배부를 포]자 등에서 보듯 뜻이 '밥'과 관련이 있습니다.

조선시대 상차림

● 바로바로 익히는 한자 ●

확인 학습 부수 설명을 참고하여 괄호 안에 알맞은 말을 쓰시오.

1. 食자는 뚜껑이 있는 그릇에 담겨 있는 (　)을 본뜬 글자입니다.
2. 食자는 뜻이 (　)이 되었습니다. 나아가 食자는 밥을 먹는다 하여 (　)의 뜻을 지니기도 합니다.
3. '의식주' 가운데 가장 중요한 것이 '식'이며, 食자는 바로 (　)을 뜻하는 글자입니다.
4. '밥 먹는 일'을 뜻하는 食事는 (　)사로 읽습니다.
5. '밖에서 사 먹는 밥'을 뜻하는 外食은 외(　)으로 읽습니다.
6. '밥을 사 먹는 집'을 뜻하는 食堂은 (　)당으로 읽습니다.

7. 食자는 음을 (　　)으로 읽습니다.

8. 食자는 뜻과 음을 합쳐 (　　　)이라 합니다.

9. 食자는 (　　　)라고도 합니다. 이때 食자는 뜻이 (　　　)과 관련이 있습니다.

10. 食자가 붙는 한자는 飢·飮·飯·餌·飽자 등에서 보듯 뜻이 (　　)과 관련이 있습니다.

● 쓰면서 익히는 한자 ●

쓰기 학습 빈 칸에 한자를 쓰고, 뜻과 음을 쓰시오.

밥 식(사)(총9획)	食 밥 식	食 밥 사		

쓰기 복습 빈 칸에 뜻과 음에 맞는 한자를 쓰시오.

혀 설	작을 소	물 수	삼수변	손 수	재방변	머리 수	보일 시

臣

신하 신

갑골문	금문	소전

〈臣부수 / 5급〉

臣[신하 신]자는 뾰족한 도구에 찔린 눈동자가 강조된 한 눈을 나타낸 글자입니다. 臣[신하 신]자는 그런 눈을 가지고 윗사람을 섬기는 노예를 뜻하다가 다시 임금을 섬기는 신하로 의미가 확대되었습니다. 따라서 臣[신하 신]자는 결국 뜻이 '신하'가 되었습니다.

옛날에는 부족과 부족이 싸워 진 부족의 사람들은 이긴 부족의 노예가 되었습니다. 이때 반항 능력이 있는 어른인 남자는 한 눈을 뾰족한 도구로 찔러 앞을 보지 못하게 했습니다. 이렇게

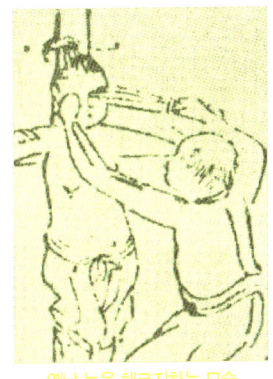

옛날 눈을 해코지하는 모습

금문 臤　　　금문 䇂

제재를 받으면 의기가 꺾이는 데다 한쪽 눈이 보이지 않아 행동하는 데 어려움이 있어 반항 능력이 떨어질 수밖에 없었습니다. '신하'를 뜻하는 臣[신하 신]자는 바로 그런 상황에서 만들어진 글자입니다. 臤[단단할 견]

자나 民[백성 민]자도 비슷한 상황에서 만들어진 글자입니다.

임금 앞의 신하들(재현)

臣[신하 신]자는 '임금과 신하'를 뜻하는 君臣(군신), '간사한 신하'를 뜻하는 奸臣(간신), '충성하는 신하'를 뜻하는 忠臣(충신)에서 보듯 음을 '신'으로 읽습니다. 臣자는 뜻과 음을 합쳐 '신하 신'이라 합니다.

臣자가 붙는 한자는 臥[누울 와]·臨[임할 림]·監[볼 감]·朢[바랄 망=望]자처럼 뜻이 '눈'과 관련 있습니다.

● 바로바로 익히는 한자 ●

확인 학습 부수 설명을 참고하여 괄호 안에 알맞은 말을 쓰시오.

1. 臣자는 뾰족한 도구에 찔린 눈동자가 강조된 한 (　　)을 나타낸 글자입니다. 臣자는 그런 (　　)을 가지고 윗사람을 섬기는 노예를 뜻하다가 다시 임금을 섬기는 (　　)로 의미가 확대되었습니다.
2. 臣자는 뜻이 (　　)가 되었습니다.
3. '임금과 신하'를 뜻하는 君臣은 군(　)으로 읽습니다.
4. '간사한 신하'를 뜻하는 奸臣은 간(　)으로 읽습니다.
5. '충성하는 신하'를 뜻하는 忠臣은 충(　)으로 읽습니다.
6. 君臣, 奸臣, 忠臣의 臣자는 (　)으로 읽습니다.
7. 臣자는 음을 (　)으로 읽습니다.

8. 臣자는 뜻이 (   )고, 음이 (   )입니다.

9. 臣자는 뜻과 음을 합쳐 (   )이라 합니다.

10. 臣자가 붙는 한자는 臥·臨·監·墾자에서처럼 뜻이 (   )과 관련 있습니다.

● 쓰면서 익히는 한자 ●

쓰기 학습 빈 칸에 한자를 쓰고, 뜻과 음을 쓰시오.

臣 신하 신(총6획)	臣 신하 신			

쓰기 복습 빈 칸에 뜻과 음에 맞는 한자를 쓰시오.

물 수	삼수변	손 수	재방변	머리 수	보일 시	밥 식	밥 사

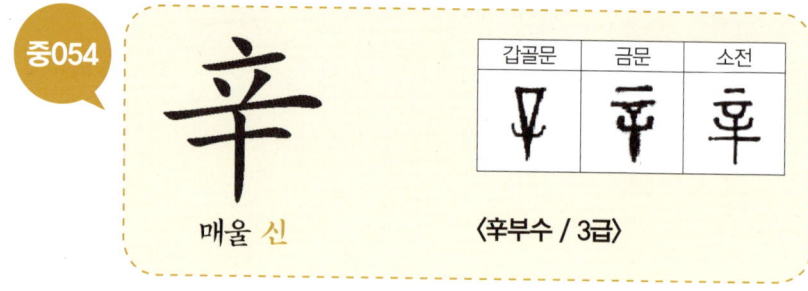

중054

辛
매울 신

| 갑골문 | 금문 | 소전 |

〈辛부수 / 3급〉

辛[매울 신]자는 옛날에 죄인이나 포로의 얼굴에 검은 먹을 새겼던 문신 도구를 본뜬 글자입니다. 먹으로 문신이 새겨진 자는 사람의 대접을 제대로 받지 못하고 견디기 힘든 괴로움을 맛보게 되었습니다. 맛 가운데에서도 견디기 힘든 괴로운 맛

옛날 문신 도구

이 매운맛입니다. 그로 인해 문신을 새기는 도구와 관련된 辛[매울 신]자는 뜻이 '맵다'가 되었습니다.

맛은 구체적인 형태가 없습니다. 그렇게 구체적인 형태가 없는 맛 가운데 '맵다'를 뜻하기 위해 사람에게 고통을 주는 물건인 문신 새기는 도구에서 비롯된 辛[매울 신]자로 나타낸 것입니다.

辛[매울 신]자는 '신라면'을 통해 잘 알려진 한자입니다. '신라면'은 매운맛을 내는 라면으로, '맵다'라는 뜻의 한자 辛[매울 신]자의 음 '신'을 써서 '신라면'이라 한 것입니다. 매운 맛이 나는 대표적인 식물이 고추입니

다. 그 외에 마늘·후추·생강·겨자와 같은 식물도 맛이 매운데, 이들 모두는 '향신료'라 합니다. 그 '향신료'의 '신'도 한자로 辛[매울 신]자입니다. 辛[매울 신]자는 '신라면'과 '향신료'를 한자로 쓴 辛拉麵과 香辛料에서 보듯 '신'으로 읽습니다. 辛자는 뜻과 음을 합쳐 '매울 신'이라 합니다.

문신 새기는 모습

辛자가 붙는 한자는 辜[허물 고]·辟[허물 벽]·辠[허물 죄]·辥[허물 설]자에서처럼 뜻이 '허물'과 관련이 있습니다. 辛자가 허물이 있는 사람에게 문신을 하는 도구에서 비롯되었기 때문입니다.

● 바로바로 익히는 한자 ●

확인 학습 부수 설명을 참고하여 괄호 안에 알맞은 말을 쓰시오.

1. 辛자는 옛날에 죄인이나 포로의 얼굴에 검은 먹을 새겼던 (　　) 도구를 본뜬 글자입니다.
2. 맛 가운데에서도 견디기 힘든 괴로운 맛이 (　　)맛입니다. 그로 인해 문신을 새기는 도구와 관련된 辛자는 뜻이 (　　)가 되었습니다.
3. 구체적인 형태가 없는 맛 가운데 (　　)를 뜻하기 위해 사람에게 고통을 주는 물건인 문신 새기는 도구에서 비롯된 辛자로 나타낸 것입니다.

4. 辛拉麵은 (　)라면, 香辛料는 향(　)료로 읽습니다.

5. 辛자는 辛拉麵과 香辛料에서 보듯 음을 (　)으로 읽습니다.

6. 辛자는 뜻이 (　　)고, 음이 (　　)입니다.

7. 辛자는 뜻과 음을 합쳐 (　　　)이라 합니다.

8. 辛자가 붙는 한자는 辜·辟·辠·辭자에서처럼 뜻이 (　　)과 관련이 있습니다.

● 쓰면서 익히는 한자 ●

쓰기 학습 빈 칸에 한자를 쓰고, 뜻과 음을 쓰시오.

辛 매울 신(총7획)	辛 매울 신			

쓰기 복습 빈 칸에 뜻과 음에 맞는 한자를 쓰시오.

삼수변	손 수	재방변	머리 수	보일 시	밥 식	밥 사	신하 신

身
몸 신

| 갑골문 | 금문 | 소전 |

〈身부수 / 6급〉

身[몸 신]자는 배가 부른 사람의 몸을 본뜬 글자입니다. 따라서 身[몸 신]자는 뜻이 '몸'이 되었습니다.

배가 부른 사람의 몸은 대개 어른인 여자가 아이를 잉태하고 있을 때의 모습입니다. 그렇게 아이를 잉태하고 있으면 나쁜 것을 멀리하고, 빛깔이나 모양이 이상한 것도 먹지 않고 몸을 소중히 합니다. 따라서 아이를 잉태한 배가 부른 사람의 모습을 나타낸 身[몸 신]자가 '몸'의 뜻을 지니게 되었습니다.

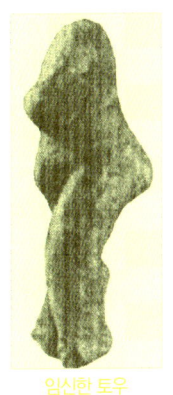
임신한 토우

그렇게 身[몸 신]자가 '몸'의 뜻으로 쓰이게 되자 아이를 잉태하고 있음을 뜻하는 한자는 다시 어른인 여자에서 비롯된 女[계집 녀]자를 덧붙인 娠[아이 밸 신]자로 쓰게 되었습니다. 그런데 娠[아이 밸 신]자도 후대에 음의 역할자를 다시

여성의 몸을 표현한 빌렌도르프의 비너스

身[몸 신]자에서 辰[때 신]자로 바뀌 오늘날은 그 뜻을 나타내는 데 娠[아이 밸 신]자를 쓰고 있습니다.

身[몸 신]자는 '마음과 몸'을 뜻하는 心身(심신), '스스로의 몸'을 뜻하는 自身(자신), '짧은 키의 몸'을 뜻하는 短身(단신)에서 보듯 '신'으로 읽습니다. 身자는 뜻과 음을 합쳐 '몸 신'이라 합니다.

身자가 붙는 한자는 躬[몸 궁]자나 軀[몸 구]자에서 보듯 '몸'의 뜻을 지닙니다. 반면에 射[쏠 사]자는 身자와 관련이 없습니다. 射에 붙은 身의 형태는 활과 시위의 모양에서 비롯된 자형이기 때문입니다.

금문 射

● 바로바로 익히는 한자 ●

확인 학습 부수 설명을 참고하여 괄호 안에 알맞은 말을 쓰시오.

1. 身자는 배가 부른 사람의 (   )을 본뜬 글자입니다.
2. 身자는 뜻이 (   )이 되었습니다.
3. 아이를 잉태하고 있으면 나쁜 것을 멀리하고, 빛깔이나 모양이 이상한 것도 먹지 않고 (   )을 소중히 합니다.
4. 아이를 잉태한 배가 부른 사람의 모습을 나타낸 身자가 (   )의 뜻을 지니게 되었습니다.
5. '마음과 몸'을 뜻하는 心身은 심(   )으로 읽습니다.
6. '스스로의 몸'을 뜻하는 自身은 자(   )으로 읽습니다.
7. '짧은 키의 몸'을 뜻하는 短身은 단(   )으로 읽습니다.

8. 心身, 自身, 短身의 身자는 (　)으로 읽습니다.

9. 身자는 음을 (　)으로 읽습니다.

10. 身자는 뜻이 (　)이고, 음이 (　)입니다.

11. 身자는 뜻과 음을 합쳐 (　)이라 합니다.

12. 身자가 붙는 한자는 躬자나 軀자에서 보듯 (　)의 뜻을 지닙니다.

● 쓰면서 익히는 한자 ●

쓰기 학습 빈 칸에 한자를 쓰고, 뜻과 음을 쓰시오.

身	身 몸 신			
몸 신(총7획)				

쓰기 복습 빈 칸에 뜻과 음에 맞는 한자를 쓰시오.

손 수	재방변	머리 수	보일 시	밥 식	밥 사	신하 신	매울 신

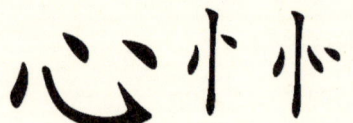

마음 심   심방변 밑 마음심   〈心부수 / 6급〉

心[마음 심]자는 가슴 속에 있는 심장을 본뜬 글자입니다. 옛날 사람들은 정신이 가슴 속의 심장에 있어서 마음을 다룬다고 여겼습니다. 따라서 심장을 나타낸 心[마음 심]자가 '마음'의 뜻을 지니게 되었습니다.

심장

'마음'은 영어로 'heart(하트)'이며, 이는 심장을 뜻하기도 합니다. 그 심장이 유독 두근두근할 때는 사랑할 때입니다. 따라서 heart(하트)를 기호로 나타낸 ♡도 심장을 나타내면서 사랑한다는 의미를 지닙니다.

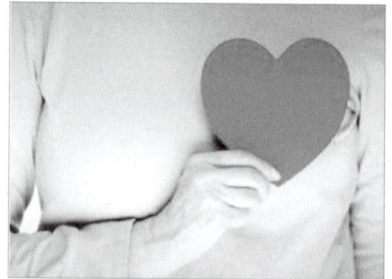
심장을 닮은 하트(heart)

心[마음 심]자는 '효도를 다하는 마음'을 뜻하는 孝心(효심), '도량이 작은 마음'을 뜻하는 小心(소심), '아이의 마음'을 뜻하는 童心(동심)에서 보듯 '심'으로 읽습니다. 心자는 뜻과 음을 합쳐 '마음 심'이라 합니다. 心자가 한자 왼쪽에 붙을 때는 性(성)자나 憶(억)자에서처럼 忄의 형태로도 쓰입니다. 忄은 '심방변'이라 합니다. '심방변'은 心자의 음 '심'에 글자의 곁에 붙는다 하여 傍[곁 방]자의 음인 '방'과 부수가 왼쪽에 쓰일 때의 명칭 '변'을 합한 것입니다. 또 心자가 한자에서 밑에 붙을 때는 慕(모)자나 恭(공)자에서처럼 㣺의 형태로도 쓰입니다. 㣺은 '밑 마음심'이라 합니다. '밑 마음심'은 㣺이 한자에서 밑에 붙는다 하여 '밑'을 心자의 뜻과 음인 '마음 심'과 합친 것입니다.

心(忄·㣺)자 부수에 속하는 한자는 思[생각 사]·愛[사랑 애]·情[뜻 정]·恨[한할 한]·恭[공손할 공]·慕[사모할 모]자 등에서 보듯 뜻이 '마음'과 관련이 있습니다.

● 바로바로 익히는 한자 ●

확인 학습 부수 설명을 참고하여 괄호 안에 알맞은 말을 쓰시오.

1. 心자는 가슴 속에 있는 (　　)을 본뜬 글자입니다.
2. 심장을 나타낸 心자가 (　　)의 뜻을 지니게 되었습니다.
3. 孝心은 효(　), 小心은 소(　), 童心은 동(　)으로 읽습니다.
4. 心자는 (　)으로 읽습니다.
5. 心자는 뜻이 (　　)이고, 음이 (　　)입니다.
6. 心자는 뜻과 음을 합쳐 (　　　)이라 합니다.
7. 心자가 한자 왼쪽에 붙을 때는 性(성)자나 憶(억)자에서처럼 忄의 형태로도 쓰입니다. 忄은 (　　　)이라 합니다.

8. 心자가 한자에서 밑에 붙을 때는 慕(모)자나 恭(공)자에서처럼 㣺의 형태로도 쓰입니다. 㣺은 (   )이라 합니다.

9. 心(忄·㣺)자 부수에 속하는 한자는 思·愛·情·恨·恭·慕자 등에서 보듯 뜻이 (   )과 관련이 있습니다.

● 쓰면서 익히는 한자 ●

쓰기 학습 빈 칸에 한자를 쓰고, 뜻과 음을 쓰시오.

	心			
	마음 심			
마음 심(총4획)				

忄	㣺						
심방변	밑 마음심						

쓰기 복습 빈 칸에 뜻과 음에 맞는 한자를 쓰시오.

재방변	머리 수	보일 시	밥 식	밥 사	신하 신	매울 신	몸 신

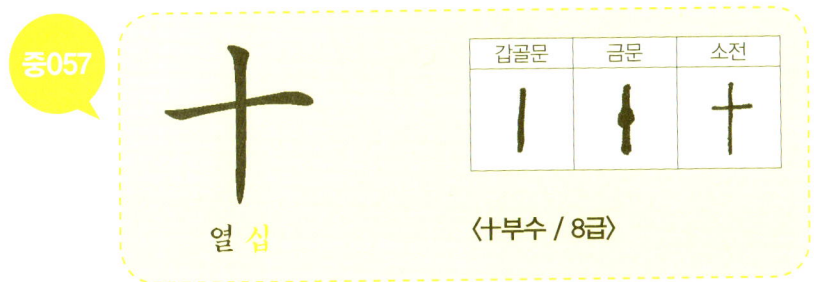

十[열 십]자는 원래 丨의 모양처럼 곧게 그어 내린 한 선(線)으로 표현된 글자였습니다. 그러다가 나중에 중간 부분이 두툼하게 되고, 다시 그 부분이 가로의 작은 한 선으로 발

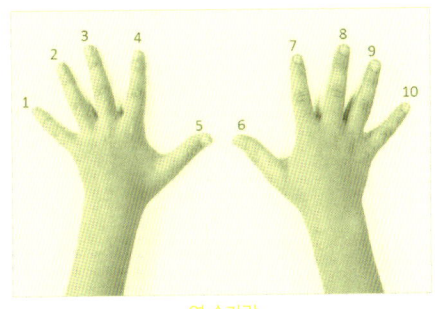

열 손가락

전해 오늘날처럼 十자로 쓰이면서 '열'을 뜻하게 된 글자입니다.

　예부터 가로의 선으로는 一(일)·二(이)·三(삼)자를 만들어 썼으며, 세로의 선이 포함된 十[열 십]으로는 열을, 卄[스물 입]으로는 스물을, 卅[서른 삽]으로는 서른을 뜻하는 글자를 만들어 썼습니다. 그러나 卄자나 卅자는 오늘날 쓰이지 않고, 十[열 십]자만 '열'을 뜻하는 데 쓰이고 있습니다.

　十[열 십]자는 '열 해'를 뜻하는 十年(십년), '열 명의 사람'을 뜻하는 十名(십명), '열 가운데 여덟이나 아홉'을 뜻하는 十中八九(십중팔구)에서 보듯 음을 '십'으로 읽습니다. 그러나 十月(시월←십월)을 '시월'로 읽는 것처럼 十[열 십]자는 '시'로 읽을 때도 있습니다. 十자는 뜻과 음을 합쳐 '열 십'이라 합니다.

十자 부수에 속하는 한자 가운데 千[일천 천]·升[되 승]·午[낮 오]·半[절반 반]·卑[낮을 비]·卒[군사 졸]자는 '열'을 뜻하는 十자와 관련이 없습니다. 부수의 체계를 세울 때에 편의상 十자 부수에 속하게 된 것입니다. 반면에 協[도울 협]자와 博[넓을 박]자는 十자가 뜻의 역할을 합니다.

• 바로바로 익히는 한자 •

확인 학습 부수 설명을 참고하여 괄호 안에 알맞은 말을 쓰시오.

1. 예부터 세로의 선이 포함된 十으로는 (   )을, 廿으로는 (   )을, 卅으로는 (   )을 뜻하는 글자를 만들어 썼습니다. 그러나 廿자나 卅자는 오늘날 쓰이지 않고 十자만 (   )을 뜻하는 데 쓰이고 있습니다.
2. 十자는 뜻이 (   )입니다.
3. '열 해'를 뜻하는 十年은 (   )년으로 읽습니다.
4. '열 명의 사람'을 뜻하는 十名은 (   )명으로 읽습니다.
5. '열 가운데 여덟이나 아홉'을 뜻하는 十中八九는 (   )중팔구로 읽습니다.
6. 十年, 十名, 十中八九의 十자는 (   )으로 읽습니다.
7. 十자는 음을 (   )으로 읽습니다.
8. 十자는 뜻과 음을 합쳐 (   )이라 합니다.

9. 十月을 (   )로 읽는 것처럼 十자는 (   )로 읽을 때도 있습니다.
10. 協자와 博자는 十자가 (   )의 역할을 합니다.

● 쓰면서 익히는 한자 ●

쓰기 학습 빈 칸에 한자를 쓰고, 뜻과 음을 쓰시오.

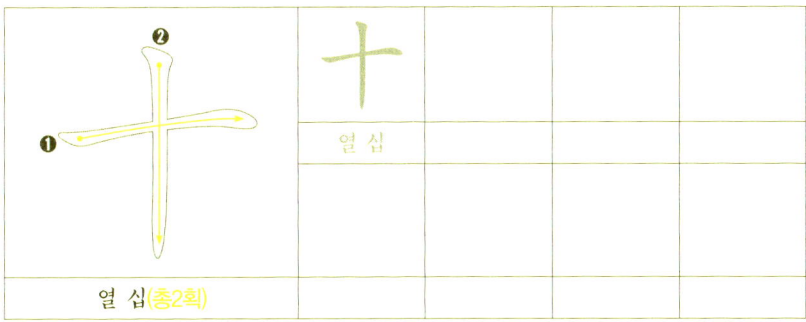

	열 십			
열 십(총2회)				

쓰기 복습 빈 칸에 뜻과 음에 맞는 한자를 쓰시오.

밥 식	밥 사	신하 신	매울 신	몸 신	마음 심	심방변	밑 마음심

성씨 씨

〈氏부수 / 4급〉

씨앗이 자라는 모양

   氏[성씨 씨]자는 분명하진 않지만 땅속에 있는 하나의 씨앗에서 뿌리와 줄기가 나는 모양을 표현한 글자로 보입니다. 그처럼 하나의 씨앗에서 뿌리와 줄기가 나서 마침내 많은 가지와 잎이 생기듯 사람도 한 조상으로부터 생겨나 지엽(枝葉)이 되는 많은 자손들이 같은 성씨를 사용하게 됩니다. 따라서 하나의 씨앗에서 뿌리와 줄기가 나는 모양을 표현한 氏[성씨 씨]자는 결국 뜻이 '성씨'가 된 것으로 보입니다.

   씨앗과 관련해 이뤄진 氏[성씨 씨]자는 '씨앗으로 쓸 곡식'을 뜻하는 氏穀(씨곡)이나 '씨앗이 단단한 열매'를 뜻하는 氏果實(씨과실)에서처럼 '씨앗'을 뜻하면서 '씨'의 음으로 읽습니다. 하지만 오늘날 氏[성씨 씨]자는 주로 宗氏(종씨)·無名氏(무명씨)·氏族社會(씨족사회)에서처럼 '성씨'를 뜻하면서 '씨'로 읽습니다. 氏자는 뜻과 음을 합쳐 '성씨 씨'라 합니다.

   氏자의 본래 음은 '시'며, '나라 이름'을 뜻할 때는 '지'로도 읽습니다.

따라서 氏자는 方相氏(방상시)에서처럼 '시'로도 읽고, 大月氏(대월지)에서처럼 '지'로도 읽습니다. 그렇게 '지'의 음으로도 읽히는 氏자로 인해 紙[종이 지]자도 음을 '지'로 읽습니다. 紙(지)자는 氏자가 음의 역할을 하는 글자기 때문입니다.

방상시(方相氏)

● 바로바로 익히는 한자 ●

확인 학습 부수 설명을 참고하여 괄호 안에 알맞은 말을 쓰시오.

1. 氏자는 분명하진 않지만 땅속에 있는 하나의 (   )에서 뿌리와 줄기가 나는 모양을 표현한 글자로 보입니다.
2. 하나의 (   )에서 뿌리와 줄기가 나는 모양을 표현한 氏자는 결국 뜻이 (   )가 된 것으로 보입니다.
3. '씨앗으로 쓸 곡식'을 뜻하는 氏穀은 (   )곡으로 읽습니다.
4. '씨앗이 단단한 열매'를 뜻하는 氏果實은 (   )과실로 읽습니다.
5. 오늘날 氏자는 주로 宗氏·無名氏·氏族社會에서처럼 (   )를 뜻하면서 (   )로 읽습니다.
6. 氏자는 뜻이 (   )고, 음이 (   )입니다.
7. 氏자는 뜻과 음을 합쳐 (   )라 합니다.
8. 氏자의 본래 음은 (   )며, '나라 이름'을 뜻할 때는 (   )로도 읽습

니다.

9. 氏자는 方相氏에서처럼 (　)로도 읽고, 大月氏에서처럼 (　)로도 읽습니다.

10. 氏자로 인해 紙자도 음을 (　)로 읽습니다.

● 쓰면서 익히는 한자 ●

쓰기 학습　빈 칸에 한자를 쓰고, 뜻과 음을 쓰시오.

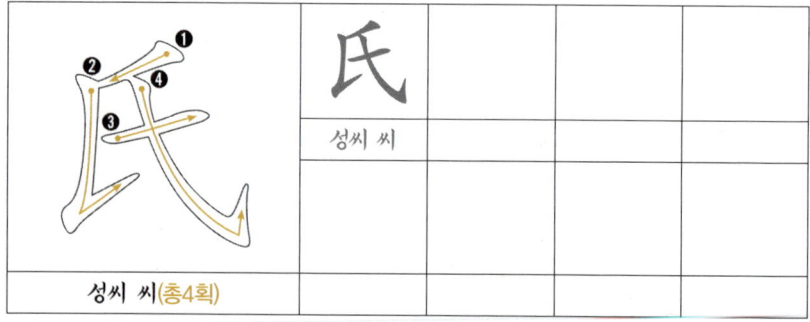

쓰기 복습　빈 칸에 뜻과 음에 맞는 한자를 쓰시오.

밥 사	신하 신	매울 신	몸 신	마음 심	심방변	밑 마음심	열 십

<羊부수 / 4급>

羊[양 양]자는 아래로 굽은 큰 뿔과 짧은 선으로 이어진 귀와 눈, 그리고 주둥이가 있는 머리를 특징으로 삼아 양을 나타낸 글자입니다. 따라서 羊[양 양]자는 뜻이 '양'이 되었습니다.

한데 원래 중국(中國)에서는 염소를 양이라 했습니다. 그러다 서방(西方)에서 면양(綿羊)이

원래 염소였던 羊(양)

전해지면서 그 면양을 양이라 부르게 되자 양이라 불렀던 염소는 산양(山羊)이라 하고 있습니다. 반면에 우리나라는 면양을 양이라 하지만 원래 양이라 했던 동물은 염소라 하며, 산에 사는 양과 비슷한 동물은 산양이라 하고 있습니다. 실제로 옛날 천자문(千字文)에 羊[양 양]자는 '염양'으로 표기(表記)했는데, 이때 '염'은 염소의 옛말입니다. 오늘날 대부분의 사람들은 양이라 하면 면양을 생각하는데, 양은 원래 염소였던 것입니다.

羊[양 양]자는 '산에 사는 양처럼 생긴 동물'을 뜻하는 山羊(산양), '양의

희생양을 잡는 모습

털'을 뜻하는 羊毛(양모), '희생되어 제물이 되는 양'을 뜻하는 犧牲羊(희생양)에서 보듯 음을 '양'으로 읽습니다. 羊자는 뜻과 음을 합쳐 '양 양'이라 합니다.

羊[양 양]자는 羔[새끼 양 고]자나 養[기를 양]자에서처럼 다른 글자와 어울릴 때는 ⺷의 형태로도 쓰입니다. ⺷은 부르는 명칭이 없습니다. 따라서 그냥 羊자의 생략된 형태로 보는 것이 좋을 듯합니다.

羊자는 洋[큰 바다 양]·養[기를 양]·痒[가려울 양]·祥[상서로울 상]·詳[자세할 상]·翔[날 상]자 등에서 보듯 주로 음의 역할을 합니다.

● 바로바로 익히는 한자 ●

확인 학습 부수 설명을 참고하여 괄호 안에 알맞은 말을 쓰시오.

1. 羊자는 아래로 굽은 큰 뿔과 짧은 선으로 이어진 귀와 눈, 그리고 주둥이가 있는 머리를 특징으로 삼아 (   )을 나타낸 글자입니다.
2. 羊자는 뜻이 (   )이 되었습니다.
3. '산에 사는 양처럼 생긴 동물'을 뜻하는 山羊은 산(   )으로 읽습니다.
4. '양의 털'을 뜻하는 羊毛는 (   )모로 읽습니다.
5. '희생되어 제물이 되는 양'을 뜻하는 犧牲羊은 희생(   )으로 읽습니다.

6. 山羊, 羊毛, 犧牲羊의 羊자는 (   )으로 읽습니다.
7. 羊자는 음을 (   )으로 읽습니다.
8. 羊자는 뜻이 (   )이고, 음이 (   )입니다.
9. 羊자는 뜻과 음을 합쳐 (   )이라 합니다.
10. 羊자는 洋·養·痒·祥·詳·翔자 등에서 보듯 주로 (   )의 역할을 합니다.

● 쓰면서 익히는 한자 ●

쓰기 학습   빈 칸에 한자를 쓰고, 뜻과 음을 쓰시오.

羊 양 양(총6획)	羊 양 양			

쓰기 복습   빈 칸에 뜻과 음에 맞는 한자를 쓰시오.

신하 신	매울 신	몸 신	마음 심	심방변	밑 마음심	열 십	성씨 씨

魚
물고기 어

〈魚부수 / 5급〉

魚[물고기 어]자는 머리와 몸체 및 지느러미까지 완전하게 갖춰진 물고기를 그대로 본뜬 글자입니다. 따라서 魚[물고기 어]자는 뜻이 '물고기'가 되었습니다.

아주 옛날 사람들은 강이나 바다 등 물 주변에 주로 모여 살았습니다. 물가는 물을 얻기 쉽고, 물고기를 잡기 좋았습니다. 더구나 물고기는 번식이 빠르고 수가 많은 데다 위험이 없이 비교적 쉽게 잡을 수 있었습니다. 물고기는 옛날 사람들에게 매우 중요한 식량이었습니다. 바로 그 물고기를 나타낸 魚[물고기 어]자로 '물고기'를 뜻하는 글자가 만들어진 것입니다.

물고기(붕어)

약리도 일부

魚[물고기 어]자는 '큰 물고기'를 뜻하는 大魚(대어), '몸체가 긴 물고기'를 뜻하는 長魚(장어), '물고기가 사는

'항아리'를 뜻하는 魚缸(어항)에서 보듯 '어'로 읽습니다. 魚자는 뜻과 음을 합쳐 '물고기 어'라 합니다.

魚자가 붙는 한자는 鰍[미꾸라지 추]·鮒[붕어 부]·鯨[고래 경]·鰕[새우 하]·鯉[잉어 리]자에서 보듯 물고기처럼 '물속에 사는 동물'과 관련이 있습니다.

옛날 사람들이 물고기 잡는 모습

● 바로바로 익히는 한자 ●

확인 학습 부수 설명을 참고하여 괄호 안에 알맞은 말을 쓰시오.

1. 魚자는 머리와 몸체 및 지느러미까지 완전하게 갖춰진 (　　　)를 그대로 본뜬 글자입니다.
2. 魚자는 뜻이 (　　)가 되었습니다.
3. 아주 옛날 사람들은 물을 얻기 쉬운 물가 주변에 주로 모여 살았습니다. 물가 주변은 (　　　)를 잡기 좋았습니다.
4. '큰 물고기'를 뜻하는 大魚는 대(　)로 읽습니다.
5. '몸체가 긴 물고기'를 뜻하는 長魚는 장(　)로 읽습니다.
6. '물고기가 사는 항아리'를 뜻하는 魚缸은 (　)항으로 읽습니다.
7. 大魚, 長魚, 魚缸의 魚자는 (　)로 읽습니다.
8. 魚자는 음을 (　)로 읽습니다.

9. 魚자는 뜻이 (　　)고, 음이 (　)입니다.

10. 魚자는 뜻과 음을 합쳐 (　　　)라 합니다.

11. 魚자가 붙는 한자는 鰍·鮒·鯨·鰕·鯉자에서 보듯 (　　　)처럼 물속에 사는 동물과 관련이 있습니다.

● 쓰면서 익히는 한자 ●

쓰기 학습 빈 칸에 한자를 쓰고, 뜻과 음을 쓰시오.

魚 물고기 어(총11획)	魚 물고기 어			

쓰기 복습 빈 칸에 뜻과 음에 맞는 한자를 쓰시오.

매울 신	몸 신	마음 심	심방변	밑 마음심	열 십	성씨 씨	양 양

중061

言
말씀 언

갑골문	금문	소전
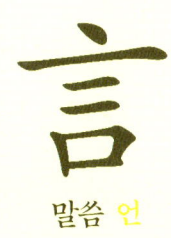		

〈言부수 / 6급〉

言[말씀 언]자는 입과 혀를 표현한 글자입니다. 입과 혀는 말을 할 때에 중요한 역할을 합니다. 따라서 입과 혀를 표현한 言[말씀 언]자는 상대방이 하는 말을 높여 이르는 '말씀'의 뜻을 지니게 되었습니다.

앵무새나 구관조가 사람의 말을 잘 따라 하는 것은 혀가 발달되어 있기 때문입니다. 하지만 앵무새나 구관조는 자신이 하는 말이 어떤 의미인지 모릅니다. 반면에 사람은 말을 통해 상대와 자신의 생각이나 느낌을 전달합니다. 그렇게 '말(말씀)'은 사람의 생각이나 느낌 따위를 목구멍을 통해 조직적으로 나타내는 소리를 가리킵니다. 세상에서 이런 '말(말씀)'을 할 수 있는 존재는 사람뿐입니다. 따라서 사람의 입과 혀를 나타낸 言[말씀 언]자

입과 혀

구관조

는 뜻이 말을 높여 이르는 '말씀'이 되었습니다.

言[말씀 언]자는 '사실을 증명하는 말'을 뜻하는 證言(증언), '도와주는 말'을 뜻하는 助言(조언), '죽음에 임해서 남기는 말'을 뜻하는 遺言(유언)에서 보듯 '언'으로 읽습니다. 言자는 뜻과 음을 합쳐 '말씀 언'이라 합니다.

言자 부수에 속하는 한자는 語[말씀 어]·詞[말씀 사]·談[말씀 담]·說[말씀 설]·話[말씀 화]자 등에서 보듯 뜻이 '말씀(말)'과 관련이 있습니다.

● 바로바로 익히는 한자 ●

확인 학습 부수 설명을 참고하여 괄호 안에 알맞은 말을 쓰시오.

1. 言자는 (   )과 (   )를 표현한 글자입니다.
2. 입과 혀를 표현한 言자는 상대방이 하는 말을 높여 이르는 (   )의 뜻을 지니게 되었습니다.
3. 사람의 입과 혀를 나타낸 言자는 뜻이 말을 높여 이르는 (   )이 되었습니다.
4. '사실을 증명하는 말'을 뜻하는 證言은 증(   )으로 읽습니다.
5. '도와주는 말'을 뜻하는 助言은 조(   )으로 읽습니다.
6. '죽음에 임해서 남기는 말'을 뜻하는 遺言은 유(   )으로 읽습니다.
7. 證言, 助言, 遺言의 言자는 (   )으로 읽습니다.
8. 言자는 음을 (   )으로 읽습니다.
9. 言자는 뜻이 (   )이고, 음이 (   )입니다.

10. 言자는 뜻과 음을 합쳐 (　　　)이라 합니다.
11. 言자 부수에 속하는 한자는 語·詞·談·說·話자 등에서 보듯 뜻이 (　　)과 관련이 있습니다.

● 쓰면서 익히는 한자 ●

쓰기 학습　빈 칸에 한자를 쓰고, 뜻과 음을 쓰시오.

言 말씀 언(총7획)	言 말씀 언			

쓰기 복습　빈 칸에 뜻과 음에 맞는 한자를 쓰시오.

몸 신	마음 심	심방변	밑 마음심	열 십	성씨 씨	양 양	물고기 어

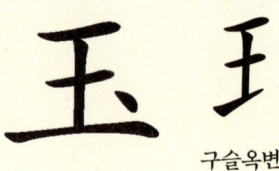

구슬 옥   구슬옥변

〈玉부수 / 4급〉

玉[구슬 옥]자는 몇 개의 구슬을 끈으로 꿰어 놓은 모양으로 표현된 글자입니다. 구슬의 일반적인 형태는 동그란데 그런 구슬 하나로는 뜻을 나타내는 한자를 만드는 데 어려움이 있습니다. 세상에는 구슬처럼 동그란 형태가 많기 때문입니다. 따라서 몇 개의 구슬을 끈으로 꿰어 놓은 모양으로 '구슬'을 뜻하는 玉[구슬 옥]자가 이뤄진 것입니다. 후에 王[임금 왕]자와 구별하기 위해 글자 사이에 한 점을 붙여 마침내 오늘날의 형태 玉[구슬 옥]자로 쓰이게 되었습니다.

끈에 꿴 구슬

금문 王   소전 王

반면에 王[임금 왕]자는 도끼 모양에서 비롯된 글자입니다. 도구가 발달되지 않았던 옛날에 도끼는 권위의 상징물이었습니다. 그 도끼를 나타낸 王(왕)자가 玉(옥)자와 비슷했기에 玉(옥)자에 점이 붙여진 것입니다.

하지만 오늘날에도 玉[구슬 옥]자는 다른 자형과 어울려 하나의 글자가 될 때 理(리)자나 現(현)자에서처럼 원래의 형태 그대로 점이 없이 王으로 쓰이고 있습니다. 王은 주로 글자의 왼쪽에 붙기 때문에 부수가 왼쪽에 붙을 때의 명칭 '변'을 글자의 뜻과 음에 붙여 '구슬옥변'이라 합니다.

玉[구슬 옥]자는 '흰 구슬'을 뜻하는 白玉(백옥), '구슬과 돌'을 뜻하는 玉石(옥석), '(약간 파르스름한)구슬의 빛'을 뜻하는 玉色(옥색)에서 보듯 '옥'으로 읽습니다. 玉자는 뜻과 음을 합쳐 '구슬 옥'이라 합니다.

玉(王)자가 붙는 한자는 珠[구슬 주]·珍[보배 진]·瑕[옥티 하]자에서 보듯 뜻이 '구슬'과 관련이 있습니다.

● 바로바로 익히는 한자 ●

확인 학습 부수 설명을 참고하여 괄호 안에 알맞은 말을 쓰시오.

1. 玉자는 몇 개의 (   )을 끈으로 꿰어 놓은 모양으로 표현된 글자입니다.
2. 몇 개의 구슬을 끈으로 꿰어 놓은 모양으로 (   )을 뜻하는 玉자가 이뤄진 것입니다.
3. 오늘날에도 玉자는 다른 자형과 어울려 하나의 글자가 될 때 理(리)자나 現(현)자에서처럼 원래의 형태 그대로 점이 없이 王으로 쓰이고 있습니다. 王은 (   )이라 합니다.
4. 白玉은 백(   ), 玉石은 (   )석, 玉色은 (   )색으로 읽습니다.
5. 玉자는 음을 (   )으로 읽습니다.

6. 玉자는 뜻이 (　　)이고, 음이 (　)입니다.

7. 玉자는 뜻과 음을 합쳐 (　　　)이라 합니다.

8. 玉(王)자가 붙는 한자는 珠·珍·瑕자에서 보듯 뜻이 (　　)과 관련이 있습니다.

● 쓰면서 익히는 한자 ●

쓰기 학습 빈 칸에 한자를 쓰고, 뜻과 음을 쓰시오.

玉 구슬 옥(총5획)	玉 구슬 옥			

王 구슬옥변				

쓰기 복습 빈 칸에 뜻과 음에 맞는 한자를 쓰시오.

마음 심	심방변	밑 마음심	열 십	성씨 씨	양 양	물고기 어	말씀 언

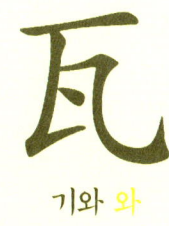 

기와 와

〈瓦부수 / 3급〉

瓦[기와 와]자는 지붕에 줄지어 놓여 있는 기와의 일부를 본뜬 글자입니다. 따라서 瓦[기와 와]자는 뜻이 '기와'가 되었습니다.

기와로 지붕을 덮을 때는 수키와와 암

줄지어 놓여 있는 기와

키와를 번갈아 놓는데, 모양이 마치 밭이랑처럼 보입니다. 瓦[기와 와]자는 그런 모양처럼 보이는 기와의 일부를 나타냈습니다.

기와는 질그릇을 만들 때처럼 흙을 반죽해 모양을 빚은 다음, 가마에 넣고 구워 만듭니다. 그런 기와에는 청기와가 있고, 청기와는 고려시대에 만들어졌던 청자(靑瓷)처럼 구워 만들었습니다.

청기와는 한자로 靑瓦(청와)라 합니다. 바로 그 靑瓦(청와)와 관련된 집이 오늘날 우리나라 대통령이 머무는 靑瓦臺(청와대)입니다. 청와는 청자(靑瓷)처럼 만든 아주 귀한 기와이기에 옛날에는 왕이 사는 집의 지붕을 덮는 데만 사용했으며, 靑瓦臺(청와대)는 바로 그런 의미를 지니고 있습니다.

瓦[기와 와]자는 靑瓦臺(청와대)에서 보듯 음이 '와'입니다. 그 외에 瓦解(와해)나 瓦當(와당)에서도 그 쓰임을 볼 수 있습니다. 瓦자는 뜻과 음을 합쳐 '기와 와'라 합니다.

청와대

瓦자 부수에 속하는 瓮[항아리 옹]·瓷[오지그릇 자]·瓶[병 병]·甑[시루 증]자는 뜻이 '그릇'과 관련이 있습니다. 옛날 그릇은 기와처럼 구워 만들었기 때문입니다.

● 바로바로 익히는 한자 ●

확인 학습 부수 설명을 참고하여 괄호 안에 알맞은 말을 쓰시오.

1. 瓦자는 지붕에 줄지어 놓여 있는 (   )의 일부를 본뜬 글자입니다.
2. 瓦자는 뜻이 (   )가 되었습니다.
3. 기와로 지붕을 덮을 때는 수키와와 암키와를 번갈아 놓는데, 모양이 마치 밭이랑처럼 보입니다. 瓦자는 그런 모양처럼 보이는 (   )의 일부를 나타냈습니다.
4. 청와는 청자처럼 아주 귀한 (   )이기에 옛날에는 왕이 사는 집의 지붕을 덮는 데만 사용했습니다.
5. 오늘날 우리나라 대통령이 머무는 靑瓦臺는 청(   )대로 읽습니다.

6. 瓦자는 靑瓦臺의 말에서 보듯 음이 (   )입니다.

7. 瓦解는 (   )해로, 瓦當은 (   )당으로 읽습니다.

8. 瓦자는 뜻이 (   )고, 음이 (   )입니다.

9. 瓦자는 뜻과 음을 합쳐 (   )라 합니다.

10. 瓦자 부수에 속하는 瓮·瓷·瓶·甑자는 뜻이 (   )과 관련이 있습니다.

● 쓰면서 익히는 한자 ●

쓰기 학습 빈 칸에 한자를 쓰고, 뜻과 음을 쓰시오.

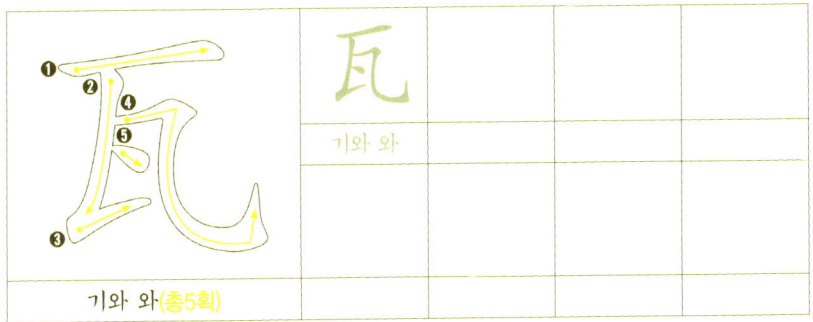

기와 와(총5획)						

쓰기 복습 빈 칸에 뜻과 음에 맞는 한자를 쓰시오.

밑 마음심	열 십	성씨 씨	양 양	물고기 어	말씀 언	구슬 옥	구슬옥변

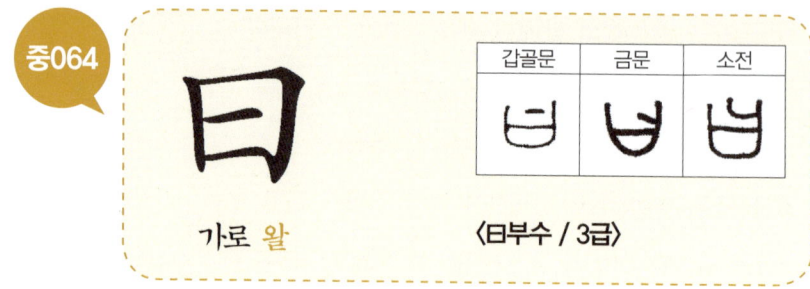

曰[가로 왈]자는 입[口]과 말할 때 입 속으로부터 나오는 소리의 기운[-의 형태]을 본뜬 글자입니다. 소리의 기운은 말하는 상황과 관련이 있는데, 옛날 남의 말이나 글을 이용해 말할 때는 '가로되(혹은 가라사대)'라는 말

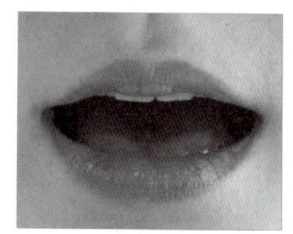

말하는 입

을 사용했습니다. 曰[가로 왈]자는 바로 '가로되'의 '가로'를 뜻하는 글자입니다.

 '가로되'의 '가로'는 '가르치다'의 '가르'와도 관련이 있습니다. 원래 '가르치다'는 '갈다'와 '치다'가 합쳐진 말로, '갈다'에서 나온 말이 바로 曰[가로 왈]자의 뜻 '가로'이기 때문입니다. '치다'는 '소 치는 아이'에서 치는 행위가 기르는 행위이므로 '기르다'를 뜻합니다. 결국 '가르치다'는 '말하여 기르다', '말로 잘 다스려 기른다'는 의미입니다. 따라서 '가로'는 자신의 의견을 전하기 위해 그냥 '말하다'가 아니라 가르치기 위해 '말하다'의 의미로 봐야 합니다.

'공자 가로되'는 한자로 '孔子曰(공자왈)', '맹자 가로되'는 '孟子曰(맹자왈)'이라고 합니다. 두 말을 합친 '孔子曰孟子曰(공자왈맹자왈)'은 선비들이 공자와 맹자의 책을 읽으면서 그 책에 담긴 내용은 실천하지 않는다는 말입니다. 曰[가로 왈] 자는 孔子曰孟子曰(공자왈맹자왈)에서 보듯 음이 '왈'입니다. 曰자는 뜻과 음을 합쳐 '가로 왈'이라 합니다.

공자

曰자 부수에 속하는 한자에는 曲[굽을 곡]·更[고칠 경(갱)]·書[글 서]·最[가장 최]·會[모일 회]자 등이 있지만 이들은 모두 曰자의 뜻 '가로'와 관련이 없습니다.

● 바로바로 익히는 한자 ●

확인 학습   부수 설명을 참고하여 괄호 안에 알맞은 말을 쓰시오.

1. 曰자는 입[口]과 (   )할 때 입 속으로부터 나오는 소리의 기운[-의 형태]을 본뜬 글자입니다.

2. 옛날 남의 말이나 글을 이용해 말할 때는 (   )라는 말을 사용했습니다.

3. 曰자는 바로 '가로되'의 (   )를 뜻하는 글자입니다.

4. 曰자는 뜻이 (   )입니다.

5. '가로'는 자신의 의견을 전하기 위해 그냥 '말하다'가 아니라 (   ) 위해 '말하다'의 의미로 봐야 합니다.

6. '孔子曰', '孟子曰'의 曰자는 (　)로 읽습니다.

7. 曰자는 孔子曰孟子曰이란 말에서 보듯 음이 (　)입니다.

8. 曰자는 뜻이 (　)고, 음이 (　)입니다.

9. 曰자는 뜻과 음을 합쳐 (　　)이라 합니다.

10. 曰자 부수에 속하는 한자에는 曲·更·書·最·會자 등이 있지만 이들은 모두 曰자의 뜻 (　)와 관련이 없습니다.

● 쓰면서 익히는 한자 ●

쓰기 학습 빈 칸에 한자를 쓰고, 뜻과 음을 쓰시오.

曰 가로 왈(총4획)	曰 가로 왈			

쓰기 복습 빈 칸에 뜻과 음에 맞는 한자를 쓰시오.

열 십	성씨 씨	양 양	물고기 어	말씀 언	구슬 옥	구슬옥변	기와 와

쓸 용

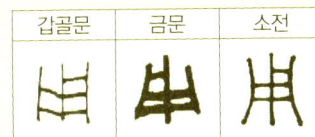

〈用부수 / 6급〉

用[쓸 용]자는 반듯한 무늬를 겉에 새긴 쇠북(鐘)을 나타낸 글자로 보입니다. 쇠북(鐘)을 중요한 연주에 쓴다 하여 用[쓸 용]자는 뜻이 '쓰다'가 되었습니다.

예부터 나라의 중요한 의식(儀式)에는 위엄을 더하기 위해 음악을 연주했습니다. 그런 음악을 연주할 때는 맨 처음 하나의 쇠북(鐘)이 달린 악기인 특종(特鐘)을 쳐서 시작을 알렸습니다. 음악의 시작을 알리는 일

특종

은 매우 중요했습니다. 쇠북(鐘)은 음악의 시작을 알리는 데 쓰이는 중요한 악기이기에 이를 나타낸 用[쓸 용]자가 '쓰다'의 뜻을 지니게 된 것입니다. 用[쓸 용]자 구성의 바탕이 된 '쇠북'은 좀 더 분명하게 말하면 오늘날의 '종(鐘)'과 관련이 있습니다.

用[쓸 용]자는 '먹을 것으로 쓰다'라는 뜻의 食用(식용), '함께 쓰다'라는

뜻의 共用(공용), '한 회만 쓰다'라는 뜻의 一回用(일회용)에서 보듯 '용'으로 읽습니다. 用자는 뜻과 음을 합쳐 '쓸 용'이라 합니다.

　用자는 甬[쇠북꼭지 용]자에서 음의 역할을 하고, 甬(용)자는 踊[뛸 용]·勇[날랠 용=勈]·俑[목우 용]·誦[욀 송]·通[통할 통]·痛[아플 통]·桶[통 통]자 등에서 보듯 주로 음의 역할을 합니다.

서주(西周) 동종(銅鐘)

● 바로바로 익히는 한자 ●

확인 학습 부수 설명을 참고하여 괄호 안에 알맞은 말을 쓰시오.

1. 用자는 반듯한 무늬를 겉에 새긴 (　　)을 나타낸 글자로 보입니다.
2. 쇠북을 중요한 연주에 쓴다 하여 用자는 뜻이 (　　)가 되었습니다.
3. 쇠북은 음악의 시작을 알리는 데 쓰이는 중요한 악기이기에 이를 나타낸 用자가 (　　)의 뜻을 지니게 된 것입니다.
4. '먹을 것으로 쓰다'라는 뜻의 食用은 식(　)으로 읽습니다.
5. '함께 쓰다'라는 뜻의 共用은 공(　)으로 읽습니다.
6. '한 회만 쓰다'라는 뜻의 一回用은 일회(　)으로 읽습니다.
7. 食用, 共用, 一回用의 用자는 (　)으로 읽습니다.
8. 用자는 음을 (　)으로 읽습니다.
9. 用자는 뜻이 (　　)고, 음이 (　　)입니다.
10. 用자는 뜻과 음을 합쳐 (　　　)이라 합니다.

11. 用자는 甬자에서 음의 역할을 하고, 甬자는 踊·勇·俑·誦·通·痛·桶자 등에서 보듯 주로 (   )의 역할을 합니다.

● 쓰면서 익히는 한자 ●

쓰기 학습 빈 칸에 한자를 쓰고, 뜻과 음을 쓰시오.

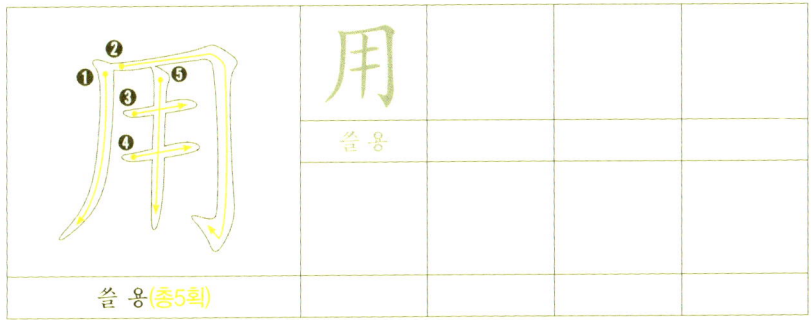

쓸 용(총5획)				

쓰기 복습 빈 칸에 뜻과 음에 맞는 한자를 쓰시오.

성씨 씨	양 양	물고기 어	말씀 언	구슬 옥	구슬옥변	기와 와	가로 왈

또 우

〈又부수 / 3급〉

又[또 우]자는 다섯 손가락을 셋으로 줄인 오른손을 간략하게 나타낸 글자입니다. 예부터 사람들은 왼손보다 오른손을 많이 사용하고 있습니다. 오른손이 많은 활동을 주도하여 쓰이고 또 쓰인다 하여 又[또 우]자는 결국 뜻이 '또'가 되었습니다.

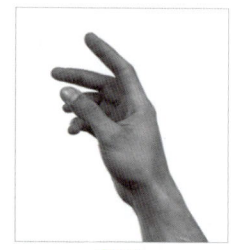

오른손

캐나다 신경과 의사인 펜필드는 사람의 신체 각 부위를 담당하는 뇌의 영역을 크기에 비례하여 신체를 다시 표현한 괴물 같은 사람을 만들었습니다. 이를 '호문클로스'라고 합니다. '호문클로스'에서 유독 손이 커 보이는 것은 손의

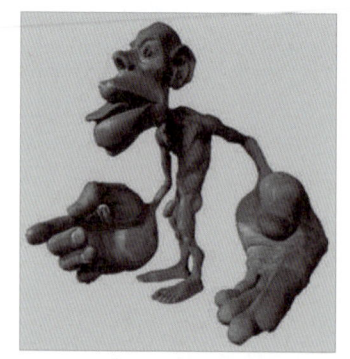

펜필드의 호문클로스

역할이 그만큼 많다는 것입니다. 그런 손 가운데 오른손에서 비롯된 한자가 바로 '또'를 뜻하는 又[또 우]자입니다.

예나 지금이나 사람들이 술자리에서 술을 마시고, 마시고, 또 마시거나 술을 권하고, 권하고, 또 권하고자 할 때 에둘러 흔히 하는 말이 있습니다. 그것이 '한 잔, 한 잔, 또 한 잔'이고, 이 말을 한자로 표현하면 '一杯一杯又一杯(일배일배우일배)'입니다. 이때 一杯一杯又一杯에서 '또'의 뜻으로 쓰이는 한자가 又[또 우]자며, 음은 '우'입니다. 又자는 뜻과 음을 합쳐 '또 우'라 합니다.

又자 부수에 속하면서 익히 쓰이는 及[미칠 급]·友[벗 우]·反[돌이킬 반]·取[취할 취]·受[받을 수]자 등은 뜻이 '손'과 관련이 있습니다.

● 바로바로 익히는 한자 ●

확인 학습 부수 설명을 참고하여 괄호 안에 알맞은 말을 쓰시오.

1. 又자는 다섯 손가락을 셋으로 줄인 오른(　)을 간략하게 나타낸 글자입니다.
2. 예부터 대부분의 사람들은 왼(　)보다 오른(　)을 더 자주 사용하고 있습니다.
3. 오른손이 많은 활동을 주도하여 쓰이고 (　) 쓰인다 하여 又자는 결국 뜻이 (　)가 되었습니다.
4. 一杯一杯又一杯는 일배일배(　)일배로 읽습니다.
5. 一杯一杯又一杯에서 (　)의 뜻으로 쓰이는 한자가 又자며, 음은 (　)입니다.
6. 又자는 (　)의 음으로 읽습니다.

7. 又자는 뜻이 (　)고, 음이 (　)입니다.

8. 又자는 뜻과 음을 합쳐 (　　)라 합니다.

9. 又자 부수에 속하면서 익히 쓰이는 及·友·反·取·受자 등은 뜻이 (　)과 관련이 있습니다.

● 쓰면서 익히는 한자 ●

쓰기 학습　빈 칸에 한자를 쓰고, 뜻과 음을 쓰시오.

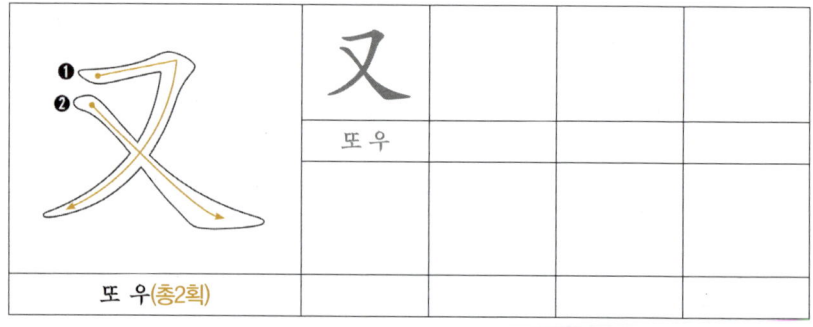

또 우(총2획)

쓰기 복습　빈 칸에 뜻과 음에 맞는 한자를 쓰시오.

양 양	물고기 어	말씀 언	구슬 옥	구슬옥변	기와 와	가로 왈	쓸 용

牛[소 우]자는 커다란 뿔이 있는 머리를 특징으로 삼은 소를 본뜬 글자입니다. 따라서 牛[소 우]자는 뜻이 '소'가 되었습니다.

커다란 뿔이 있는 소는 물소

중국의 물소

입니다. 물소는 중국에서 키우는 소입니다. 한자는 중국 문화 속에서 성숙된 문자이므로 그처럼 물소를 나타내 牛[소 우]자가 만들어지면서 뜻이 '소'가 되었습니다.

커다란 뿔이 있는 중국의 물소와 달리 우리나라에서 전통적으로 키우는 소의 특징은 뿔이 작습니다. 터럭의 빛깔은 누런 누렁소가 대부분입니다. 누렁소는 흔히 황소라 하나 황소는 덩치가 큰 수소를 말합니다. 누렁소는 달리 황우(黃牛)라 합니다.

牛[소 우]자는 '우리나라의 소'를 뜻하는 韓牛(한우), '소의 젖'을 뜻하는

牛乳(우유), '소나 말이 끄는 수레'를 뜻하는 牛馬車(우마차)에서 보듯 '우'로 읽습니다. 牛자는 뜻과 음을 합쳐 '소 우'라 합니다.

牛자가 붙는 한자는 牧[기를 목]·牽[끌 견]·物[만물 물]·特[특별할 특]·牢[우리 뢰]자에서 보듯 뜻이 '소'와 관련이 있습니다.

이중섭 황소 1

● 바로바로 익히는 한자 ●

확인 학습 부수 설명을 참고하여 괄호 안에 알맞은 말을 쓰시오.

1. 牛자는 커다란 뿔이 있는 머리를 특징으로 삼은 (　)를 본뜬 글자입니다.
2. 牛자는 뜻이 (　)가 되었습니다.
3. 커다란 뿔이 있는 소는 (　)입니다.
4. 물소를 나타내 牛자가 만들어지면서 뜻이 (　)가 되었습니다.
5. '우리나라의 소'를 뜻하는 韓牛는 한(　)로 읽습니다.
6. '소의 젖'을 뜻하는 牛乳는 (　)유로 읽습니다.
7. '소나 말이 끄는 수레'를 뜻하는 牛馬車는 (　)마차로 읽습니다.
8. 韓牛, 牛乳, 牛馬車의 牛자는 (　)로 읽습니다.
9. 牛자는 음을 (　)로 읽습니다.
10. 牛자는 뜻이 (　)고, 음이 (　)입니다.

11. 牛자는 뜻과 음을 합쳐 (   )라 합니다.
12. 牛자가 붙는 한자는 牧·牽·物·特·牢자에서 보듯 뜻이 (   )와 관련이 있습니다.

● 쓰면서 익히는 한자 ●

쓰기 학습 빈 칸에 한자를 쓰고, 뜻과 음을 쓰시오.

牛 소 우(총4획)	牛 소 우			

쓰기 복습 빈 칸에 뜻과 음에 맞는 한자를 쓰시오.

물고기 어	말씀 언	구슬 옥	구슬옥변	기와 와	가로 왈	쓸 용	또 우

비 우

〈雨부수 / 5급〉

雨[비 우]자는 하늘에서 떨어지는 비를 본뜬 글자입니다. 따라서 雨[비 우]자는 뜻이 '비'가 되었습니다.

농경시대에 사람들이 농사를 지으려면 비가 매우 중요했습니다. 오늘날과 달리 당시 사람들은

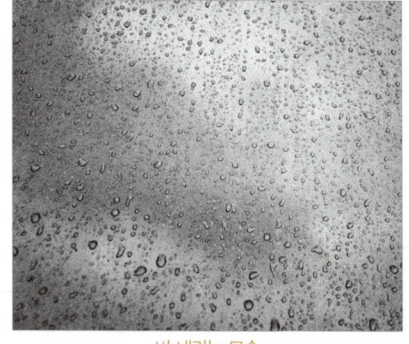

비 내리는 모습

하늘의 비를 바라보며 농사를 지었기 때문입니다. 비가 너무 많이 내려도, 비가 너무 내리지 않아도 농사에 큰 영향을 미쳤습니다. 농사는 사람이 지었던 것이 아니라 하늘이 지었던 것입니다. 그처럼 중요한 비를 뜻하는 한자가 雨[비 우]자입니다.

雨[비 우]자는 '비 올 때 입는 옷'을 뜻하는 雨衣(우의), '사납게 내리는 비'를 뜻하는 暴雨(폭우), '내리는 비의 양'을 뜻하는 降雨量(강우량)의 말에서 보듯 '우'로 읽습니다. 雨[비 우]자는 뜻과 음을 합쳐 '비 우'라 합니다.

비는 맑은 날을 빼놓고 가장 자주 볼 수 있는 기상현상(氣象現象)입니다. 따라서 雨자는 모든 기상현상을 대표하며, 雨자가 붙는 雪[눈 설]·霧[안개 무]·霜[서리 상]·震[벼락 진]·露[이슬 로]·雹[우박 박]·靄[아지랑이 애]자 등은 뜻이 모두 '기상현상'과 관련이 있습니다.

비가 내리지 않은 논

● 바로바로 익히는 한자 ●

확인 학습 부수 설명을 참고하여 괄호 안에 알맞은 말을 쓰시오.

1. 雨자는 하늘에서 떨어지는 (　)를 본뜬 글자입니다.
2. 雨자는 뜻이 (　)가 되었습니다.
3. 농경시대에 사람들이 농사를 지으려면 (　)가 매우 중요했습니다.
4. '비 올 때 입는 옷'을 뜻하는 雨衣는 (　)의로 읽습니다.
5. '사납게 내리는 비'를 뜻하는 暴雨는 폭(　)로 읽습니다.
6. '내리는 비의 양'을 뜻하는 降雨量은 강(　)량으로 읽습니다.
7. 雨衣, 暴雨, 降雨量의 雨자는 (　)로 읽습니다.
8. 雨자는 음을 (　)로 읽습니다.
9. 雨자는 뜻이 (　)고, 음이 (　)입니다.
10. 雨자는 뜻과 음을 합쳐 (　　)라 합니다.
11. 비는 자주 볼 수 있는 (　　)입니다.

12. 雨자는 모든 (   )을 대표하며, 雨자가 붙는 雪·霧·霜·震·露·雹·靂자는 뜻이 모두 (   )과 관련이 있습니다.

● 쓰면서 익히는 한자 ●

쓰기 학습 빈 칸에 한자를 쓰고, 뜻과 음을 쓰시오.

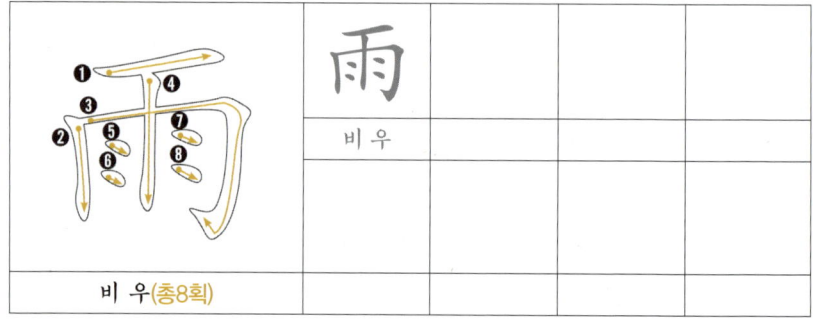

쓰기 복습 빈 칸에 뜻과 음에 맞는 한자를 쓰시오.

말씀 언	구슬 옥	구슬옥변	기와 와	가로 왈	쓸 용	또 우	소 우

중069

月

달 월

갑골문	금문	소전

〈月부수 / 8급〉

月[달 월]자는 이지러진 달을 본뜬 글자입니다. 따라서 月[달 월]자는 뜻이 '달'이 되었습니다.

보름달일 때는 달이 둥근 형태지만, 그런 형태는 한 달에 한 번만 볼 수 있습니다. 한 달의 대부분은 이지러진 달을 보게 됩니다. 그래서 이지러진 달의 형태로 '달'을 뜻하는 月[달 월]자가 이뤄진 것입니다.

이지러진 달

옛날 우리나라 사람들은 달에 토끼가 산다고 여겼습니다. 하지만 이는 유성(流星)이 달에 부딪치며 움푹 파인 자국의 무늬를 보고 미뤄 짐작한 것입니다. 우연히 그 자국이 토끼처럼 보였던 것이지요.

토끼 무늬가 보이는 달 그림자

月[달 월]자는 '해와 달'을 뜻하는 日月(일월), '밝은 달'을 뜻하는 明月(명월), '달이 떠오르다'를 뜻하는 月出(월출)이란 말에서 보듯 음을 '월'로 읽습니다. 月자는 뜻과 음을 합쳐 '달 월'이라 합니다.

月[달 월]자를 쓸 때는 冂의 안에 =의 형태가 왼쪽에는 붙지만 오른쪽에는 붙지 않습니다. 반면에 肉[고기 육]자의 변형자인 月[육달월]은 冂의 안에 =의 형태가 왼쪽에도 붙고 오른쪽에도 붙습니다.

月자 부수에 속하면서 익히 쓰이는 朔[초하루 삭]·朗[밝을 랑]·期[기약할 기]자는 뜻이 '달'과 관련이 있습니다.

• 바로바로 익히는 한자 •

확인 학습 부수 설명을 참고하여 괄호 안에 알맞은 말을 쓰시오.

1. 月자는 이지러진 (   )을 본뜬 글자입니다.
2. 月자는 뜻이 (   )이 되었습니다.
3. 한 달의 대부분은 이지러진 (   )을 보게 됩니다. 그래서 이지러진 (   )의 형태로 (   )을 뜻하는 月자가 이뤄진 것입니다.
4. 月자를 쓸 때는 冂의 안에 =의 형태가 (   )에는 붙지만 (   ) 에는 붙지 않습니다. 반면에 肉자의 변형자인 月은 冂의 안에 =의 형태가 왼쪽에도 붙고 오른쪽에도 붙습니다.
5. '해와 달'을 뜻하는 日月은 일(   )로 읽습니다.
6. '밝은 달'을 뜻하는 明月은 명(   )로 읽습니다.
7. '달이 떠오르다'를 뜻하는 月出은 (   )출로 읽습니다.
8. 月자는 음을 (   )로 읽습니다.

9. 月자는 뜻과 음을 합쳐 (　　)이라 합니다.
10. 月자 부수에 속하면서 익히 쓰이는 朔·朗·期자는 뜻이 (　)과 관련이 있습니다.

● 쓰면서 익히는 한자 ●

쓰기 학습　빈 칸에 한자를 쓰고, 뜻과 음을 쓰시오.

月	月			
	달 월			
달 월(총4획)				

쓰기 복습　빈 칸에 뜻과 음에 맞는 한자를 쓰시오.

구슬 옥	구슬옥변	기와 와	가로 왈	쓸 용	또 우	소 우	비 우

갑골문	금문	소전

닭 유

〈酉부수 / 3급〉

酉[닭 유]자는 아가리가 작고 목이 잘록하며 몸통이 통통하면서 굽이 뾰족한 술 담는 용기를 본뜬 글자입니다. 따라서 원래 술과 관련된 뜻을 지녔습니다. 후대에 간지(干支) 가운데 열째 지지(地支)로 빌려 쓰이면서 다시 열째 지지가 상징하는 동물인 닭과 관련해 酉[닭 유]자는 결국 '닭'의 뜻을

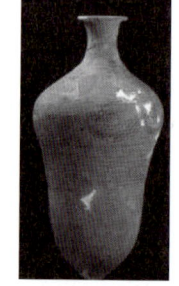

옛날 술병

지니게 되었습니다. 술을 나타내는 한자는 水[물 수]자의 변형자 氵[삼수변]을 덧붙인 酒[술 주]자가 대신하고 있습니다.

간지는 '년(年)·월(月)·일(日)·시(時)'를 나타내는 데 사용됩니다. 그 가운데 酉[닭 유]자가 들어가는 해는 乙酉(을유)년, 丁酉(정유)년, 己酉(기유)년, 辛酉(신유)년, 癸酉(계유)년이 있습니다. 그 酉[닭 유]자가 들어간 해에 태어난

김유신묘 십이지신 닭

사람은 그 해가 상징하는 동물이 '닭'이므로 '닭띠'가 됩니다.

酉[닭 유]자가 들어간 해로 우리 역사에서 잊지 못할 해는 1597년의 丁酉(정유)년입니다. 1592년 임진(壬辰)년에 우리나라를 쳐들어왔다 물러난 왜군이 정유년에 다시 쳐들어 왔습니다. 이 사건을 丁酉再亂(정유재란)이라 합니다. 酉자는 丁酉再亂(정유재란)에서 보듯 음이 '유'입니다. 酉자는 뜻과 음을 합쳐 '닭 유'라 합니다.

酉자 부수에 속하는 配[짝 배]·酬[잔 돌릴 수]·酷[독할 혹]·醉[취할 취]·醒[깰 성]·醜[추할 추]자 등에서 보듯 뜻이 '술'과 관련이 있습니다.

● 바로바로 익히는 한자 ●

확인 학습 부수 설명을 참고하여 괄호 안에 알맞은 말을 쓰시오.

1. 酉자는 아가리가 작고 목이 잘록하며 몸통이 통통하면서 굽이 뾰족한 (　) 담는 용기를 본뜬 글자입니다. 따라서 원래 (　)과 관련된 뜻을 지녔습니다.
2. 酉자는 후대에 간지 가운데 열째 지지로 빌려 쓰이면서 다시 열째 지지가 상징하는 동물인 닭과 관련해 결국 뜻이 (　)이 되었습니다.
3. 乙酉년, 丁酉년, 己酉년, 辛酉년, 癸酉년의 酉자는 (　)로 읽습니다.
4. 酉자가 들어간 해에 태어난 사람은 그 해가 상징하는 동물이 (　) 이므로 (　)가 됩니다.
5. 酉자는 丁酉再亂에서 보듯 음이 (　)입니다.
6. 酉자는 뜻이 (　)이고, 음이 (　)입니다.

7. 酉자는 뜻과 음을 합쳐 (　　)라 합니다.
8. 酉자 부수에 속하는 配·酬·酷·醉·醒·醜자 등에서 보듯 뜻이 (　) 과 관련이 있습니다.

● 쓰면서 익히는 한자 ●

쓰기 학습 빈 칸에 한자를 쓰고, 뜻과 음을 쓰시오.

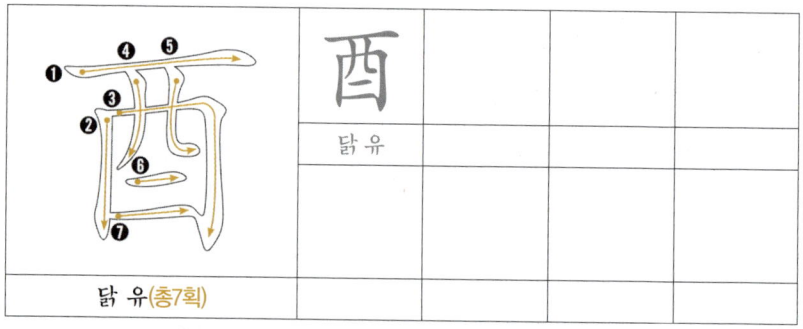

닭 유(총7획)				

쓰기 복습 빈 칸에 뜻과 음에 맞는 한자를 쓰시오.

구슬옥변	기와 와	가로 왈	쓸 용	또 우	소 우	비 우	달 월

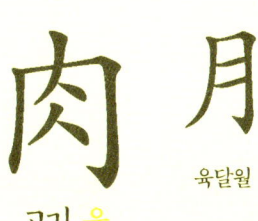

〈肉부수 / 4급〉

肉[고기 육]자는 반듯하게 베어 낸 한 덩이 고기를 본뜬 글자입니다. 따라서 肉[고기 육]자는 뜻이 '고기'가 되었습니다. 고기는 고정된 형태가 없이 다양한 형태로 되어 있습니다. 이를 일반적인 형태인 반듯하게 베어 낸 한 덩이 고기로 본떠 肉[고기 육]자로 나타내면서 '고기'를 뜻하게 한 것입니다.

고깃덩이

肉[고기 육]자는 '익은 고기'를 뜻하는 熟肉(숙육→수육), '얇게 조각 낸 고기'를 뜻하는 片肉(편육), '고기를 삶아 낸 물'을 뜻하는 肉水(육수)에서처럼 '육'으로 읽습니다. 肉자는 뜻과 음을 합쳐 '고기 육'이라 합니다.

편육

肉[고기 육]자가 다른 자형과 어울릴 때는 月로 바꾸어 쓰기도 합니다. 月은 '육달월'이라 합니다. 이는 그 자형이 月[달 월]자와 비슷해 뜻과 음인

'달 월'에 肉[고기 육]자의 음인 '육'을 앞에 덧붙인 명칭입니다. 月[달 월]자는 자형 가운데 =의 형태가 왼쪽 획에는 붙지만 오른쪽 획에는 붙지 않습니다. 반면에 月[육달월]은 =의 형태를 양쪽 획에 모두 붙여 씁니다.

'고기'가 '사람의 살을 속되게 이르는 말'로도 쓰이기에 肉(月)자 부수에 속하는 한자는 신체 일부 부위를 뜻하는 데 주로 쓰입니다. 胸[가슴 흉]·腹[배 복]·腰[허리 요]·脚[다리 각]·肺[허파 폐]·膽[쓸개 담]자 등의 많은 한자가 그런 경우에 속합니다.

● 바로바로 익히는 한자 ●

확인 학습 부수 설명을 참고하여 괄호 안에 알맞은 말을 쓰시오.

1. 肉자는 반듯하게 베어 낸 한 덩이 (   )를 본뜬 글자입니다.
2. 肉자는 뜻이 (   )가 되었습니다.
3. 肉자가 다른 자형과 어울릴 때는 月로 바뀌어 쓰기도 합니다. 月은 (   )이라 합니다.
4. '익은 고기'를 뜻하는 熟肉은 수(   )으로 읽습니다.
5. '얇게 조각 낸 고기'를 뜻하는 片肉은 편(   )으로 읽습니다.
6. '고기를 삶아 낸 물'을 뜻하는 肉水는 (   )수로 읽습니다.
7. 熟肉, 片肉, 肉水의 肉자는 (   )으로 읽습니다.
8. 肉자는 음을 (   )으로 읽습니다.
9. 肉자는 뜻이 (   )고, 음이 (   )입니다.
10. 肉자는 뜻과 음을 합쳐 (   )이라 합니다.

11. '고기'가 '사람의 살을 속되게 이르는 말'로도 쓰이기에 肉(月)자가 붙는 한자는(   ) 일부 부위를 뜻하는 데 주로 쓰입니다. 胸·腹·腰·脚·肺·膽자 등의 많은 한자가 그런 경우에 속합니다.

● 쓰면서 익히는 한자 ●

쓰기 학습 빈 칸에 한자를 쓰고, 뜻과 음을 쓰시오.

肉	肉			
고기 육(총6획)	고기 육			

月				
육달월				

쓰기 복습 빈 칸에 뜻과 음에 맞는 한자를 쓰시오.

기와 와	가로 왈	쓸 용	또 우	소 우	비 우	달 월	닭 유

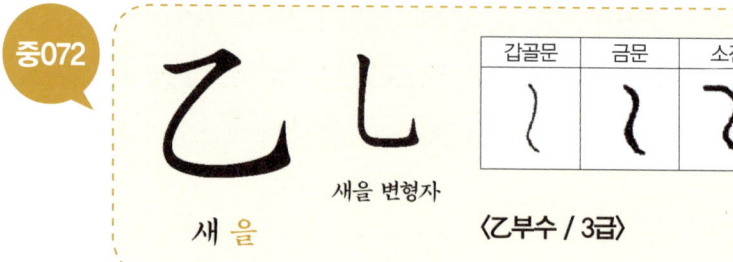

乙[새 을]자는 무엇을 나타냈는지 분명하지 않은 글자입니다. 학자들에 의해 생선의 창자, 제비, 초목의 굽은 새싹 등의 모양에서 비롯되었다고 풀이되고 있습니다. 그러나 후대에 쓰이고 있는 형태가 새를 닮았다 하여 乙[새 을]자는 뜻이 '새'가 되었습니다.

乙자 모양으로 깎은 나무 새

오늘날 乙[새 을]자는 '새'와 관계없이 연월일시(年月日時)를 나타내는 간지(干支) 가운데 십간(十干)의 둘째로 빌려 사용되고 있습니다. 乙巳勒約(을사늑약)의 乙(을), 乙未事變(을미사변)의 乙(을)이 바로 간지로 사용된 경우입니다. 乙巳勒約(을사늑약)은 1905년 일제에 국권을 침해당하고 강제로 맺은 조약입니다. 乙未事變(을미사변)은 1895년 일본 자객들이 경복궁을 습격하여 명성황후를 죽인 사건입니다.

십간의 乙[새 을]자는 甲[첫째 천간 갑]자의 다음에 이어지는 둘째 글자입니다. 따라서 甲과 乙은 甲論乙駁(갑론을박), 甲男乙女(갑남을녀)에서 보듯 흔히 함께 쓰이고 있습니다.

乙자는 乙巳勒約(을사늑약), 乙未事變(을미사변), 甲論乙駁(갑론을박), 甲男乙女(갑남을녀)에서 보듯 음이 '을'입니다. 乙자는 뜻과 음을 합쳐 '새을'이라 합니다.

乙자는 변형되어 乚로도 쓰입니다. 乚은 달리 부르는 명칭이 없습니다. 따라서 乚은 '乙 변형자'라 하고 있습니다.

乙자 부수에 속하는 九[아홉 구]·乞[빌 걸]·也[어조사 야]·乳[젖 유]·亂[어지러울 란]자 등은 乙자와 아무 관련이 없고, 편의상 그 부수에 속하게 된 한자입니다.

● 바로바로 익히는 한자 ●

확인 학습 부수 설명을 참고하여 괄호 안에 알맞은 말을 쓰시오.

1. 乙자는 무엇을 나타냈는지 분명하지 않은 글자입니다. 그러나 후대에 쓰이고 있는 형태가 (   )를 닮았다 하여 乙자는 뜻이 (   )가 되었습니다.
2. 오늘날 乙자는 (   )와 관계없이 연월일시를 나타내는 간지 가운데 십간의 (   )로 빌려 사용되고 있습니다.
3. 乙巳勒約은 (   )사늑약으로, 乙未事變은 (   )미사변으로 읽습니다.
4. 甲論乙駁은 갑론(   )박으로, 甲男乙女은 갑남(   )녀로 읽습니다.
5. 乙자는 乙巳勒約, 乙未事變, 甲論乙駁, 甲男乙女에서 보듯 음이 (   )입니다.

6. 乙자는 뜻이 (　)고, 음이 (　)입니다.

7. 乙자는 뜻과 음을 합쳐 (　　)이라 합니다.

8. 乙자는 변형되어 乚로도 쓰입니다. 乚은 달리 부르는 명칭이 없습니다. 따라서 乚은 '乙 (　　)'라 하고 있습니다.

● 쓰면서 익히는 한자 ●

쓰기 학습 빈 칸에 한자를 쓰고, 뜻과 음을 쓰시오.

乙	乙			
새 을(총1획)	새 을			

乚				
새을 변형자				

쓰기 복습 빈 칸에 뜻과 음에 맞는 한자를 쓰시오.

쓸 용	또 우	소 우	비 우	달 월	닭 유	고기 육	육달월

중073

소리 음

〈音부수 / 6급〉

音[소리 음]자는 말을 하는 데 중요한 역할을 하는 혀와 입을 나타낸 言[말씀 언]자에 -의 모양이 더해진 글자입니다. -의 모양은 입에서 나는 소리를 나타낸 부호(符號)입니다. 따라서 言(언)자를 바탕으로 -의 모양이 더해진 音[소리 음]자는 뜻이 '소리'가 되었습니다.

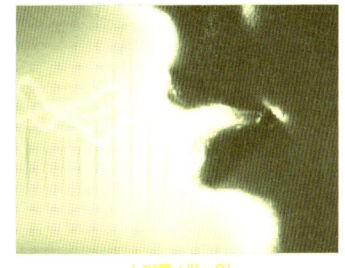
소리를 내는 입

소리는 어떤 물질이 떨리고 그 떨림이 다른 물질을 타고 퍼져 나가는 현상을 말합니다. 사

람은 입[口]을 통해 말[言]로 그 소리를 내어 자신의 생각이나 느낌을 표현하고 전달합니다. 따라서 '말'을 뜻하는 한자 言(언)자에 붙는 口(구)자에 다시 소리를 나타내는 -의 모양이 더해진 音[소리 음]자가 '소리'의

뜻을 지닌 글자가 되었습니다.

音[소리 음]자는 '높은 소리'를 뜻하는 高音(고음), '시끄러운 소리'를 뜻하는 騷音(소음), '코가 막힌 듯이 내는 소리'를 뜻하는 鼻音(비음)에서 보듯 음을 '음'으로 읽습니다. 音자는 뜻과 음을 합쳐 '소리 음'이라 합니다.

音자 부수에 속하며 익히 쓰이는 韻[울림 운]자와 響[울릴 향]자는 뜻이 '소리'와 관련이 있습니다. 暗[어두울 암]자와 歆[받을 흠]자는 音자가 음의 역할을 합니다.

● 바로바로 익히는 한자 ●

확인 학습 부수 설명을 참고하여 괄호 안에 알맞은 말을 쓰시오.

1. 音자는 말을 하는 데 중요한 역할을 하는 혀와 입을 나타낸 言자에 -의 모양이 더해진 글자입니다. -의 모양은 입에서 나는 (   )를 나타낸 부호입니다.
2. 言자를 바탕으로 -의 모양이 더해진 音자는 뜻이 (   )가 되었습니다.
3. '높은 소리'를 뜻하는 高音은 고(   )으로 읽습니다.
4. '시끄러운 소리'를 뜻하는 騷音은 소(   )으로 읽습니다.
5. '코로 내는 소리'를 뜻하는 鼻音은 비(   )으로 읽습니다.
6. 高音, 騷音, 鼻音의 音자는 (   )으로 읽습니다.
7. 音자는 음을 (   )으로 읽습니다.
8. 音자는 뜻이 (   )고, 음이 (   )입니다.

9. 音자는 뜻과 음을 합쳐 (   )이라 합니다.
10. 音자 부수에 속하며 익히 쓰이는 韻자와 響자는 뜻이 (   )와 관련이 있습니다. 暗자와 歆자는 音자가 (   )의 역할을 합니다.

● 쓰면서 익히는 한자 ●

쓰기 학습 빈 칸에 한자를 쓰고, 뜻과 음을 쓰시오.

音	音 소리 음			
소리 음(총9획)				

쓰기 복습 빈 칸에 뜻과 음에 맞는 한자를 쓰시오.

소 우	비 우	달 월	닭 유	고기 육	육달월	새 을	새을 변형자

중074

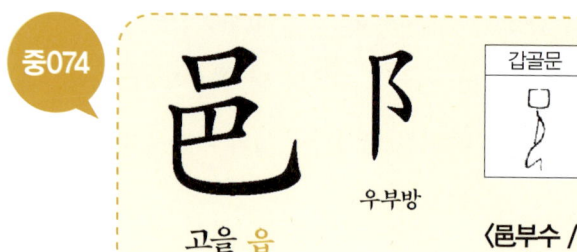

고을 읍 우부방 〈邑부수 / 7급〉

邑[고을 읍=㔿]자에서 口의 형태는 읍성과 같은 일정한 경계를 지닌 지역을 표현했고, 巴의 형태는 꿇어앉은 사람인 백성을 표현했습니다. 결국 邑[고을 읍]자는 주위를 방비하기 위해 경계를 지은 지역 [口의 형태]과 그 주변에서 생활을 하는 사람[巴의 형태]을 표현하면서 사람이 모여 사는 지역인 고을을 나타냈습니다. 따라서 邑[고을 읍]자는 뜻이 '고을'이 되었습니다.

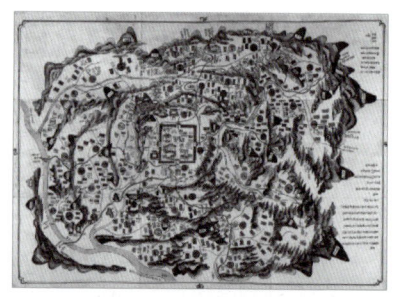
남원 읍성과 주변 마을(1872년)

오늘날의 고창읍성

邑[고을 읍]자는 '고을의 안'을 뜻하는 邑內(읍내), '고을에 사는 백성'을 뜻하는 邑民(읍민), '작은 고을'을 뜻하는 小邑(소읍)에서 보듯 음을 '읍'으로 읽습니다. 邑자는 뜻과 음을 합쳐 '고을 읍'이라 합니다.

邑자는 郡(군)·都(도)·郊(교)자에서 보듯 글자의 오른쪽에 붙을 때는 阝의 형태로 쓰입니다. 阝은 '우부방'이라 부릅니다. 이는 같은 모양으로 쓰이는 阜[언덕 부]자의 변형자 阝을 '좌부방'이라 한 것과 관련이 있습니다. 阜[언덕 부]자의 변형자 阝이 항상 글자에서 좌측에 붙기 때문에 '좌측'의 '좌'를 붙여 '좌부방'이라 하나, 邑자의 변형자 阝은 항상 우측에 붙기 때문에 '우측'의 '우'를 붙여 '우부방'이라 한 것입니다.

邑자의 변형자 阝이 붙는 한자는 郡[고을 군]·都[도읍 도]·郊[성 밖 교]·邦[나라 방]·郭[성곽 곽]자에서 보듯 뜻이 '고을'과 관련이 있습니다.

● 바로바로 익히는 한자 ●

확인 학습 부수 설명을 참고하여 괄호 안에 알맞은 말을 쓰시오.

1. 邑자에서 口의 형태는 (   )과 같은 일정한 경계를 지닌 지역을 표현했고, 巴의 형태는 꿇어앉은 사람인 (   )을 표현했습니다.
2. 邑자는 주위를 방비하기 위해 경계를 지은 지역[口의 형태]과 그 주변에서 생활을 하는 사람[巴의 형태]을 표현하면서 사람이 모여 사는 지역인 (   )을 나타냈습니다.
3. 邑자는 뜻이 (   )이 되었습니다.
4. 邑內는 (   )내로, 邑民은 (   )민으로, 小邑은 소(   )으로 읽습니다.
5. 邑자는 음을 (   )으로 읽습니다.
6. 邑자는 뜻과 음을 합쳐 (   )이라 합니다.

7. 邑자는 郡(군)·都(도)·郊(교)자에서 보듯 글자의 오른쪽에 붙을 때는 阝으로 쓰입니다. 阝은 (　　)이라 부릅니다.

8. 邑자의 변형자 阝이 붙는 한자는 郡·都·郊·邦·郭자에서 보듯 뜻이 (　　)과 관련이 있습니다.

● 쓰면서 익히는 한자 ●

쓰기 학습 빈 칸에 한자를 쓰고, 뜻과 음을 쓰시오.

邑	邑				
고을 읍(총7획)	고을 읍				

阝							
우부방							

쓰기 복습 빈 칸에 뜻과 음에 맞는 한자를 쓰시오.

비 우	달 월	닭 유	고기 육	육달월	새 을	새을 변형자	소리 음

衣[옷 의]자는 깃과 섶이 있는 옷을 본뜬 글자입니다. 따라서 衣[옷 의]자는 뜻이 '옷'이 되었습니다.

옛날 사람들은 오늘날처럼 위와 아래의 옷으로 구분해 입지 않고 그냥 위에

옛날의 옷

입는 옷의 밑단을 길게 만들어 아래까지 입은 것으로 보입니다. 위와 아래의 구분이 없는 옷을 입었던 것입니다. 후대로 내려오면서 위에 입는 옷은 밑단이 짧아지고 대신에 아래의 옷이 만들어져 비로소 오늘날처럼 위와 아래가 구분된 옷을 입게 되었습니다. 애초에 衣[옷 의]자는 위와 아래의 구분이 없는 옷을 나타낸 것으로 보입니다.

衣[옷 의]자는 '흰 옷'을 뜻하는 白衣(백의), '위에 입는 옷'을 뜻하는 上衣(상의), '옷과 밥'을 뜻하는 衣食(의식)의 말에서 보듯 '의'로 읽습니다. 衣자는 뜻과 음을 합쳐 '옷 의'라 합니다.

衣자는 衫[적삼 삼]자나 裙[치마 군]자에서 보듯 글자의 왼쪽에 붙을 때

는 衤으로 쓰입니다. 衤은 '옷의변'이라 합니다. 衤처럼 부수가 글자의 왼쪽에 붙을 때의 명칭은 '변'입니다. 따라서 衤은 衣자의 뜻과 음 '옷 의'에 '변'을 붙여 '옷의변'이라 한 것입니다.

衣(衤)자 부수에 속하는 한자는 裳[치마 상]·衫[적삼 삼]·袞[곤룡포 곤]·袍[도포 포]·裸[벌거숭이 라]·襤[누더기 람]자에서 보듯 뜻이 '옷'과 관련이 있습니다.

한묘의 여인

● 바로바로 익히는 한자 ●

확인 학습 부수 설명을 참고하여 괄호 안에 알맞은 말을 쓰시오.

1. 衣자는 깃과 섶이 있는 (　)을 본뜬 글자입니다.
2. 衣자는 뜻이 (　)이 되었습니다.
3. '흰 옷'을 뜻하는 白衣는 백(　)로 읽습니다.
4. '위에 입는 옷'을 뜻하는 上衣는 상(　)로 읽습니다.
5. '옷과 밥'을 뜻하는 衣食는 (　)식으로 읽습니다.
6. 白衣, 上衣, 衣食의 衣자는 (　)로 읽습니다.
7. 衣자는 음을 (　)로 읽습니다.
8. 衣자는 뜻이 (　)이고, 음이 (　)입니다.
9. 衣자는 뜻과 음을 합쳐 (　　)라 합니다.
10. 衣자는 衫자나 裙자에서 보듯 글자의 왼쪽에 붙을 때는 衤으로 쓰

입니다. 衤은 (　　)이라 합니다.
11. 衣(衤)자 부수에 속하는 한자는 裳·衫·袞·袍·裸·襤자에서 보듯 뜻이 (　)과 관련이 있습니다.

● 쓰면서 익히는 한자 ●

쓰기 학습 빈 칸에 한자를 쓰고, 뜻과 음을 쓰시오.

衣	衣 옷 의				
옷 의(총6획)					

衤					
옷의변					

쓰기 복습 빈 칸에 뜻과 음에 맞는 한자를 쓰시오.

닭 유	고기 육	육달월	새 을	새을 변형자	소리 음	고을 읍	우부방

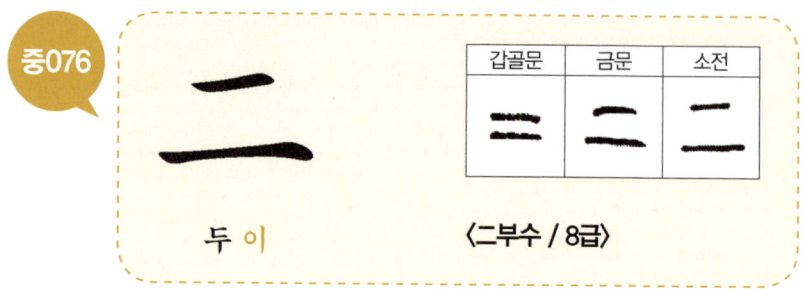

二[두 이]자는 산가지 둘이 반듯하게 놓인 것처럼 그어진 선(線) 둘을 나타낸 글자입니다. 그렇게

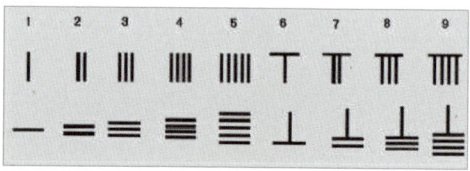
산가지의 사용례

선이 둘인 모양으로 인해 二[두 이]자는 뜻이 '둘'이 되었습니다.

둘은 하나에 하나를 더한 것입니다. 그러니 둘은 결국 하나로 이뤄진 것입니다. 세상에 단 한 사람뿐인 나란 존재도 한 아버지와 한 어머니에 의해 태어났습니다. 나 한 사람이 존재하는 데 아버지와 어머니 둘이 필요한 것처럼 세상에 존재하는 것들은 흔히 둘로 나눌 수 있습니다. 하늘과 땅, 산과 바다, 해와 달, 물과 불처럼……. 하지만 이들은 상대적인 것으로, 어느 하나가 없으면 다른 하나도 존재의 가치에 문제가 생기게 됩니다. 따라서 둘은 중요합니다.

二[두 이]자는 '두 사람'을 뜻하는 二人(이인), '두 개의 층'을 뜻하는 二層(이층), '두 바퀴의 수레'를 뜻하는 二輪車(이륜차)에서 보듯 '이'로 읽습니다. 二자는 뜻과 음을 합쳐 '두 이'라 합니다. 二자의 뜻 '둘'이 다른 말과 어울릴 때는 '두 번'이나 '두 개'에서 보듯 '두'로 읽습니다.

二자 부수에 속하는 한자인 云[이를 운]·五[다섯 오]·井[우물 정]·亞[버금 아]자는 '둘'을 뜻하는 二자와 관련이 없습니다. 부수의 체계를 세울 때에 편의상 二자 부수에 속하게 된 것입니다.

이륜차

● 바로바로 익히는 한자 ●

확인 학습 부수 설명을 참고하여 괄호 안에 알맞은 말을 쓰시오.

1. 二자는 산가지 (   )이 반듯하게 놓인 것처럼 그어진 선 (   )을 나타낸 글자입니다.
2. 선이 (   )인 모양으로 인해 二자는 뜻이 (   )이 되었습니다.
3. '두 사람'을 뜻하는 二人은 (   )인으로 읽습니다.
4. '두 개의 층'을 뜻하는 二層은 (   )층으로 읽습니다.
5. '두 바퀴의 수레'를 뜻하는 二輪車는 (   )륜차로 읽습니다.
6. 二人, 二層, 二輪車의 二자는 (   )로 읽습니다.
7. 二자는 음을 (   )로 읽습니다.
8. 二자는 뜻이 (   )이고, 음이 (   )입니다.

9. 二자는 뜻과 음을 합쳐 (   )라 합니다.
10. 二자의 뜻 (   )이 다른 말과 어울릴 때는 '두 번'이나 '두 개'에서 보듯 (   )로 읽습니다.
11. 二자 부수에 속하는 한자인 云·五·井·亞자는 (   )을 뜻하는 二자와 관련이 없습니다.

● 쓰면서 익히는 한자 ●

쓰기 학습 빈 칸에 한자를 쓰고, 뜻과 음을 쓰시오.

	二			
❶ ❷	두 이			
두 이(총2획)				

쓰기 복습 빈 칸에 뜻과 음에 맞는 한자를 쓰시오.

육달월	새 을	새을 변형자	소리 음	고을 읍	우부방	옷 의	옷의변

말 이을 이

〈而부수 / 3급〉

而[말 이을 이]자는 귀 옆에서 턱까지 잇따라 난 수염(鬚髥)인 구레나룻을 본뜬 글자입니다. 그래서 而[말 이을 이]자는 원래 '구레나룻'을 뜻했으나 후에 말 잇는 접속사(接續詞)로 빌려 쓰이면서 뜻이 '말 잇다'가 되었습니다.

접속사는 앞에서 한 말과 뒤에서 한 말을 이어 주는 역할을 합니다. 대개 '그러나' 또는 '~하나', 아니면 '그리고' 또는 '~하고'라는 식으로 쓰입니다.

수염이 난 공재 윤두서 자화상

예컨대 '닮았다. 그러나 아니다', 또는 '닮았으나 아니다'라고 할 때의 '그러나'나 '~하나'가 바로 접속사로 쓰인 것입니다. 아니면 '배우다. 그리고 때때로 익히다', 또는 '배우고 때때로 익히다'라고 할 때의 '그리고'나 '~하고'도 접속사로 쓰인 것입니다.

'닮았으나 아니다'를 한자로 바꾸면 似而非(사이비)입니다. '배우고 때때로 익히다'를 한자로 바꾸면 學而時習(학이시습)입니다. 而[말 이을 이]자는 似而非(사이비)나 學而時習(학이시습)에서 보듯 음이 '이'입니다. 而자는 뜻과 음을 합쳐 '말 이을 이'라고 합니다.

而자 부수에 속하면서 익히 쓰이는 한자는 耐[견딜 내]자뿐입니다. 耐자는 원래 '수염을 깎는 형벌'을 뜻하는 한자였습니다. 옛날에는 수염이 권위의 상징물로 여겨졌기 때문에 이를 깎는 형벌이 있었습니다.

수염을 깎는 형벌(耐)의 모습

● 바로바로 익히는 한자 ●

확인 학습 부수 설명을 참고하여 괄호 안에 알맞은 말을 쓰시오.

1. 而자는 귀 옆에서 턱까지 잇따라 난 수염인 (　　　)을 본뜬 글자입니다.
2. 而자는 원래 '구레나룻'을 뜻했으나 후에 말 잇는 접속사로 빌려 쓰이면서 뜻이 (　　)가 되었습니다.
3. 접속사는 앞에서 한 말과 뒤에서 한 말을 (　　) 역할을 합니다.
4. 似而非는 사(　)비로, 學而時習은 학(　)시습으로 읽습니다.
5. 而자는 似而非나 學而時習에서 보듯 음이 (　)입니다.
6. 而자는 음이 (　)입니다.
7. 而자는 뜻이 (　　)고, 음이 (　)입니다.

8. 而자는 뜻과 음을 합쳐 (　　　　)라고 합니다.

9. 而자 부수에 속하면서 익히 쓰이는 한자는 耐자뿐입니다. 耐자는 원래 '(　　)을 깎는 형벌'을 뜻하는 한자였습니다.

● 쓰면서 익히는 한자 ●

쓰기 학습 빈 칸에 한자를 쓰고, 뜻과 음을 쓰시오.

而 (필순)	而 말 이을 이			
말 이을 이(총6획)				

쓰기 복습 빈 칸에 뜻과 음에 맞는 한자를 쓰시오.

새 을	새을 변형자	소리 음	고을 읍	우부방	옷 의	옷의변	두 이

갑골문	금문	소전

〈耳부수 / 5급〉

耳[귀 이]자는 윤곽과 구멍이 있는 귀를 표현했습니다. 따라서 耳[귀 이]자는 뜻이 '귀'가 되었습니다.

귀는 소리를 듣는 부위입니다. 사람이 자기 바깥에서 나는 소리를 듣는다는 것은 자기 바깥의 세계와 소통한다는 것입니다. 외부의 소리를 잘 듣고, 많이 듣는 사람은 그 소리를 통해 자신의 세계

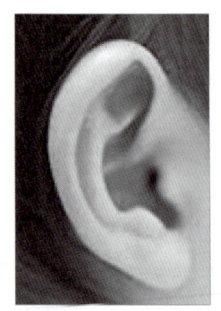

사람의 귀

를 크게 키우는 사람이 될 수 있습니다. 그런 사람은 결국 큰 사람이 됩니다. 그래서 예부터 큰 사람의 모습은 귀를 크게 나타냈습니다. 큰 사람

귀가 큰 석가모니불

으로 여겨지는 분들은 공자나 노자, 또는 석가와 같은 이들입니다. 이들의 초상화(肖像畵)나 석상(石像)을 살피면 유독 귀가 크게 표현되어 있는 것도 그 때문입니다. 耳[귀 이]자는 바로 그런 '귀'를 나타낸 글자입니다.

耳[귀 이]자는 '귀와 눈'을 뜻하는 耳目(이

목), '가운데 부위 귀의 염증'을 뜻하는 中耳炎(중이염), '귀·코·목구멍의 병을 치료하는 과'를 뜻하는 耳鼻咽喉科(이비인후과)에서 보듯 '이'로 읽습니다. 耳자는 뜻과 음을 합쳐 '귀 이'라 합니다.

耳자 부수에 속하는 聞[들을 문]·聲[소리 성]·聰[귀 밝을 총]·職[직분 직]·聽[들을 청]·聾[귀머거리 롱]자 등은 뜻이 '귀'와 관련이 있습니다. 아울러 耳자는 餌[먹이 이]·栮[목이 이]·恥[부끄러울 치]자 구성에 도움을 주면서 음의 역할을 하기도 합니다.

● 바로바로 익히는 한자 ●

확인 학습 부수 설명을 참고하여 괄호 안에 알맞은 말을 쓰시오.

1. 耳자는 윤곽과 구멍이 있는 (   )를 표현했습니다.
2. 耳자는 뜻이 (   )가 되었습니다.
3. 예부터 큰 사람의 모습은 (   )를 크게 나타냈습니다. 耳자는 그런 (   )를 나타낸 글자입니다.
4. '귀와 눈'을 뜻하는 耳目은 (   )목으로 읽습니다.
5. '가운데 부위 귀의 염증'을 뜻하는 中耳炎은 중(   )염으로 읽습니다.
6. '귀·코·목구멍의 병을 치료하는 과'를 뜻하는 耳鼻咽喉科는 (   )비인후과로 읽습니다.
7. 耳目, 中耳炎, 耳鼻咽喉科의 耳자는 (   )로 읽습니다.
8. 耳자는 음을 (   )로 읽습니다.
9. 耳자는 뜻이 (   )고, 음이 (   )입니다.

10. 耳자는 뜻과 음을 합쳐 (   )라 합니다.

11. 耳자 부수에 속하는 聞·聲·聰·職·聽·聾자 등은 뜻이 (   )와 관련이 있습니다.

● 쓰면서 익히는 한자 ●

쓰기 학습 빈 칸에 한자를 쓰고, 뜻과 음을 쓰시오.

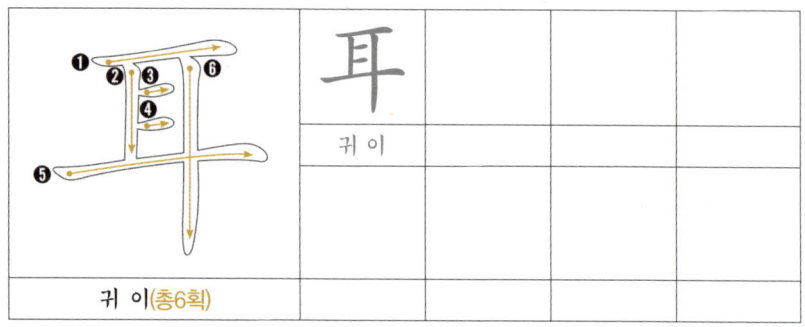

귀 이(총6획)				

쓰기 복습 빈 칸에 뜻과 음에 맞는 한자를 쓰시오.

새을 변형자	소리 음	고을 읍	우부방	옷 의	옷의변	두 이	말 이을 이

人 亻
인변
사람 인

갑골문	금문	소전

〈人부수 / 8급〉

人[사람 인]자는 옆으로 서서 걷는 사람을 본뜬 글자입니다. 따라서 人[사람 인]자는 뜻이 '사람'이 되었습니다.

사람은 만물의 영장으로, 다른 동물과 다른 점이 팔과 다리를 자

사람의 진화 과정

유자재로 사용할 수 있다는 것입니다. 人[사람 인]자는 도구를 잘 사용하는 팔과 똑바로 서서 걸을 수 있게 한 다리를 분명히 하기 위해 옆에서 본 사람을 나타내면서 '사람'을 뜻하게 된 글자입니다.

人[사람 인]자는 '살빛이 흰 사람'을 뜻하는 白人(백인), '군대에 있는 사람'을 뜻하는 軍人(군인), '다른 나라 사람'을 뜻하는 外國人(외국인)에서 보듯 음을 '인'으로 읽습니다. 人자는 뜻과 음을 합쳐 '사람 인'이라 합니다.

人자는 仙(선)·儒(유)·僧(승)자에서 보듯 글자의 왼쪽에 붙을 때는 亻으

로 쓰입니다. 亻은 '인변'이라 부릅니다. 人자의 음 '인'에 부수가 글자의 왼쪽에 붙을 때 용어인 '변'을 합친 명칭입니다. 오늘날 人자 부수에 속하는 대부분의 한자는 亻으로 쓰이고 있다.

人(亻)자 부수에 속하는 한자는 什[열 사람 십]·仕[섬길 사]·付[줄 부]·仙[신선 선]·代[대신할 대]·企[발돋움할 기]·件[일 건]·伏[엎드릴 복]자 등에서 보듯 뜻이 '사람'과 관련이 있습니다.

● 바로바로 익히는 한자 ●

확인 학습 부수 설명을 참고하여 괄호 안에 알맞은 말을 쓰시오.

1. 人자는 옆으로 서서 걷는 (   )을 본뜬 글자입니다.
2. 人자는 뜻이 (   )이 되었습니다.
3. 人자는 도구를 잘 사용하는 (   )과 똑바로 서서 걸을 수 있게 한
   (   )를 분명히 하기 위해 옆에서 본 (   )으로 나타내면서
   (   )을 뜻하게 된 글자입니다.
4. '살빛이 흰 사람'을 뜻하는 白人은 백(   )으로 읽습니다.
5. '군대에 있는 사람'을 뜻하는 軍人은 군(   )으로 읽습니다.
6. '다른 나라 사람'을 뜻하는 外國人은 외국(   )으로 읽습니다.
7. 人자는 음을 '인'으로 읽습니다.
8. 人자는 뜻이 (   )이고, 음이 (   )입니다.
9. 人자는 뜻과 음을 합쳐 (   )이라 합니다.
10. 人자는 仙(선)·儒(유)·僧(승)자에서 보듯 글자의 왼쪽에 붙을 때는

亻으로 쓰입니다. 亻은 (　　)이라 부릅니다.

11. 人(亻)이 붙는 한자는 什·仕·付·仙·代·企·件·伏자 등에서 보듯 뜻이 (　　)과 관련이 있습니다.

● 쓰면서 익히는 한자 ●

쓰기 학습 빈 칸에 한자를 쓰고, 뜻과 음을 쓰시오.

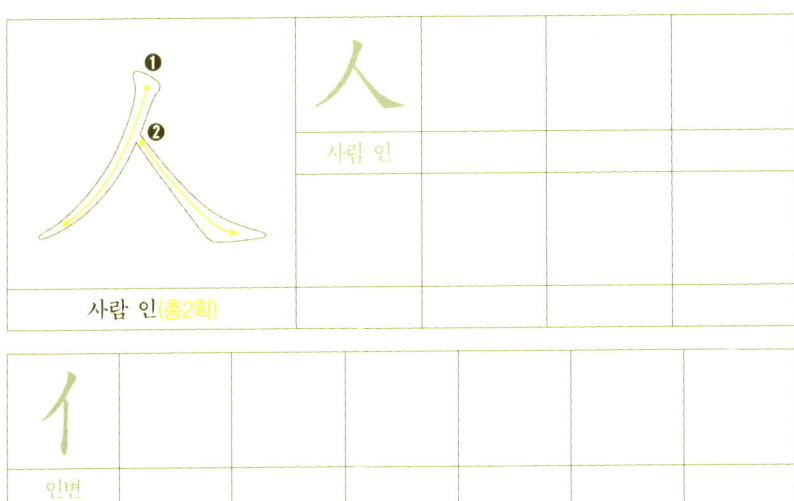

쓰기 복습 빈 칸에 뜻과 음에 맞는 한자를 쓰시오.

소리 음	고을 읍	우부방	옷 의	옷의변	두 이	말 이을 이	귀 이

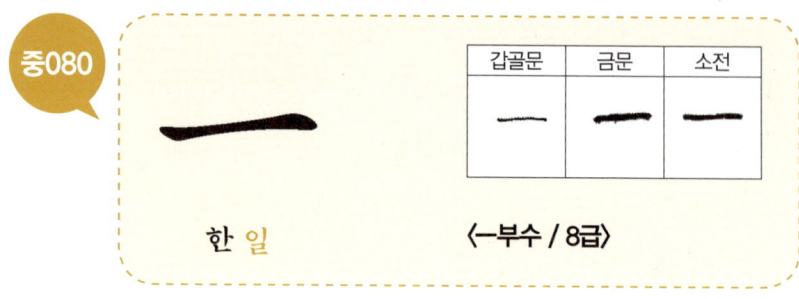

一[한 일]자는 산가지 하나가 반듯하게 놓인 것처럼 그어진 선(線) 하나를 나타낸 글자입니다. 따라서 그어진 선이 하나인 모양으로 인해 一[한 일]자는 뜻이 '하나'가 되었습니다.

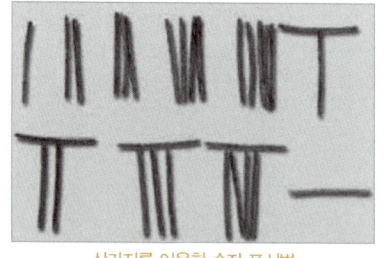

산가지를 이용한 숫자 표시법

백·천·만으로 이어지는 많은 수도 처음은 하나에서 출발합니다. 하나에 하나를 더해야 둘이 되고, 둘에 하나를 더해야 셋이 되고, 셋에 하나를 더해야 넷이 되는 것이지요. 또한 하나가 없으면 백이 될

산가지

수 없고, 하나가 없으면 천이 될 수 없고, 하나가 없으면 만이 될 수 없습니다. 그렇게 하나는 의미 있는 수입니다.

一[한 일]자는 '한 해'를 뜻하는 一年(일년), '한 걸음'을 뜻하는 一步(일보), '한집안의 가족'을 뜻하는 一家族(일가족)의 말에서 보듯 음을 '일'로 읽습니다.

一[한 일]자는 '하나'라는 뜻 외에 一讀(일독)에서처럼 '한 번', 一等(일등)에서처럼 '첫째', 一同(일동)에서처럼 '모두', 一助(일조)에서처럼 '조금', 一說(일설)에서처럼 '어떤'이란 여러 뜻을 가지고 있습니다. 하지만 一자는 뜻과 음을 합쳐 '한 일'이라 합니다. 一자의 뜻 '하나'가 다른 말과 어울릴 때는 '한 번'이나 '한 개'에서 보듯 '한'으로 읽습니다.

一자 부수에 속하는 한자인 丁[넷째 천간 정]·七[일곱 칠]·世[인간 세]·丘[언덕 구]·丞[도울 승]자는 '하나'를 뜻하는 一자와 관련이 없습니다. 부수의 체계를 세울 때 편의상 一자 부수에 속하게 된 것입니다.

● 바로바로 익히는 한자 ●

확인 학습 부수 설명을 참고하여 괄호 안에 알맞은 말을 쓰시오.

1. 一자는 산가지 (　　)가 반듯하게 놓인 것처럼 그어진 선 (　　)를 나타낸 글자입니다.
2. 그어진 선이 (　　)인 모양으로 인해 一자는 뜻이 (　　)가 되었습니다.
3. 一年은 (　　)년, 一步는 (　　)보, 一家族은 (　　)가족으로 읽습니다.
4. 一자는 음을 (　　)로 읽습니다.
5. 一자는 '하나'라는 뜻 외에 一讀에서처럼 (　　), 一等에서처럼

( ), 一同에서처럼 ( ), 一助에서처럼 ( ), 一說에서처럼 ( )이란 여러 뜻을 가지고 있습니다.

6. 一자는 뜻과 음을 합쳐 ( )이라 합니다.

7. 一자의 뜻 ( )가 다른 말과 어울릴 때는 '한 번'이나 '한 개'에서 보듯 ( )으로 읽습니다.

8. 一자 부수에 속하는 한자인 丁·七·世·丘·丞자는 ( )를 뜻하는 一자와 관련이 없습니다.

● 쓰면서 익히는 한자 ●

쓰기 학습 빈 칸에 한자를 쓰고, 뜻과 음을 쓰시오.

❶	一			
	한 일			
한 일(총1획)				

쓰기 복습 빈 칸에 뜻과 음에 맞는 한자를 쓰시오.

우부방	옷 의	옷의변	두 이	말 이을 이	귀 이	사람 인	인변

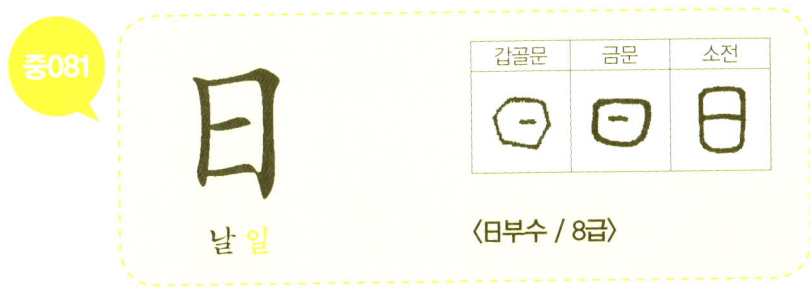

日[날 일]자는 가운데에 검은 점이 있는 둥근 해를 본뜬 글자입니다.

옛날 사람들은 해 속에 '세[三] 개의 발[足]이 있는 까마귀[烏]'인 '삼족오(三足烏)'가 산다고 여겼습니다. '삼족오'의 '오'는 한자로 烏[까마귀 오]자며, 이는 '까마귀'를 뜻하는 한자입니다. 까마귀는 몸이 검습니다. 해 속에도 검은 점이 있는데, 그 검은 점을 '삼족오'로 본 것입니다. 하지만 검은 점은 다른 부위보다 온도가 낮은 해의 표면 부위가 검게 보이기 때문에 나타납니다.

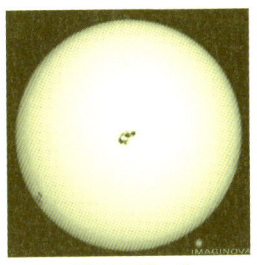
흑점이 보이는 해

고구려 오회분 삼족오

이처럼 日[날 일]자는 해를 표현했기 때문에 '해'의 뜻을 지니면서 해가 뜨고 지는 하루 동안의 의미인 '날'의 뜻을 지니기도 합니다. 오늘날 日[날 일]자가 포함된 어휘는 '해'의 뜻보다 '날'의 뜻으로 더 많이 쓰이고 있습니다. 따라서 日[날 일]자는 오늘날 뜻이 '날'로 읽히고 있습니다.

　日[날 일]자는 '쉬는 날'을 뜻하는 休日(휴일), '날마다 기록하는 글'을 뜻하는 日記(일기), '태어난 날'을 뜻하는 生日(생일)에서처럼 '일'로 읽습니다. 日자는 뜻과 음을 합쳐 '날 일'이라 합니다.

　日자 부수에 속하는 한자는 昏[저물 혼]·晨[새벽 신]·晴[갤 청]·暗[어두울 암]·旱[가물 한]자 등에 보듯 뜻이 '해'와 관련이 있습니다.

● 바로바로 익히는 한자 ●

확인 학습 부수 설명을 참고하여 괄호 안에 알맞은 말을 쓰시오.

1. 日자는 가운데에 검은 점이 있는 둥근 (　　)를 본뜬 글자입니다.
2. 옛날 사람들은 해 속에 '세[三] 개의 발[足]이 있는 까마귀[烏]'인 (　　)가 산다고 여겼습니다.
3. '삼족오'의 '오'는 한자로 烏자며, 이는 (　　)를 뜻하는 한자입니다.
4. 까마귀는 몸이 검습니다. 해 속에도 검은 점이 있는데, 그 검은 점을 (　　)로 본 것입니다.
5. 검은 점은 다른 부위보다 온도가 낮은 해의 표면 부위가 (　　) 보이기 때문입니다.
6. 日자는 해를 표현했기 때문에 (　　)의 뜻을 지니면서 해가 뜨고 지는 하루 동안의 의미인 (　　)을 뜻을 지니기도 합니다.
7. 日자는 오늘날 뜻이 (　　)입니다.
8. '쉬는 날'을 뜻하는 休日은 휴(　　)로 읽습니다.

9. '날마다 기록하는 글'을 뜻하는 日記는 (   )기로 읽습니다.
10. '태어난 날'을 뜻하는 生日은 생(   )로 읽습니다.
11. 日자는 음을 (   )로 읽습니다.
12. 日자는 뜻과 음을 합쳐 (   )이라 합니다.
13. 日자가 붙는 한자는 昏·晨·晴·暗·旱자 등에 보듯 뜻이 (   )와 관련이 있습니다.

● 쓰면서 익히는 한자 ●

쓰기 학습 빈 칸에 한자를 쓰고, 뜻과 음을 쓰시오.

날 일(총4획)	日 날 일			

쓰기 복습 빈 칸에 뜻과 음에 맞는 한자를 쓰시오.

옷 의	옷의변	두 이	말 이을 이	귀 이	사람 인	인변	한 일

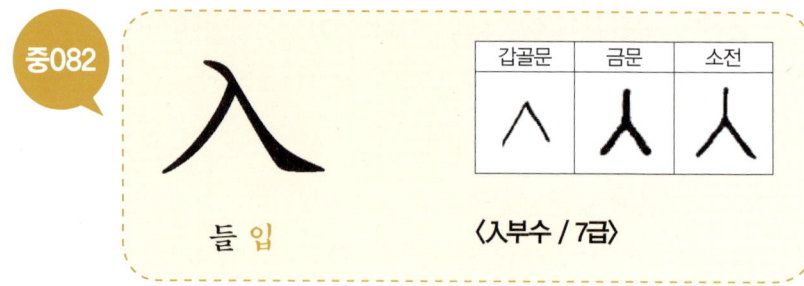

들 입

〈入부수 / 7급〉

入[들 입]자는 옛날 사람들이 살았던 움집의 입구를 나타낸 글자로 보입니다. 움집의 입구는 사람이 들어가는 곳이니 入[들 입]자는 뜻이 '들다'가 되었습니다.

먹고살기 위해 예나 지금이나 사람들은 대개 집을 나와 생산적인 활동을 하고 저녁이 되면 편히 쉬기 위해 다시 집으로 들어갑니다. 그렇게 들어가는 집의 입구 모양에서 비롯된 入[들 입]자가 '들다'의 뜻을 지니게 되었습니다.

옛날 사람의 움집

入[들 입]자의 상대(相對)가 되는 出[날 출]자나 入[들 입]자가 붙는 內[안 내]자도 자형(字形)이 움집과 관련된 글자임을 볼 때 入[들 입]자는 집의 입구와 관련되어 뜻이 '들다'가 된 글자임을 알 수 있습니다.

入[들 입]자는 '나가거나 들다'라는 뜻의 出入(출입),

出 갑골문

'들어가는 어귀'를 뜻하는 入口(입구), '들어가 산다'는 뜻의 入住(입주)에서 보듯 '입'으로 읽습니다. 入자는 뜻과 음을 합쳐 '들 입'이라 합니다.

入자 부수에 속하는 한자에는 全[온전할 전]·兩[두 량]·兪[점점 유]자 등이 있습니다. 그러나 이들 한자는 '들다'를 뜻하는 入자와 관련이 없습니다. 부수의 체계를 세울 때 글자에 入의 형태가 붙어 있어 편의상 入자 부수에 속하게 된 한자입니다.

內 금문

● 바로바로 익히는 한자 ●

확인 학습 부수 설명을 참고하여 괄호 안에 알맞은 말을 쓰시오.

1. 入자는 옛날 사람들이 살았던 움집의 (　　)를 나타낸 글자로 보입니다.

2. 움집의 입구는 사람이 들어가는 곳이니 入자는 뜻이 (　　)가 되었습니다.

3. 入자의 상대가 되는 出자나 入자가 붙는 內자도 움집과 관련된 글자임을 볼 때 入자는 집의 (　　)와 관련되어 뜻이 (　　)가 된 글자임을 알 수 있습니다.

4. '나가거나 들다'라는 뜻의 出入은 출(　)으로 읽습니다.

5. '들어가는 어귀'를 뜻하는 入口는 (　)구로 읽습니다.

6. '들어가 산다'는 뜻의 入住는 (　)주로 읽습니다.

7. 入자는 음을 (　)으로 읽습니다.

8. 入자는 뜻과 음을 합쳐 (   )이라 합니다.

9. 入자 부수에 속하는 한자에는 全·兩·兪자 등이 있습니다. 그러나 이들 한자는 (   )를 뜻하는 入자와 관련이 없습니다.

● 쓰면서 익히는 한자 ●

쓰기 학습 빈 칸에 한자를 쓰고, 뜻과 음을 쓰시오.

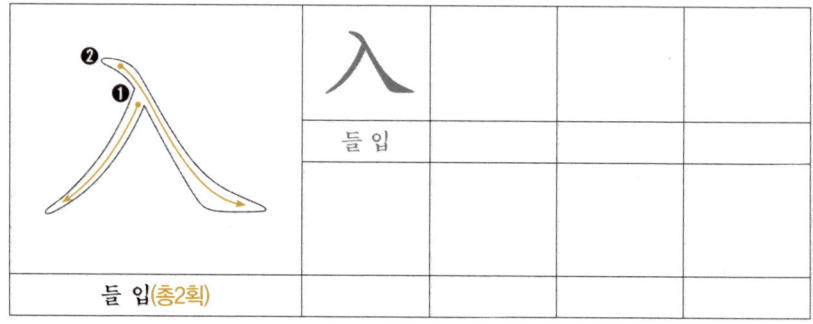

	入			
	들 입			
들 입(총2획)				

쓰기 복습 빈 칸에 뜻과 음에 맞는 한자를 쓰시오.

옷의변	두 이	말 이을 이	귀 이	사람 인	인변	한 일	날 일

중083

아들 자

〈子부수 / 7급〉

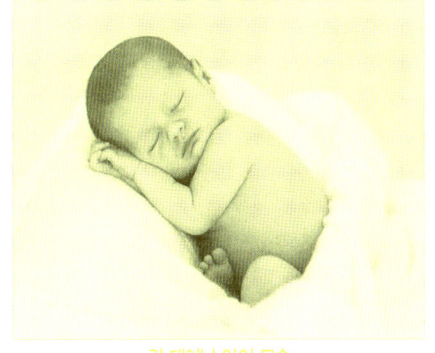

갓 태어난 아이 모습

子[아들 자]자는 막 태어난 아이를 본뜬 글자입니다. 아이는 태어날 때 다른 부위에 비해 머리가 큽니다. 따라서 사람이 태어난 날을 '귀 빠진 날'이라 한 것도 머리에서 가장 지름이 커 보이는 귀를 상징적으로 빗대어 말한 것입니다. 그렇게 비교적 크게 머리를 나타내 子[아들 자]자가 이뤄졌습니다.

아이를 본떴기에 子[아들 자]자는 원래 '아이'를 뜻하는 글자였습니다. 이후 의미가 축소되어 子[아들 자]자는 아이 가운데 '아들'을 뜻하는 글자가 되었습니다. 오늘날과 달리 농경시대에는 아들이 농사를 짓는 데 더 도움이 된다고 여겨 우선시되었습니다. 따라서 아들과 딸을 모두 뜻했던 子[아들 자]자가 '아들'만을 뜻하는 글자가 되었습니다.

子[아들 자]자는 '효로 부모를 섬기는 아들'을 뜻하는 孝子(효자), '임금의 아들'을 뜻하는 王子(왕자), '아버지와 아들'을 뜻하는 父子(부자)에서 보듯 '자'로 읽습니다. 子자는 뜻과 음을 합쳐 '아들 자'라 합니다.

아버지와 아들

子자 부수에 속하는 한자는 孝[효도 효]·孟[맏 맹]·學[배울 학]·季[끝 계]·孫[손자 손]·孤[외로울 고]자 등에서 보듯 뜻이 '아이'와 관련이 있습니다.

● 바로바로 익히는 한자 ●

확인 학습 부수 설명을 참고하여 괄호 안에 알맞은 말을 쓰시오.

1. 子자는 막 태어난 (   )를 본뜬 글자입니다.
2. 子자는 원래 (   )를 뜻하는 글자였습니다. 이후 의미가 축소되어 子자는 아이 가운데 (   )을 뜻하는 글자가 되었습니다.
3. 농경시대에는 (   )이 농사를 짓는 데 더 도움이 된다고 여겨 우선시되었습니다. 따라서 아들과 딸을 모두 뜻했던 子자가 (   )만을 뜻하는 글자가 되었습니다.
4. '효로 부모를 섬기는 아들'을 뜻하는 孝子는 효(   )로 읽습니다.
5. '임금의 아들'을 뜻하는 王子는 왕(   )로 읽습니다.
6. '아버지와 아들'을 뜻하는 父子는 부(   )로 읽습니다.
7. 孝子, 王子, 父子의 子자는 (   )의 음으로 읽습니다.

8. 子자는 음을 (　)로 읽습니다.

9. 子자는 뜻이 (　　)이고, 음이 (　)입니다.

10. 子자는 뜻과 음을 합쳐 (　　　)라 합니다.

11. 子자가 붙는 한자는 孝·孟·學·季·孫·孤자에서 보듯 뜻이 (　　)와 관련이 있습니다.

● 쓰면서 익히는 한자 ●

쓰기 학습 빈 칸에 한자를 쓰고, 뜻과 음을 쓰시오.

子	子 아들 자				
아들 자(총3획)					

쓰기 복습 빈 칸에 뜻과 음에 맞는 한자를 쓰시오.

두 이	말 이을 이	귀 이	사람 인	인변	한 일	날 일	들 입

스스로 자

〈自부수 / 7급〉

自[스스로 자]자는 코를 본뜬 글자입니다. 코는 얼굴 한가운데에서 스스로의 특징을 가장 잘 드러내는 부분입니다. 그래서 코를 표현한 自[스스로 자]자는 '스스로'의 뜻을 지니게 되었습니다.

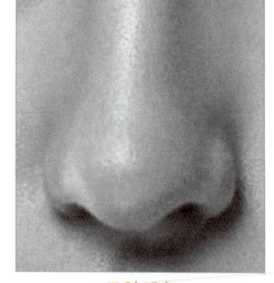

코의 모습

상대가 자신의 존재를 도무지 드러내려 하지 아니할 때 사람들은 흔히 '코빼기도 내밀지 않는다.'하거나 '코빼기도 안 보인다.'라고 합니다. 이때 '코빼기'는 '코'를 속되게 이르는 말이며, 코는 사람의 존재 자체를 의미합니다. 그래서인지 사람들은 스스로를 가리킬 때 손가락이 흔히 자신의 코를 향합니다. 따라서 코를 나타낸 自[스스로 자]자가 '스스로'의 뜻을 지니게 되었습니다.

'코'를 뜻하는 한자는 鼻[코 비]자로 쓰고 있습니다. 鼻[코 비]자는 후대에 음이 '비'로 바뀌자 自[스스로 자]자에 다시 음의 역할을 하는 畀[줄 비]자를 붙여 쓰고 있습니다.

'스스로'를 뜻하는 自[스스로 자]자는 '스스로 서다'라는 뜻의 自立(자립), '스스로 움직이다'라는 뜻의 自動(자동), '스스로의 몸'이란 뜻의 自身(자신)에서 보듯 '자'로 읽습니다. 自자는 뜻과 음을 합쳐 '스스로 자'라 합니다.

自자가 붙어 익히 쓰이는 한자에는 코와 관련된 息[숨 쉴 식]자와 臭[냄새 취]자가 있습니다.

코로 암을 탐지하는 개

● 바로바로 익히는 한자 ●

확인 학습 부수 설명을 참고하여 괄호 안에 알맞은 말을 쓰시오.

1. 自자는 (   )를 본뜬 글자입니다.
2. 코는 얼굴 한가운데에서 (   )의 특징을 가장 잘 드러내는 부분입니다. 그래서 코를 표현한 自자는 (   )의 뜻을 지니게 되었습니다.
3. 사람들은 스스로를 가리킬 때 손가락이 흔히 자신의 (   )를 향합니다. 따라서 코를 나타낸 自자가 (   )의 뜻을 지니게 되었습니다.
4. '스스로 서다'라는 뜻의 自立은 (   )립으로 읽습니다.
5. '스스로 움직이다'라는 뜻의 自動은 (   )동으로 읽습니다.
6. '스스로의 몸'이란 뜻의 自身은 (   )신으로 읽습니다.

7. 自자는 (   )로 읽습니다.

8. 自자는 뜻이 (   )고, 음이 (   )입니다.

9. 自자는 뜻과 음을 합쳐 (   )라 합니다.

10. 自자가 붙어 익히 쓰이는 한자에는 (   )와 관련된 息자와 臭자가 있습니다.

● 쓰면서 익히는 한자 ●

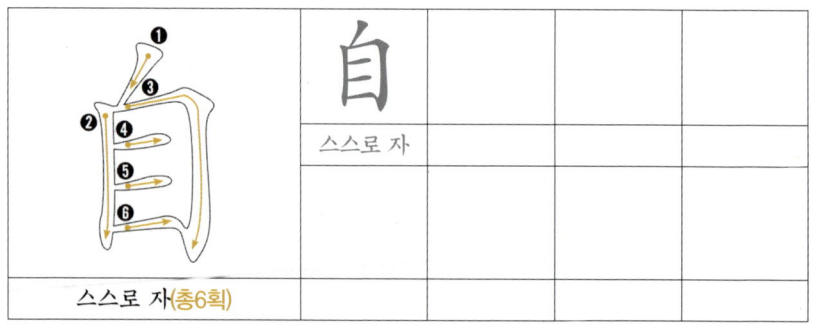

쓰기 복습 빈 칸에 뜻과 음에 맞는 한자를 쓰시오.

말 이을 이	귀 이	사람 인	인변	한 일	날 일	들 입	아들 자

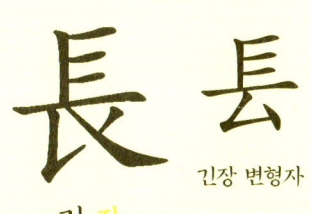

長
긴 장

镸
긴장 변형자

〈長부수 / 8급〉

長[긴 장]자는 지팡이를 짚은 늙은 사람의 머리에 털이 길게 나 있는 모습을 본뜬 글자입니다. 머리에 털이 나 있는 모습이 길다 하여 長[긴 장]자는 뜻이 '길다'가 되었습니다.

'길다'라는 뜻은 구체적인 형태로 나타낼 수 없습니다. 옛날에는 머리털을 자르지 않고 길렀기 때문에 나이가 많은 어른일수록 머리털이 길었습니다. 바로 그런 긴 머리털을 지닌 사람으로 '길다'의 뜻을 지닌 長[긴 장]자가 이뤄진 것입니다. 長[긴 장]자는 긴 머리털을 지닌 사람이 나이가 많은 어른이므로 '어른'의 뜻을 지니기도 합니다.

지팡이를 짚은 사람

장어

長[긴 장]자는 '긴 머리털'을 뜻하는 長髮(장발), '몸이 긴 물고기'를 뜻하는 長魚(장어), '긴 거리'를 뜻하는

長距離(장거리)에서 보듯 음을 '장'으로 읽습니다. 長자는 뜻과 음을 합쳐 '긴 장'이라 합니다. '길다'라는 뜻이 長자의 음과 함께 쓰일 때는 '긴-'으로 불립니다.

長자는 변형되어 套[덮개 투]자에서처럼 镸의 형태로 쓰이기도 합니다. 镸의 형태는 '長 변형자'라고 합니다.

長자는 張[베풀 장]·帳[휘장 장]·脹[배부를 창]·悵[슬퍼할 창]자에서 보듯 글자 구성에 도움을 주면서 주로 음의 역할을 합니다.

• 바로바로 익히는 한자 •

확인 학습 부수 설명을 참고하여 괄호 안에 알맞은 말을 쓰시오.

1. 長자는 지팡이를 짚은 늙은 사람의 머리에 털이 (　　) 나 있는 모습을 본뜬 글자입니다.
2. 머리에 털이 나 있는 모습이 (　　) 하여 長자는 뜻이 (　　)가 되었습니다.
3. '긴 머리털'을 뜻하는 長髮은 (　)발로 읽습니다.
4. '몸이 긴 물고기'를 뜻하는 長魚는 (　)어로 읽습니다.
5. '긴 거리'를 뜻하는 長距離는 (　)거리로 읽습니다.
6. 長髮, 長魚, 長距離의 長자는 (　)으로 읽습니다.
7. 長자는 음을 (　)으로 읽습니다.
8. 長자는 뜻이 (　　)고, 음이 (　　)입니다.
9. 長자는 뜻과 음을 합쳐 (　　)이라 합니다.

10. 長자는 변형되어 套자에서처럼 镸의 형태로 쓰이기도 합니다. 镸의 형태는 '長 (   )'라고 합니다.
11. 長자는 張·帳·脹·悵자에서 보듯 글자 구성에 도움을 주면서 주로 (   )의 역할을 합니다.

● 쓰면서 익히는 한자 ●

쓰기 학습 빈 칸에 한자를 쓰고, 뜻과 음을 쓰시오.

長	長			
긴 장(총8획)	긴 장			

镸				
긴장 변형자				

쓰기 복습 빈 칸에 뜻과 음에 맞는 한자를 쓰시오.

귀 이	사람 인	인변	한 일	날 일	들 입	아들 자	스스로 자

赤
붉을 적

갑골문	금문	소전

〈赤부수 / 5급〉

赤[붉을 적=炗]자는 옛날에 쓰인 글자를 살펴보면 大[큰 대]자와 火[불 화]자가 합쳐져 이뤄졌음을 알 수 있습니다. 그러나 후에 두 글자가 서로 어울리면서 오늘날처럼 쓰이게 되었습니다.

大[큰 대]자는 팔과 다리를 크게 벌리고 있는 사람을 표현한 것이고, 火[불 화]자는 불

사람이 불 앞에 선 모습

을 표현한 것입니다. 따라서 赤[붉을 적]자는 팔과 다리를 크게 벌리고 있는 사람[大]이 불[火] 앞에 선 모습을 나타낸 것입니다. 그런 상태에서 사람의 얼굴은 불로 인해 붉게 된다 하여 赤[붉을 적]자는 뜻이 '붉다'가 되었습니다.

'붉다'의 뜻은 색깔과 관련이 있습니다. 색깔은 구체적인 형태로 나타낼 수 없습니다. 따라서 '붉다'의 뜻과 같은 색깔을 지닌 불과 관련해 赤[붉을 적]자가 이뤄진 것입니다.

赤[붉을 적]자는 '붉은 빛'을 뜻하는 赤色(적색), '붉은 깃발'을 뜻하는 赤旗(적기), '붉은 신호'을 뜻하는 赤信號(적신호)에서 보듯 음을 '적'으로 읽습니다. 赤자는 뜻과 음을 합쳐 '붉을 적'이라 합니다.

赤자가 붙어서 이뤄진 한자로, 그나마 어휘 구성에 사용되는 한자는 '빛나다'의 뜻을 지닌 赫[빛날 혁]자 뿐입니다. 赦[용서할 사]자에 붙은 자형은 赤자와 관련이 없습니다.

赦자 금문

● 바로바로 익히는 한자 ●

확인 학습 부수 설명을 참고하여 괄호 안에 알맞은 말을 쓰시오.

1. 赤자는 팔과 다리를 크게 벌리고 있는 (   )이 (   ) 앞에 선 모습을 나타낸 것입니다. 그런 상태에서 사람의 얼굴은 불로 인해 붉게 된다 하여 赤자는 뜻이 (   )가 되었습니다.
2. '붉다'의 뜻과 같은 색깔을 지닌 (   )과 관련해 赤자가 이뤄졌습니다.
3. '붉은 빛'을 뜻하는 赤色은 (   )색으로 읽습니다.
4. '붉은 깃발'을 뜻하는 赤旗는 (   )기로 읽습니다.
5. '붉은 신호'을 뜻하는 赤信號는 (   )신호로 읽습니다.
6. 赤色, 赤旗, 赤信號의 赤자는 (   )으로 읽습니다.
7. 赤자는 음을 (   )으로 읽습니다.
8. 赤자는 뜻이 (   )고, 음이 (   )입니다.

9. 赤자는 뜻과 음을 합쳐 (　　　)이라 합니다.

10. 赤자가 붙어서 어휘 구성에 쓰이는 한자에는 (　　　)의 뜻을 지닌 赫자가 있습니다.

● 쓰면서 익히는 한자 ●

쓰기 학습 빈 칸에 한자를 쓰고, 뜻과 음을 쓰시오.

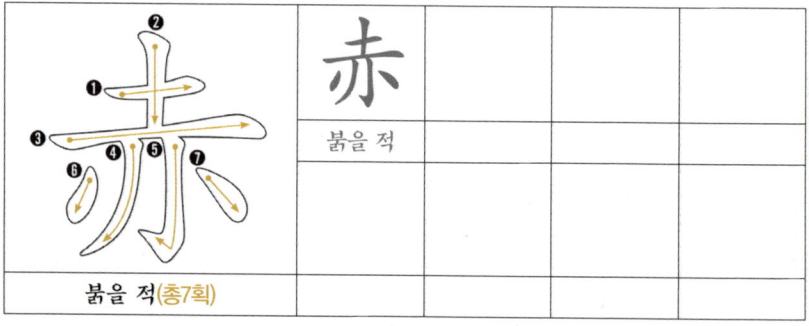

붉을 적(총7획)

쓰기 복습 빈 칸에 뜻과 음에 맞는 한자를 쓰시오.

인변	한 일	날 일	들 입	아들 자	스스로 자	긴 장	긴장 변형자

밭 전

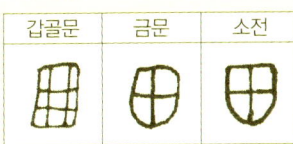

〈田부수 / 4급〉

田[밭 전]자는 경계가 분명한 농토를 본뜬 글자입니다. 옛날 사람들은 대개 잡목이 우거진 산기슭이나 산등성이에 불을 질러서 농토를 만들었습니다. 그렇게 만든 농토는 주로 밭이 되었습니다. 따라서 경계가 분명한 농토를 본뜬 田[밭 전]자는 뜻이 '밭'이 되었습니다.

화전으로 일군 밭(안반데기)

농토는 '논'이 될 수도 있고, '밭'이 될 수도 있습니다. 따라서 농토를 본뜬 田[밭 전]자는 원래 '논밭'을 통틀어 이르는 글자였습니다. 오늘날에도 중국에서는 田[밭 전]자가 여전히 '논밭'을 아우르는 뜻으로 쓰이고 있습니다. 하지만 우리나라는 물을 많이 이용하는 논농사가 발달하자 田[밭 전]자에 水[물 수]자

섬진강과 평사리 들녘의 논

를 붙여 '논'을 뜻하는 畓[논 답]자를 만들고, 田[밭 전]자는 '밭'의 뜻으로만 사용하고 있습니다.

田[밭 전]자는 '불 질러 만든 밭'을 뜻하는 火田(화전), '밭과 논'을 뜻하는 田畓(전답), '소금 만드는 밭'을 뜻하는 鹽田(염전)에서처럼 '전'으로 읽습니다. 田자는 뜻과 음을 합쳐 '밭 전'이라 합니다.

田자 부수에 속하는 한자는 대개 界[지경 계]·畿[경기 기]·疇[밭두둑 주]자에서 보듯 '농토'와 관련된 뜻을 지닙니다.

● 바로바로 익히는 한자 ●

확인 학습 부수 설명을 참고하여 괄호 안에 알맞은 말을 쓰시오.

1. 田자는 경계가 분명한 (　)를 본뜬 글자입니다.
2. 농토를 본뜬 田자는 원래 (　)을 통틀어 이르는 글자였습니다.
3. 우리나라는 물을 많이 이용하는 논농사가 발달하자 田자에 水자를 붙여 (　)을 뜻하는 畓자를 만들고, 田자는 (　)의 뜻으로만 사용하고 있습니다.
4. '불 질러 만든 밭'을 뜻하는 火田은 화(　)으로 읽습니다.
5. '밭과 논'을 뜻하는 田畓은 (　)답으로 읽습니다.
6. '소금 만드는 밭'을 뜻하는 鹽田은 염(　)으로 읽습니다.
7. 火田, 田畓, 鹽田의 田자는 음이 (　)입니다.
8. 田자는 음을 (　)으로 읽습니다.
9. 田자는 뜻이 (　)이고, 음이 (　)입니다.

10. 田자는 뜻과 음을 합쳐 (   )이라 합니다.
11. 田자가 붙는 한자는 대개 界·畿·疇자에서 보듯 (   )와 관련된 뜻을 지닙니다.

● 쓰면서 익히는 한자 ●

쓰기 학습 빈 칸에 한자를 쓰고, 뜻과 음을 쓰시오.

田 밭 전(총5획)	田 밭 전			

쓰기 복습 빈 칸에 뜻과 음에 맞는 한자를 쓰시오.

한 일	날 일	들 입	아들 자	스스로 자	긴 장	긴장 변형자	붉을 적

鳥
새 조

〈鳥부수 / 4급〉

　鳥[새 조]자는 비교적 깃이 풍부한 새를 본 뜬 글자입니다. 부리와 눈을 나타낸 대가리, 그리고 날개깃과 꽁지깃과 다리를 나타낸 옆 모양의 새를 본떴습니다. 따라서 鳥[새 조]자는 뜻이 '새'가 되었습니다. 새는 알을 낳아서 번식하며, 하늘을 자유로이 날 수 있는 짐승을 통틀어 이르는 말입니다. 鳥[새 조]자는 바로 그 '새'를 뜻하는 글자입니다.

야생 비둘기

　사냥 도구가 발달되지 않았던 옛날에는 몸체가 큰 짐승을 잡으려면 위험이 따랐습니다. 하지만 새는 날아다녀 사냥하기 쉽지 않았지만 잡는 데 큰 위험이 따르지 않았습니다. 더구나 새는 농작물에 해를 끼치기 때문에 농작물을 지키기 위해서라도 잡아야 했습니다. 따라서 새는 아주 옛날부터 사람들의 사냥 대상이 되었습니다.

　鳥[새 조]자는 '흰 새'를 뜻하는 白鳥(백조), '길한 새'를 뜻하는 吉鳥(길

조), '하나의 돌로 두 마리의 새를 잡다'라는 뜻의 一石二鳥(일석이조)에서 보듯 '조'로 읽습니다. 鳥자는 뜻과 음을 합쳐 '새 조'라 합니다.

鳥자 부수에 속하는 한자는 대개 鵲[까치 작]·鳩[비둘기 구]·鷗[갈매기 구]·鴻[큰 기러기 홍]·鶴[두루미 학]·鵠[고니 곡]자 등에서처럼 뜻이 '새'와 관련이 있습니다.

하늘을 나는 백조

● 바로바로 익히는 한자 ●

확인 학습 부수 설명을 참고하여 괄호 안에 알맞은 말을 쓰시오.

1. 鳥자는 비교적 깃이 풍부한 (   )를 본뜬 글자입니다.
2. 鳥자는 뜻이 (   )가 되었습니다.
3. (   )는 알을 낳아서 번식하며, 하늘을 자유로이 날 수 있는 짐승을 통틀어 이르는 말입니다. 鳥자는 바로 그 (   )를 뜻하는 글자입니다.
4. '흰 새'를 뜻하는 白鳥는 백(   )로 읽습니다.
5. '길한 새'를 뜻하는 吉鳥는 길(   )로 읽습니다.
6. '하나의 돌로 두 마리의 새를 잡다'라는 뜻의 一石二鳥는 일석이(   )로 읽습니다.
7. 白鳥, 吉鳥, 一石二鳥의 鳥자는 (   )로 읽습니다.
8. 鳥자는 음이 (   )입니다.

9. 鳥자는 뜻이 (　)고, 음이 (　)입니다.

10. 鳥자는 뜻과 음을 합쳐 (　　)라 합니다.

11. 鳥자가 붙는 한자는 대개 鵲·鳩·鷗·鴻·鶴·鵠자에서처럼 뜻이 (　)와 관련이 있습니다.

● 쓰면서 익히는 한자 ●

쓰기 학습 빈 칸에 한자를 쓰고, 뜻과 음을 쓰시오.

鳥 (새 조, 총11획)	鳥 새 조			

쓰기 복습 빈 칸에 뜻과 음에 맞는 한자를 쓰시오.

날 일	들 입	아들 자	스스로 자	긴 장	긴장 변형자	붉을 적	밭 전

중089

발 족

발족변

〈足부수 / 7급〉

| 갑골문 | 금문 | 소전 |

足[발 족]자는 무릎 아래의 다리를 나타낸 형태[口]와 발가락과 발꿈치를 나타낸 발의 형태[止]가 합쳐진 글자입니다. 따라서 足[발 족]자는 뜻이 '발'이 되었습니다.

발은 사람의 몸 맨 아래에서 몸을 지탱해 주고 움직이게 하는 부위입니다. 오늘날 사람이 그 어떤 동물보다 고등동물이 된 것은 두 발로 서서 활동을 했기 때문입니다. 두 발로 서서 활동하면서 자유로운 두 손으로 도구를 만들고 사용하면서 손의 자극이 뇌로 전해져 두뇌가 발달되면서 고등동물이 된 것입니다.

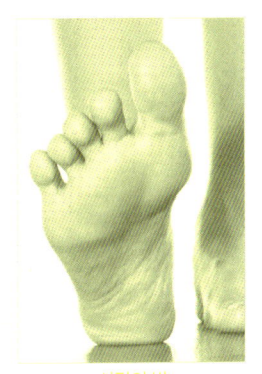

사람의 발

足[발 족]자는 '손과 발'을 뜻하는 手足(수족), '네 개의 발'을 뜻하는 四足(사족), '발이 남긴 자취'를 뜻하는 足跡(족적)에서 보듯 '족'으로 읽습니

달에 찍힌 최초의 족적(암스트롱)

다. 足자는 뜻과 음을 합쳐 '발 족'이라 합니다.

足자가 한자에서 왼쪽에 붙을 때는 路[길 로]자나 跡[자취 적]자에서처럼 𧾷의 형태로 쓰입니다. 𧾷은 '발족변'이라 합니다. '발족변'은 足자의 뜻과 음 '발 족'에 부수가 자체의 구성에서 왼쪽에 붙을 때의 명칭 '변'을 뒤에 붙인 것입니다. 𧾷은 '발'을 뜻하는 足자가 변형된 글자입니다. 따라서 𧾷이 붙은 한자는 뜻이 '발'과 관련이 있습니다.

足(𧾷)자 부수에 속하는 趾[발 지]·跛[절뚝발이 파]·路[길 로]·距[며느리발톱 거]·跡[자취 적]자 등은 뜻이 '발'과 관련이 있습니다.

● 바로바로 익히는 한자 ●

확인 학습 부수 설명을 참고하여 괄호 안에 알맞은 말을 쓰시오.

1. 足자는 무릎 아래의 다리를 나타낸 형태[口]와 발가락과 발꿈치를 나타낸 (   )의 형태[止]가 합쳐진 글자입니다.
2. 足자는 뜻이 (   )이 되었습니다.
3. '손과 발'을 뜻하는 手足은 수(   )으로 읽습니다.
4. '네 개의 발'을 뜻하는 四足은 사(   )으로 읽습니다.
5. '발이 남긴 자취'을 뜻하는 足跡은 (   )적으로 읽습니다.
6. 手足, 四足, 足跡의 足자는 (   )으로 읽습니다.
7. 足자는 음을 (   )으로 읽습니다.
8. 足자는 뜻이 (   )이고, 음이 (   )입니다.
9. 足자는 뜻과 음을 합쳐 (   )이라 합니다.

10. 足자가 한자에서 왼쪽에 붙을 때는 路자나 跡자에서처럼 ⻊의 형태로도 쓰입니다. ⻊은 (   )이라 합니다.
11. 足(⻊)자 부수에 속하는 趾·跋·路·距·跡자 등은 뜻이 (   )과 관련이 있습니다.

● 쓰면서 익히는 한자 ●

쓰기 학습 빈 칸에 한자를 쓰고, 뜻과 음을 쓰시오.

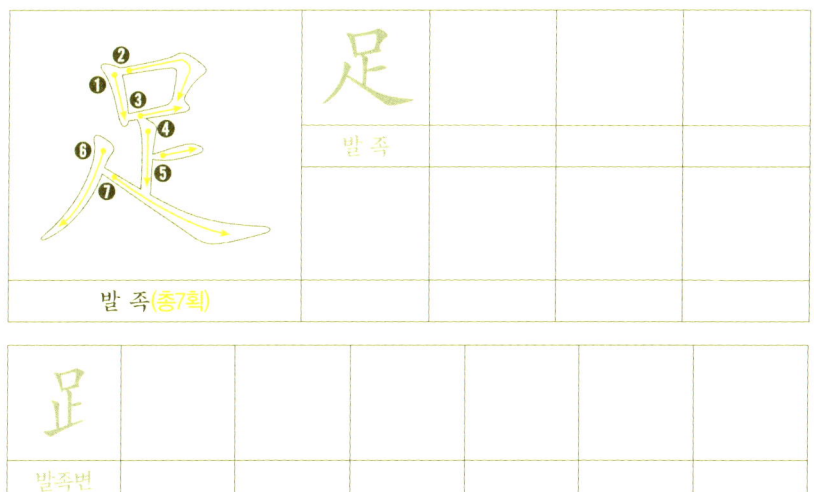

쓰기 복습 빈 칸에 뜻과 음에 맞는 한자를 쓰시오.

들 입	아들 자	스스로 자	긴 장	긴장 변형자	붉을 적	밭 전	새 조

달아날 주

〈走부수 / 4급〉

달리는 사람

　走[달아날 주]자는 원래 윗부분이 팔을 휘저으며 달아나는 사람을 나타내고, 아랫부분이 달아나는 데 민첩한 동작이 이뤄지는 발을 나타낸 글자였습니다. 뜻을 더욱 분명히 하기 위해 달아나는 사람의 모습 아래에 다시 달리는 데 가장 밀접한 관련이 있는 발의 형상을 붙인 것입니다. 그처럼 달아나는 모습을 나타낸 走[달아날 주]자는 뜻이 '달아나다'가 되었습니다.
　달아나는 일은 흔히 상대보다 약해 쫓기는 경우입니다. 아주 옛날에는 맹수에게 쫓겨 달아나거나 다른 부족에게 쫓겨 달아나는 일이 적지 않았을 것입니다. 반면에 달리는 일은 대개 자발적으로 행하는 것입니다. 오늘날 달리는 일은 흔히 운동 경기나 건강을 다지기 위해 행할 때에 볼 수 있습니다. 달아나는 일도 달리는 일이니 走[달아날 주]자는 '달리다'의 뜻을 지니기도 합니다.

走[달아날 주]자는 '패하여 달아나다'라는 뜻의 敗走(패주), '이어서 달리다'라는 뜻의 繼走(계주), '홀로 달리다'라는 뜻의 獨走(독주)에서 보듯 '주'로 읽습니다. 走자는 뜻과 음을 합쳐 '달아날 주'라 합니다.

하마에게 쫓겨 달아나는 모습

走자 부수에 속하는 한자는 起[일어날 기]·超[넘을 초]·趣[나아갈 취]자에서 보듯 '달아나다(달리다)'의 뜻과 관련이 있습니다.

● 바로바로 익히는 한자 ●

확인 학습 부수 설명을 참고하여 괄호 안에 알맞은 말을 쓰시오.

1. 走자는 원래 윗부분이 팔을 휘저으며 (   ) 사람을 나타내고, 아랫부분이 (   ) 데 민첩한 동작이 이뤄지는 발을 나타낸 글자였습니다.

2. (   ) 모습을 나타낸 走자는 뜻이 (   )가 되었습니다.

3. '패하여 달아나다'라는 뜻의 敗走는 패(   )로 읽습니다.

4. '이어서 달리다'라는 뜻의 繼走는 계(   )로 읽습니다.

5. '홀로 달리다'라는 뜻의 獨走는 독(   )로 읽습니다.

6. 敗走, 繼走, 獨走의 走자는 (   )로 읽습니다.

7. 走자는 음을 (   )로 읽습니다.

8. 走자는 뜻이 (　　　)고, 음이 (　)입니다.

9. 走자는 뜻과 음을 합쳐 (　　　)라 합니다.

10. 走자가 붙는 한자는 起·超·趣자에서 보듯 (　　　)의 뜻과 관련이 있습니다.

● 쓰면서 익히는 한자 ●

쓰기 학습 빈 칸에 한자를 쓰고, 뜻과 음을 쓰시오.

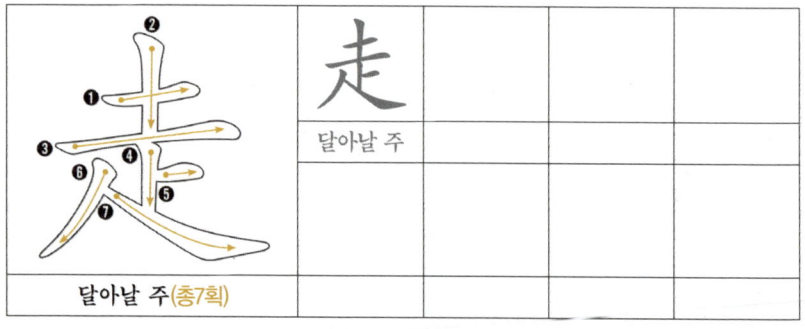

쓰기 복습 빈 칸에 뜻과 음에 맞는 한자를 쓰시오.

스스로 자	긴 장	긴장 변형자	붉을 적	밭 전	새 조	발 족	발족변

중091

竹 ㅆ
대 죽   대죽머리

갑골문	금문	소전

〈竹부수 / 4급〉

竹[대 죽]자는 잎이 달린 두 줄기의 대를 표현했습니다. 따라서 竹[대 죽]자는 뜻이 '대'가 되었습니다.

'대'는 흔히 '나무'를 덧붙여 '대나무'라 하기도 합니다. 하지만 '대'는 '나무'가 아닙니다. 여러해살이풀에 속합니다. 따라서 '대나무'는 잘못된 말입니다. 하지만 옛날부터 사람들이 대를 나무로 여겨 '대나무'라 했습니다. 이렇게 '대나무'는 옛날부터 사람들이 자연스럽게 써온 말이므로 오늘날에도 쓰이는 말이 되었습니다. 하지만 竹[대 죽]자의 뜻은 그냥 '대'로 부르고 있습니다.

대(대나무)

竹[대 죽]자는 '대로 만든 칼'을 뜻하는 竹刀(죽도), '대로 만든 창'을 뜻하는 竹槍(죽창), '대로

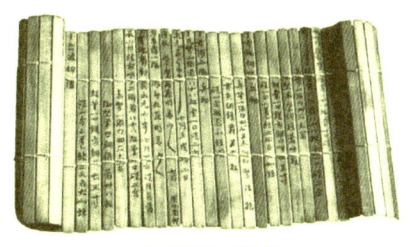
대쪽을 엮어 만든 책

만든 그릇'을 뜻하는 竹器(죽기)에서 보듯 '죽'으로 읽습니다. 竹자는 뜻과 음을 합쳐 '대 죽'이라 합니다.

竹자는 笠[삿갓 립]·筆[붓 필]·笛[피리 적]자에서처럼 다른 자형과 합쳐질 때는 ⺮의 형태로 쓰입니다. ⺮은 '대죽머리'라 합니다. 竹자를 간략하게 쓴 형태이므로 '대 죽'에 그 형태가 항상 자형의 '머리'에 붙으므로 이를 합쳐 부른 명칭입니다.

竹(⺮)자가 붙는 한자는 笠[삿갓 립]·筆[붓 필]·笛[피리 적]·符[부신 부]·篇[책 편]·箭[화살 전]자에서처럼 뜻이 '대(대나무)'와 관련이 있습니다.

● 바로바로 익히는 한자 ●

확인 학습 부수 설명을 참고하여 괄호 안에 알맞은 말을 쓰시오.

1. 竹자는 잎이 달린 두 줄기의 (   )를 표현했습니다.
2. 竹자는 뜻이 (   )가 되었습니다.
3. '대로 만든 칼'을 뜻하는 竹刀는 (   )도로 읽습니다.
4. '대로 만든 창'을 뜻하는 竹槍은 (   )창으로 읽습니다.
5. '대로 만든 그릇'을 뜻하는 竹器는 (   )기로 읽습니다.
6. 竹刀, 竹槍, 竹器의 竹자는 (   )으로 읽습니다.
7. 竹자는 음을 (   )으로 읽습니다.
8. 竹자는 뜻이 (   )고, 음이 (   )입니다.
9. 竹자는 뜻과 음을 합쳐 (   )이라 합니다.
10. 竹자는 笠·筆·笛자에서처럼 다른 자형과 합쳐질 때는 ⺮의 형태

로도 쓰입니다. ⺮은 (   )라 합니다.

11. 竹(⺮)자가 붙는 한자는 笠·筆·笛·符·篇·箭자에서처럼 뜻이 (   )와 관련이 있습니다.

● 쓰면서 익히는 한자 ●

쓰기 학습 빈 칸에 한자를 쓰고, 뜻과 음을 쓰시오.

竹	竹				
대 죽(총6획)	대 죽				

⺮					
대죽머리					

쓰기 복습 빈 칸에 뜻과 음에 맞는 한자를 쓰시오.

긴 장	긴장 변형자	붉을 적	밭 전	새 조	발 족	발족변	달아날 주

止

그칠 지

갑골문	금문	소전
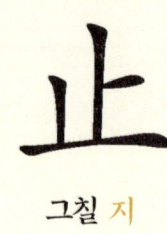		

〈止부수 / 5급〉

止[그칠 지]자는 다섯 발가락을 줄여서 세 발가락으로 나타낸 발을 본뜬 글자입니다. 따라서 止[그칠 지]자는 원래 '발'을 뜻했으나 후에 足[발족]자가 변형된 ⻊[발족변]을 붙인 趾[발 지]자가 그 뜻을 대신하고 있습니다. 반면에 止[그칠 지]자는 발을 움직이지 않고 그친다는 동작과 관련해 뜻이 '그치다'가 되었습니다.

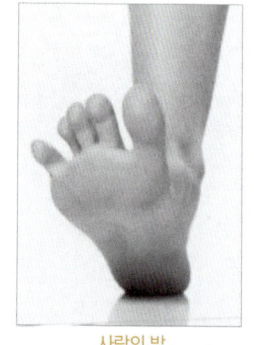

사람의 발

사람은 발로 자연스럽게 움직일 수 있지만 발로 멈춰 서기도 합니다. 그렇게 발로 멈춰 선다는 것은 움직임을 그치는 것이 됩니다. '그치다'의 의미는 구체적(具體的)으로 나타낼 수 없기에 구체적인 형태를 지닌 발 모습에서 비롯된 止자가 '그치다'의 뜻을 지니게 된 것입니다.

고문자 止

止[그칠 지]자는 '금하여 그치다'라는 뜻의 禁止(금지), '막아서 그치다'

라는 뜻의 防止(방지), '가운데에서 그치다'라는 뜻의 中止(중지)의 말에서 보듯 '지'로 읽습니다. 止자는 뜻과 음을 합쳐 '그칠 지'라 합니다.

止자가 붙는 한자는 步[걸음 보]·歷[지낼 력]·歸[돌아갈 귀]자에서처럼 뜻이 '발'과 관련이 있습니다. 祉[복 지]자나 址[터 지]자에서 止자는 음의 역할을 하기도 합니다.

반걸음과 한걸음

● 바로바로 익히는 한자 ●

확인 학습 부수 설명을 참고하여 괄호 안에 알맞은 말을 쓰시오.

1. 止자는 다섯 발가락을 줄여서 세 발가락으로 나타낸 (   )을 본뜬 글자입니다.
2. 止자는 원래 (   )을 뜻했으나 후에 足자가 변형된 𤴓을 붙인 趾자가 뜻을 대신하고 있습니다.
3. 止자는 발을 움직이지 않고 그친다는 동작과 관련해 뜻이 (   )가 되었습니다.
4. '금하여 그치다'라는 뜻의 禁止는 금(   )로 읽습니다.
5. '막아서 그치다'라는 뜻의 防止는 방(   )로 읽습니다.
6. '가운데에서 그치다'라는 뜻의 中止는 중(   )로 읽습니다.
7. 禁止, 防止, 中止의 止자는 (   )로 읽습니다.

8. 止자는 음을 (　)로 읽습니다.

9. 止자는 뜻이 (　　)고, 음이 (　)입니다.

10. 止자는 뜻과 음을 합쳐 (　　　)라 합니다.

11. 止자가 붙는 한자는 步·歷·歸자에서처럼 뜻이 (　)과 관련이 있습니다.

● 쓰면서 익히는 한자 ●

쓰기 학습　빈 칸에 한자를 쓰고, 뜻과 음을 쓰시오.

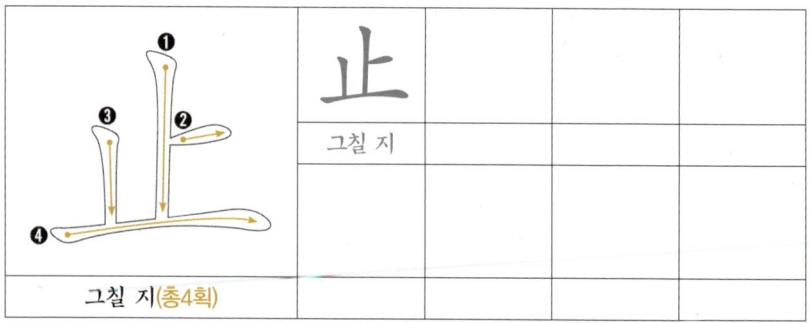

쓰기 복습　빈 칸에 뜻과 음에 맞는 한자를 쓰시오.

붉을 적	밭 전	새 조	발 족	발족변	달아날 주	대 죽	대죽머리

〈支부수 / 4급〉

支[지탱할 지]자는 나무의 가지를 오른손에 쥐고 있는 모습을 나타낸 글자입니다. 支[지탱할 지]자에서 十의 형태는 나무의 가지를 나타냈고, 又[또 우]자는 오른손을 나타냈습니다. 나무의 가지[十]를 오른손[又]에 쥐고 이를 이용해 지탱한다고 하여 支[지탱할 지]자는 뜻이 '지탱하다'가 되었습니다.

가지로 지탱하는 모습

독장수(권정옹)

아울러 支[지탱할 지]자는 나뭇가지로 지탱한다는 데서 뜻이 '가지'를 뜻하기도 합니다. 하지만 '가지'를 뜻하는 데는 후대에 '나무'를 뜻하는 木[나무 목]자를 덧붙인 枝[가지 지]자가 대신해 쓰이고 있습니다.

'지탱하다'의 '지'는 한자로 支[지탱할 지]자입니다. '지탱하다'의 '탱'도 뜻이 '지탱하다'인 撑[지탱할 탱]자입니다. 따라서 支[지탱할 지]자와 撑[지탱할 탱]자는 서로 어울려 '지탱하다'의 '지탱'이 되었습니다.

支[지탱할 지]자는 '지탱하는 기둥'의 뜻을 지닌 支柱(지주)나 '도와서 지탱하다'의 뜻을 지닌 扶支(부지)에서 보듯 '지'로 읽습니다. 支자는 뜻과 음을 합쳐 '지탱할 지'라 합니다.

支자는 주로 枝[가지 지]자나 肢[팔다리 지]자, 또는 技[재주 기]자나 妓[기생 기]자 등의 글자 구성에 도움을 주면서 음의 역할을 합니다.

● 바로바로 익히는 한자 ●

확인 학습 부수 설명을 참고하여 괄호 안에 알맞은 말을 쓰시오.

1. 支자는 나무의 (   )를 (   )에 쥐고 있는 모습을 나타낸 글자입니다.
2. 支자에서 十의 형태는 나무의 (   )를 나타냈고, 又자는 (   )을 나타냈습니다.
3. 나무의 가지[十]를 손[又]에 쥐고 이를 이용해 지탱한다고 하여 支자는 뜻이 (   )가 되었습니다.
4. '지탱하는 기둥'의 뜻을 지닌 支柱는 (   )주로 읽습니다.
5. '도와서 지탱하다'의 뜻을 지닌 扶支는 부(   )로 읽습니다.
6. 支柱와 扶支의 支자는 (   )로 읽습니다.
7. 支자는 음을 (   )로 읽습니다.
8. 支자는 뜻이 (   )고, 음이 (   )입니다.

9. 支자는 뜻과 음을 합쳐 (   )라 합니다.
10. 支자는 주로 枝자나 肢자, 또는 技자나 妓자 등의 글자 구성에 도움을 주면서 (   )의 역할을 합니다.

● 쓰면서 익히는 한자 ●

쓰기 학습 빈 칸에 한자를 쓰고, 뜻과 음을 쓰시오.

支 지탱할 지(총4획)	支 지탱할 지			

쓰기 복습 빈 칸에 뜻과 음에 맞는 한자를 쓰시오.

밭 전	새 조	발 족	발족변	달아날 주	대 죽	대죽머리	그칠 지

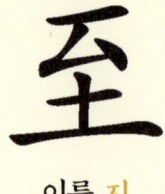

갑골문	금문	소전

이를 지

〈至부수 / 4급〉

至[이를 지]자는 화살이 먼 곳으로부터 날아와 어떤 지점(땅 또는 과녁)에 이르러 꽂힌 모양을 본뜬 글자입니다. 따라서 至[이를 지]자는 뜻이 '이르다'가 되었습니다.

'이르다'는 곧 '어떤 장소에 이르다'라는 것입니다. 문명이 발달되지 않았던 옛날에 하나의 물체가 물리적 힘에 의해 움직여서 가장 멀리 어떤 장소에 이르는 경우는 화살이 날아서 어떤 지점에 꽂힌 모양이었을 것입니다. 따라서 화살이 날아서 어떤 지점에 꽂힌 모양으로 나타낸 至[이를 지]자가 '이르다'의 뜻을 지니게 되었습니다. 나아가 至[이를 지]자는 '더할 수 없는 정도에 이르다'라는 의미의 '지극하다'의 뜻을 지니기도 합니다.

땅에 이르러 꽂힌 화살

지성을 드리는 모습

至[이를 지]자는 '지극히 크다'라는 뜻의 至大(지대), '지극히 독하다'라는 뜻의 至毒(지독), '지극한 정성'이라는 뜻의 至誠(지성)에서 보듯 음을 '지'로 읽습니다. 至大(지대), 至毒(지독), 至誠(지성)에서 '지극하다'의 뜻으로 쓰이는 至[이를 지]자는 원래 '이르다'의 뜻을 지닌 글자입니다. 至자는 뜻과 음을 합쳐 '이를 지'라 합니다.

至자는 室[막힐 질]·姪[조카 질]·桎[차꼬 질]·室[집 실]자에서처럼 글자 구성에 도움을 주며 주로 음의 역할을 합니다.

● 바로바로 익히는 한자 ●

확인 학습 부수 설명을 참고하여 괄호 안에 알맞은 말을 쓰시오.

1. 至자는 화살이 먼 곳으로부터 날아와 어떤 지점에 (　　　) 꽂힌 모양을 본뜬 글자입니다.
2. 至자는 뜻이 (　　)가 되었습니다.
3. 至자는 '더할 수 없는 정도에 이르다'라는 의미의 (　　　)의 뜻을 지니기도 합니다.
4. '지극히 크다'라는 뜻의 至大는 (　)대로 읽습니다.
5. '지극히 독하다'라는 뜻의 至毒은 (　)독으로 읽습니다.
6. '지극한 정성'이라는 뜻의 至誠은 (　)성으로 읽습니다.
7. 至자는 음을 (　)로 읽습니다.
8. 至大, 至毒, 至誠에서 (　　　)의 뜻으로 쓰이는 至자는 원래 (　　)의 뜻을 지닌 글자입니다.

9. 至자는 뜻이 (   )고, 음이 ( )입니다.

10. 至자는 뜻과 음을 합쳐 (   )라 합니다.

11. 至자는 窒·姪·桎·室자에서처럼 글자 구성에 도움을 주며 주로
    (   )의 역할을 합니다.

● 쓰면서 익히는 한자 ●

쓰기 학습 빈 칸에 한자를 쓰고, 뜻과 음을 쓰시오.

至 이를 지(총6획)	至 이를 지			

쓰기 복습 빈 칸에 뜻과 음에 맞는 한자를 쓰시오.

새 조	발 족	발족변	달아날 주	대 죽	대죽머리	그칠 지	지탱할 지

辰
별 진·때 신

갑골문	금문	소전

〈辰부수 / 3급〉

辰[별 진]자는 대합조개를 본뜬 글자기에 원래 '대합조개'를 뜻했습니다. 한데 문명이 발달되지 않았던 옛날에는 조개의 껍데기가 가볍고 다루기 편할 뿐만 아니라 깨어진 부분이 비교적 날카로워 풀이나 이삭 자르는 농사(農事) 도구로 사용되었습니다. 때문에 조개에서 비롯된 辰[별 진]자는 '농사'와 관련된 글자가 되었습니다. 실제로 辰[별 진]자는 '농사'를 뜻하는 한자인 農[농사 농]자에 넛붙여 쓰이고 있습니다. 나아가 그런 조개로 농사와 관련된 활동을 할 때는 '때'를 잘 알아야 했고, '때'는 별의 운행(運行)을

대합조개

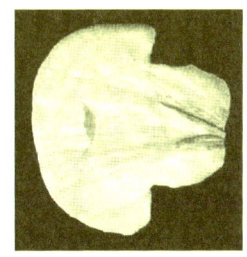
고대의 매도(조개칼)

참고했기에 辰[별 진]자는 결국 '때'나 '별'의 뜻을 지니게 되었습니다. 대합조개를 뜻하는 데는 조개가 물가를 벌레[虫]처럼 꾸물거리며 기어 다닌 데서 虫[벌레 훼]자를 붙여 蜃[대합조개 신=蜃]자로 쓰고 있습니다.

예부터 사람들은 해와 별을 보며 하루 운세를 점쳤습니다. 이때 '해와 별'을 뜻하는 한자어가 바로 日辰(일진)입니다. 또 천자문(千字文)에 '하늘에 별들이 벌여져 있음'을 뜻하는 辰宿列張(진수열장)이란 구(句)가 있습니다. 日辰(일진)과 辰宿列張(진수열장)에서 보듯 '별'을 뜻하는 辰[별 진]자는 음이 '진'입니다. 辰자는 뜻과 음을 합쳐 '별 진'이라 합니다.

아울러 辰자는 '때 신'이라 하기도 합니다. 옛날에는 별을 보고 때를 알았기 때문입니다. 하지만 '때'를 뜻할 때는 음이 '신'입니다.

辰자는 주로 振[떨칠 진]·震[벼락 진]·賑[구휼할 진]·娠[애 밸 신]·晨[새벽 신]·脣[입술 순]자 등에 붙어 음의 역할을 합니다.

● **바로바로 익히는 한자** ●

확인 학습 부수 설명을 참고하여 괄호 안에 알맞은 말을 쓰시오.

1. 辰자는 대합조개를 본뜬 글자기에 원래 (   )를 뜻했습니다.
2. 조개로 농사와 관련된 활동을 할 때에 별의 운행(運行)을 참고한 데서 辰자는 결국 (   )의 뜻을 지니게 되었습니다.
3. '해와 별'을 뜻하는 日辰은 일(   )으로 읽습니다.
4. '하늘에 별들이 벌여져 있음'을 뜻하는 辰宿列張은 (   )수열장으로 읽습니다.
5. 日辰과 辰宿列張에서 보듯 (   )을 뜻하는 辰자는 음이 (   )입니다.
6. 辰자는 뜻과 음을 합쳐 (   )이라 합니다.
7. 아울러 辰자는 (   )이라 하기도 합니다. 옛날에는 별을 보고

( )를 알았기 때문입니다.
8. 辰자는 주로 振·震·賑·娠·晨·脣자 등에 붙어 ( )의 역할을 합니다.

● 쓰면서 익히는 한자 ●

쓰기 학습 빈 칸에 한자를 쓰고, 뜻과 음을 쓰시오.

辰 별 진·때 신(총7획)	辰 별 진	辰 때 신		

쓰기 복습 빈 칸에 뜻과 음에 맞는 한자를 쓰시오.

발 족	발족변	달아날 주	대 죽	대죽머리	그칠 지	지탱할 지	이를 지

川
개미허리
내 천
〈川부수 / 6급〉

물이 흐르는 내(蓼川)

　川[내 천]자는 물이 흐르는 내를 본뜬 글자입니다. 따라서 川[내 천]자는 뜻이 '내'가 되었습니다. 내는 시내보다 크지만 강보다 작은 물줄기를 뜻합니다. 시내는 골짜기에서 흐르는 자그마한 물줄기인데, 내는 그보다 큰 물줄기입니다. 그런 내의 물줄기를 나타낸 川[내 천]자는 '내'의 뜻을 지니게 되었습니다.
　흐르는 내의 물줄기를 본뜬 川[내 천]자는 본래 巛로 쓰였습니다. 하지만 巛는 문자로 역할을 하지 못했습니다. 그 때문인지 巛는 개미허리를 닮은 모양으로 인해 '개미허리'라 부릅니다. 하지만 災[재앙 재]자나 巡[돌 순]자에서 쓰임을 엿볼 수 있습니다.
　川[내 천]자는 '산과 내'를 뜻하는 山川(산천), '바닥을 파서 물길이 잘 흐르도록 한 열린 내'를 뜻하는 開川(개천), '한양(오늘날의 서울)의 가운데로 맑은 시냇물이 흐르는 내'를 뜻하는 淸溪川(청계천)에서 보듯 '천'으로 읽습니다. 川자는 뜻과 음을 합쳐 '내 천'이라 합니다.

川자는 順[따를 순]·馴[길들일 순]·訓[가르칠 훈]자의 구성에 도움을 주면서 음의 역할을 합니다. 川자의 원래 형태인 巜가 붙은 巡[돌 순]자도 順(순)자나 馴(순)자처럼 음이 '순'입니다.

옛날의 청계천

● 바로바로 익히는 한자 ●

확인 학습 부수 설명을 참고하여 괄호 안에 알맞은 말을 쓰시오.

1. 川자는 물이 흐르는 (   )를 본뜬 글자입니다.

2. 川자는 뜻이 (   )가 되었습니다.

3. 川자는 본래 巜로 쓰였습니다. 하지만 巜는 문자로 역할을 하지 못했습니다. 그 때문인지 巜는 개미허리를 닮은 모양으로 인해 (   )라 부릅니다.

4. '산과 내'를 뜻하는 山川은 산(   )으로 읽습니다.

5. '바닥을 파서 물길이 잘 흐르도록 한 열린 내'를 뜻하는 開川은 개(   )으로 읽습니다.

6. '한양의 가운데로 맑은 시냇물이 흐르는 내'를 뜻하는 淸溪川은 청계(   )으로 읽습니다.

7. 川자는 음을 (   )으로 읽습니다.

8. 川자는 뜻이 (　)고, 음이 (　)입니다.

9. 川자는 뜻과 음을 합쳐 (　)이라 합니다.

10. 川자는 順·馴·訓자의 구성에 도움을 주면서 (　)의 역할을 합니다.

● 쓰면서 익히는 한자 ●

쓰기 학습 빈 칸에 한자를 쓰고, 뜻과 음을 쓰시오.

川 (내 천, 총3획)	川 내 천			
巛 (개미허리)				

쓰기 복습 빈 칸에 뜻과 음에 맞는 한자를 쓰시오.

달아날 주	대 죽	대죽머리	그칠 지	지탱할 지	이를 지	별 진	때 신

푸를 청

〈青부수 / 8급〉

青[푸를 청]자는 오늘날 ㆍ의 형태와 円의 형태로 쓰이지만 원래 生[날 생=ㆍ의 형태]자와 井[우물 정=円의 형태]자가 합쳐진 글자로 보입니다. 青[푸를 청]자에 보이는 生[날 생]자는 흙[土]위로 풀[屮屮]이

신라시대 우물(전모래가정)

나는 모양을 표현했습니다. 井[우물 정]자는 위에서 내려다 본 우물을 표현했습니다. 결국 青[푸를 청]자는 풀[生]이 우물[井] 주위에 나는 모양을 나타내면서 그 풀이 푸른 데서 '푸르다'의 뜻을 지니게 되었습니다.

물이 고여 있는 우물 주변은 아무래도 촉촉한 기운이 많고, 주변의 풀은 그 기운으로 인해 더욱 푸르게 자랄 것입니다. 따라서 '푸르다'를 인상적으로 느낄 수 있었던 것이 우물 주변의 '풀'이었습니다. 더욱이 '풀'과 '푸르다'는 같은 뿌리에서 나온 말입니다. 따라서 우물 주변에서 자라나는 풀과 관련된 青[푸를 청]자는 뜻이 '푸르다'가 된 것입니다.

靑[푸를 청]자는 '푸른 산'을 뜻하는 靑山(청산), '푸른 빛'을 뜻하는 靑色(청색), '푸른 깃발'을 뜻하는 靑旗(청기)에서 보듯 '청'으로 읽습니다. 靑자는 뜻과 음을 합쳐 '푸를 청'이라 합니다.

청산(지리산)

靑자는 淸[맑을 청]·請[청할 청]·晴[갤 청]·精[자세할 정]·情[뜻 정]·靜[고요할 정]자 등에서 보듯 주로 음의 역할을 합니다.

● 바로바로 익히는 한자 ●

확인 학습 부수 설명을 참고하여 괄호 안에 알맞은 말을 쓰시오.

1. 靑자에 보이는 生자는 흙 위로 풀이 (   ) 모양을 표현했습니다.
   井자는 위에서 내려다 본 (   )을 표현했습니다.
2. 靑자는 풀[生]이 우물[井] 주위에 나는 모양을 나타내면서 그 풀이 푸른 데서 (   )의 뜻을 지니게 되었습니다.
3. 우물 주변에서 자라나는 풀과 관련된 靑자는 뜻이 (   )가 된 것입니다.
4. '푸른 산'을 뜻하는 靑山은 (   )산으로 읽습니다.
5. '푸른 빛'을 뜻하는 靑色은 (   )색으로 읽습니다.
6. '푸른 깃발'을 뜻하는 靑旗은 (   )기로 읽습니다.
7. 靑山, 靑色, 靑旗의 靑자는 (   )으로 읽습니다.

8. 靑자는 음을 (　　)으로 읽습니다.

9. 靑자는 뜻이 (　　)고, 음이 (　　)입니다.

10. 靑자는 뜻과 음을 합쳐 (　　　)이라 합니다.

11. 靑자는 淸·請·晴·精·情·靜자 등에서 보듯 주로 (　　)의 역할을 합니다.

● 쓰면서 익히는 한자 ●

쓰기 학습 빈 칸에 한자를 쓰고, 뜻과 음을 쓰시오.

靑 푸를 청(총8획)	靑 푸를 청			

쓰기 복습 빈 칸에 뜻과 음에 맞는 한자를 쓰시오.

대죽머리	그칠 지	지탱할 지	이를 지	별 진	때 신	내 천	개미허리

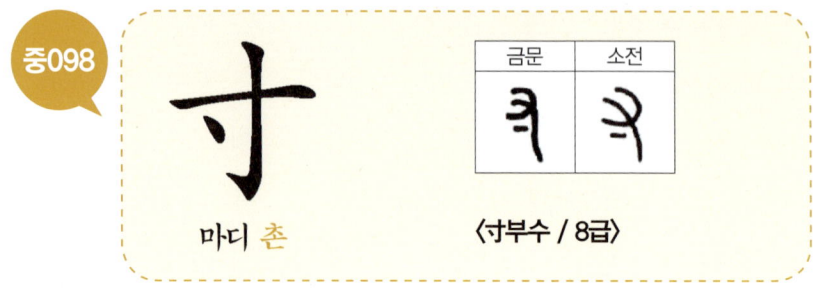

중098

寸
마디 촌

〈寸부수 / 8급〉

寸[마디 촌]자는 손을 간단히 표현한 모습에서 손목 아래 한 마디 떨어진 팔 부위에 점(點)이 붙은 글자입니다. 그래서 寸[마디 촌]자는 뜻이 '마디'가 되었습니다.

촌구에 맥을 짚는 모습

손과 팔이 잇닿은 부분은 손목입니다. 한의학에서는 바로 그 손목으로부터 손가락 한 마디 길이가 떨어진 부위를 '촌구(寸口)'라 합니다. 병(病)을 진찰하기 위해 맥(脈)을 짚어 보는 부위로, '촌구'의 '촌'이 한자로 寸[마디 촌]입니다.

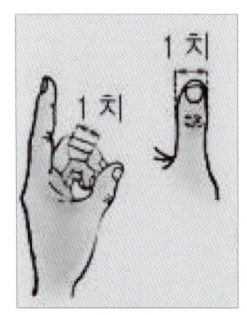

마디의 길이(1치=1촌)

이렇게 손과 관련해 이뤄진 寸[마디 촌]자는 사람 몸과 관련해 이뤄진 길이 단위 가운데 가장 작은 길이를 나타내는 데 사용합니다. 따라서 寸자는 '작다'의 뜻을 지니기도 합니다.

寸[마디 촌]자는 '작은 쇠'를 뜻하는 寸鐵(촌

철), '작게 평하다'를 뜻하는 寸評(촌평), '작은 뜻'을 뜻하는 寸志(촌지)에서 보듯 '촌'으로 읽습니다. 寸자는 뜻과 음을 합쳐 '마디 촌'이라 합니다.

寸자 부수에 속하는 한자인 寺[절 사]·封[봉할 봉]·射[쏠 사]·將[장수 장]·專[오로지 전]·導[이끌 도]자는 뜻이 모두 '손'과 관련이 있습니다. 寸자는 '손'과 관련된 한자기 때문입니다.

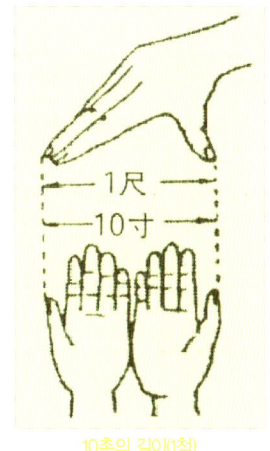
10촌의 길이(1척)

● 바로바로 익히는 한자 ●

확인 학습 부수 설명을 참고하여 괄호 안에 알맞은 말을 쓰시오.

1. 寸자는 손을 간단히 표현한 모습에서 손목 아래 한 (   ) 떨어진 팔 부위에 점이 붙은 글자입니다.

2. 손목으로부터 점은 한 (   )의 길이가 되는 부위에 표시되어 있기 때문에 寸자는 뜻이 (   )가 되었습니다.

3. 寸사는 사람 몸과 관련해 이뤄진 길이 단위 가운데 가장 (   ) 길이를 나타내는 데 사용합니다. 따라서 寸자는 (   )의 뜻을 지니기도 합니다.

4. '작은 쇠'를 뜻하는 寸鐵은 (   )철로 읽습니다.

5. '작게 평하다'를 뜻하는 寸評은 (   )평으로 읽습니다.

6. '작은 뜻'을 뜻하는 寸志는 (   )지로 읽습니다.

7. 寸자는 음을 (   )으로 읽습니다.

8. 寸자는 뜻이 (   )고, 음이 (   )입니다.

9. 寸자는 뜻과 음을 합쳐 (   )이라 합니다.

10. 寸자 부수에 속하는 한자인 寺·封·射·將·專·導자는 뜻이 모두 (   )과 관련이 있습니다.

● 쓰면서 익히는 한자 ●

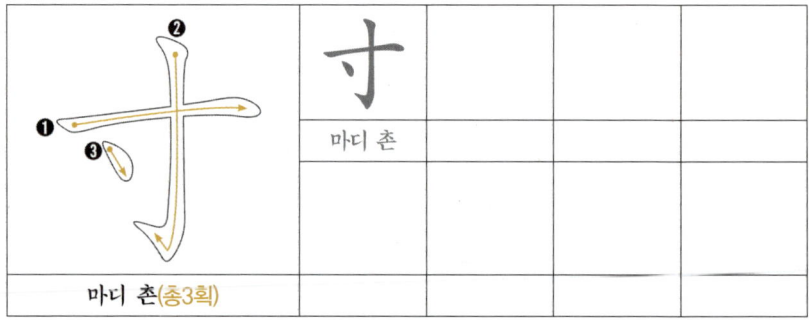

쓰기 학습 빈 칸에 한자를 쓰고, 뜻과 음을 쓰시오.

쓰기 복습 빈 칸에 뜻과 음에 맞는 한자를 쓰시오.

그칠 지	지탱할 지	이를 지	별 진	때 신	내 천	개미허리	푸를 청

중099

齒
이 치

| 갑골문 | 금문 | 소전 |

〈齒부수 / 4급〉

齒[이 치]자는 원래 입 안의 위아래에 나란히 나 있는 이를 표현한 글자였습니다. 따라서 齒[이 치]자는 뜻이 '이'가 되었습니다. 齒[이 치]자는 후에 음 '치'에 영향을 미치는 止[그칠 지]자가 붙었습니다.

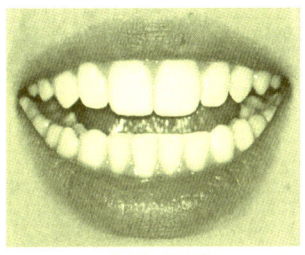

사람의 이치아

이는 사람 몸에서 가장 딱딱한 부위입니다. 딱딱한 이가 있기에 음식을 씹어 먹을 수 있습니다. 하지만 이가 없다면 제대로 음식을 먹을 수 없습니다. 사람이 음식을 제대로 먹지 못한다면 삶의 질이 크게 떨어지게 됩니다. 따라서 이가 튼튼한 것은 매우 중요합니다. 속담에 '자식은 오복이 아니라도 이는 오복에 든다'고까지 했습니다. 그렇게 중요한 '이'를 뜻하는 한자가 바로 齒[이 치]자입니다.

치약과 칫솔

齒[이 치]자는 '벌레 먹은 이'를 뜻하는 蟲齒(충치), '건강한 이'를 뜻하는 健齒(건치), '이를 닦는 데 쓰는 약'을 뜻하는 齒藥(치약)에서 보듯 '치'로 읽습니다. 齒자는 뜻과 음을 합쳐 '이 치'라 합니다.

齒자가 붙는 한자는 齡[나이 령]·齷[악착할 악]·齪[악착할 착]·齦[잇몸 은]·齧[물 설]자에서처럼 뜻이 '이'와 관련이 있습니다.

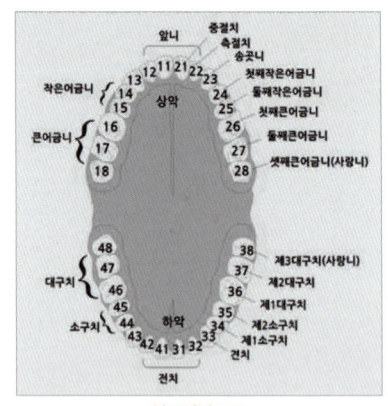

영구치의 구조

● 바로바로 익히는 한자 ●

확인 학습 부수 설명을 참고하여 괄호 안에 알맞은 말을 쓰시오.

1. 齒자는 원래 입 안의 위아래에 나란히 나 있는 (　)를 표현한 글자였습니다.
2. 齒자는 뜻이 (　)가 되었습니다. 齒자는 후에 음 (　)에 영향을 미치는 止자가 붙었습니다.
3. '벌레 먹은 이'를 뜻하는 蟲齒는 충(　)로 읽습니다.
4. '건강한 이'를 뜻하는 健齒는 건(　)로 읽습니다.
5. '이를 닦는 데 쓰는 약'을 뜻하는 齒藥은 (　)약으로 읽습니다.
6. 蟲齒, 健齒, 齒藥의 齒자는 (　)의 음으로 읽습니다.
7. 齒자는 음을 (　)로 읽습니다.

8. 齒자는 뜻이 (   )고, 음이 (   )입니다.

9. 齒자는 뜻과 음을 합쳐 (   )라 합니다.

10. 齒자가 붙는 한자는 齡·齷·齪·齦·齧자에서처럼 뜻이 (   )와 관련이 있습니다.

● 쓰면서 익히는 한자 ●

쓰기 학습 빈 칸에 한자를 쓰고, 뜻과 음을 쓰시오.

齒 이 치(총15획)	齒 이 치			

쓰기 복습 빈 칸에 뜻과 음에 맞는 한자를 쓰시오.

지탱할 지	이를 지	별 진	때 신	내 천	개미허리	푸를 청	마디 촌

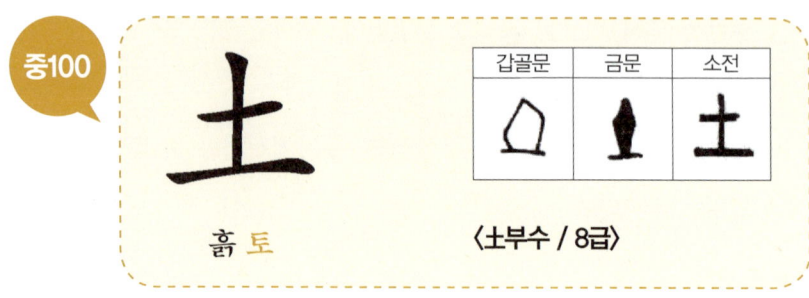

<土부수 / 8급>

土[흙 토]자는 땅 위에 덩이로 뭉쳐 놓은 흙을 본뜬 글자입니다. 따라서 土[흙 토]자는 뜻이 '흙'이 되었습니다.

사람에게는 먹는 것이 중요하고, 먹을 때는 그릇이 필요합니다. 土[흙 토]자는 그릇 등을 만들기 위해 뭉쳐 놓은 흙덩이를 나타내면서 '흙'의 뜻을 지니게 된 글자로 보입니다.

흙덩이로 그릇 만드는 모습

흔히 사람은 '흙에서 나서 흙으로 돌아간다'고 합니다. 성경(聖經)에 등장하는 최초의 사람 '아담(Adam)'도 땅의 흙으로 만들었다고 했습니다. 사람을 뜻하는 영어의 단어 'human(휴먼)'도 역시 흙과 관련되어 이뤄졌습니다. 정몽주(鄭夢周)의 단심가(丹心歌)에서는 '백골(白骨)이 진토(塵土)되어'라고 하면서 사람이 죽어서 흙으로 돌아간다고 했습니다. 이렇게 흙은 사람과 뗄 수 없는 존재입니다.

土[흙 토]자는 '흙으로 만든 그릇'을 뜻하는 土器(토기), '나라의 땅'을 뜻하는 國土(국토), '누런 흙'을 뜻하는 黃土(황토)에서 보듯 '토'로 읽습니다. 土자는 뜻과 음을 합쳐 '흙 토'라 합니다.

土자의 부수에 속하는 한자는 地[땅 지]·址[터 지]·坐[앉을 좌]·塊[흙덩이 괴]·塵[티끌 진]·墨[먹 묵]자 등에서 보듯 뜻이 '흙'과 관련이 있습니다.

빗살무늬토기

● 바로바로 익히는 한자 ●

확인 학습 부수 설명을 참고하여 괄호 안에 알맞은 말을 쓰시오.

1. 土자는 땅 위에 덩이로 뭉쳐 놓은 (   )을 본뜬 글자입니다.
2. 土자는 뜻이 (   )이 되었습니다.
3. 土자는 그릇 등을 만들기 위해 뭉쳐 놓은 흙덩이를 나타내면서 (   )의 뜻을 지니게 된 글자로 보입니다.
4. '흙으로 만든 그릇'을 뜻하는 土器는 (   )기로 읽습니다.
5. '나라의 땅'을 뜻하는 國土는 국(   )로 읽습니다.
6. '누런 흙'을 뜻하는 黃土는 황(   )로 읽습니다.
7. 土器, 國土, 黃土의 土자는 (   )의 음으로 읽습니다.
8. 土자는 음을 (   )로 읽습니다.
9. 土자는 뜻이 (   )이고, 음이 (   )입니다.
10. 土자는 뜻과 음을 합쳐 (   )라 합니다.

11. 土자가 붙는 한자는 地·址·坐·塊·塵·墨자 등에서 보듯 뜻이
( )과 관련이 있습니다.

● 쓰면서 익히는 한자 ●

쓰기 학습 빈 칸에 한자를 쓰고, 뜻과 음을 쓰시오.

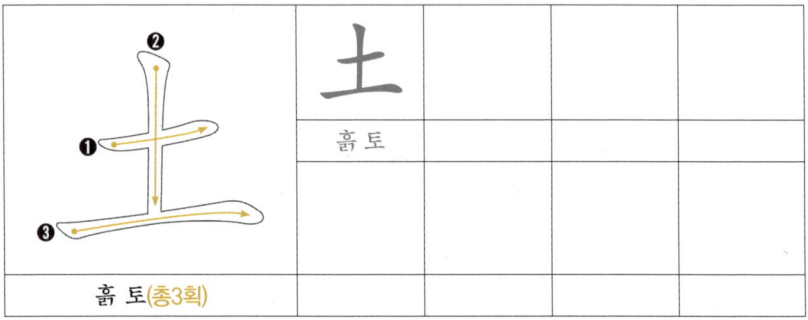

쓰기 복습 빈 칸에 뜻과 음에 맞는 한자를 쓰시오.

이를 지	별 진	때 신	내 천	개미허리	푸를 청	마디 촌	이 치

갑골문	금문	소전
八	八	八

〈八부수 / 8급〉

여덟 팔

八[여덟 팔]자는 무언가 양쪽으로 나누는 모양을 본뜬 글자입니다. 그러나 오늘날 八[여덟 팔]자는 숫자 '여덟'을 나타내는 뜻으로 빌려 쓰이고 있습니다.

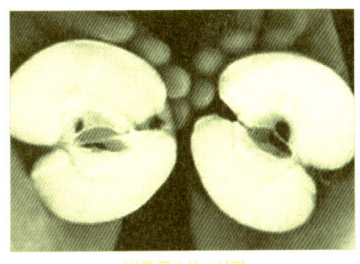

반으로 나눈 사과

'여덟'을 뜻하지만 나누는 모습에서 비롯되었기 때문에 八[여덟 팔]자가 붙는 한자는 뜻이 '나누다'와 관련이 있습니다. 分[나눌 분]·半[절반 반]·公[공평할 공]자가 바로 그런 한자입니다. 1에서 10까지의 숫자에서도 8은 가장 많이 나눠지는 수입니다.

八[여덟 팔]자는 '한 해 중의 여덟째 달'을 뜻하는 八月(팔월), '여덟 개의 모가 있는 형상'을 뜻하는 八角形(팔각형), '여덟 개의 도로 이뤄진 우리나라 강산'을 뜻하는 八道江山(팔도강산)에서 보듯 음을 '팔'로 읽습니다. 八자는 뜻

팔각형

과 음을 합쳐 '여덟 팔'이라 합니다.

八자 부수에 속하는 한자 가운데 典[법 전]·具[갖출 구]·共[함께 공]·兵[군사 병]자는 '여덟'을 뜻하는 八자와 관련이 없습니다. 모두 두 손[廾]과 관련이 있습니다. 그러나 부수의 체계를 세울 때 편의상 八자 부수에 속하게 되었습니다.

갑골문 典

● 바로바로 익히는 한자 ●

확인 학습 부수 설명을 참고하여 괄호 안에 알맞은 말을 쓰시오.

1. 八자는 무언가 양쪽으로 (　　　) 모양을 본뜬 글자입니다.
2. 오늘날 八자는 숫자 (　　)을 나타내는 뜻으로 빌려 쓰이고 있습니다.
3. 八자가 붙는 한자는 뜻이 (　　　)와 관련이 있습니다. 分·半·公자가 바로 그런 한자입니다.
4. '한 해 중의 여덟째 달'을 뜻하는 八月은 (　)월로 읽습니다.
5. '여덟 개의 모가 있는 형상'을 뜻하는 八角形은 (　)각형으로 읽습니다.
6. '여덟 개의 도로 이뤄진 우리나라 강산'을 뜻하는 八道江山은 (　) 도강산으로 읽습니다.
7. 八자는 (　　)로 읽습니다.
8. 八자는 뜻과 음을 합쳐 (　　　)이라 합니다.

9. 八자 부수에 속하는 한자 가운데 典·具·共·兵자는 (   )을 뜻하는 八자와 관련이 없습니다. 모두 두 (   )과 관련이 있습니다.

● 쓰면서 익히는 한자 ●

쓰기 학습 빈 칸에 한자를 쓰고, 뜻과 음을 쓰시오.

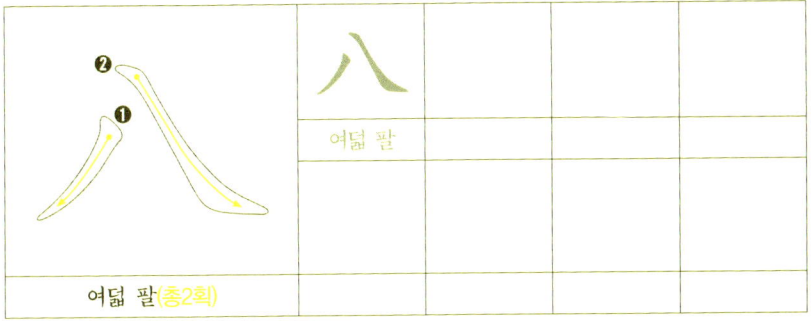

여덟 팔(총2획)				

쓰기 복습 빈 칸에 뜻과 음에 맞는 한자를 쓰시오.

별 진	때 신	내 천	개미허리	푸를 청	마디 촌	이 치	흙 토

조개 패

〈貝부수 / 3급〉

貝[조개 패]자는 겉에서 본 조개를 본뜬 글자입니다. 따라서 貝[조개 패]자는 뜻이 '조개'가 되었습니다.

貝[조개 패]자가 본뜬 조개는 자패(紫貝)입니다. 자패는 법랑질(琺瑯質)로 되어 있으며, 자줏빛을 띠고 있습니다. 모양은 여성의 상징을 닮았는데, 옛날에 남자나 여자의 상징을 닮은 존재는 숭배의 대상이 되었습니다. 게다가 교통이 발달되지 않았던 시대에 자패는 남녘의 바닷가에서나 구할 수 있어 내륙에 사는 사람들이 흔히 볼 수 없었던 희귀한 존재였습니다. 그런 자패를 옛날에는 화폐로 사용했는데 貝[조개 패]자는 바로 그 '조개'를 뜻하는 한자입

자패(紫貝)

비너스의 탄생(보티첼리)

니다.

화폐로 사용된 자패는 貝貨(패화)라고 합니다. 아울러 貝貨(패화)처럼 귀한 물건은 貝物(패물)이나 寶貝(보패)라 합니다. 寶貝(보패)는 '보배'의 원말입니다. 그 외에 조개와 관련된 말에는 貝塚(패총)이나 魚貝類(어패류)가 있습니다. 貝物(패물)·寶貝(보패)·貝塚(패총)·魚貝類(어패류)에서 보듯 貝[조개 패]자는 음이 '패'입니다. 貝자는 뜻과 음을 합쳐 '조개 패'라 합니다.

貝자 부수에 속하는 財[재물 재]·貢[공물 공]·貧[가난할 빈]·貴[귀할 귀]·賤[천할 천]자 등은 뜻이 화폐처럼 '귀한 재물'과 관련이 있습니다.

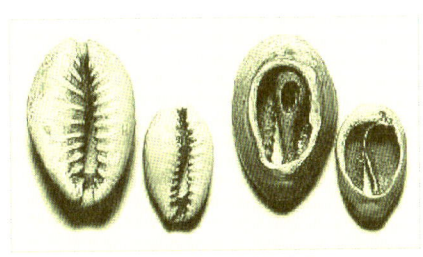
화폐로 사용된 옛날의 자패

● 바로바로 익히는 한자 ●

확인 학습 부수 설명을 참고하여 괄호 안에 알맞은 말을 쓰시오.

1. 貝자는 겉에서 본 (   )를 본뜬 글자입니다.
2. 貝자는 뜻이 (   )가 되었습니다.
3. 貝자가 본뜬 조개는 (   )입니다.
4. 자패는 옛날 (   )로 사용되었는데, 貝자는 바로 그러한 (   )를 뜻하는 한자입니다.
5. 貝物은 (   )물, 寶貝는 보(   )로 읽습니다.
6. 貝塚은 (   )총, 魚貝類는 어(   )류로 읽습니다.

7. 貝자는 (　)로 읽습니다.

8. 貝자는 뜻과 음을 합쳐 (　　)라 합니다.

9. 貝자 부수에 속하는 財·貢·貧·貴·賤자 등에서 보듯 뜻이 화폐처럼 (　　)과 관련이 있습니다.

● 쓰면서 익히는 한자 ●

쓰기 학습 빈 칸에 한자를 쓰고, 뜻과 음을 쓰시오.

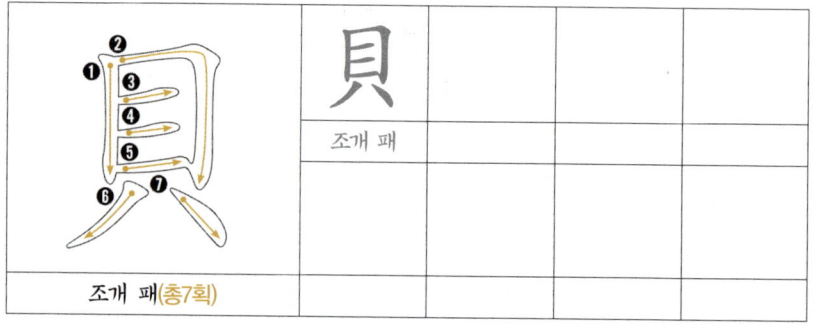

쓰기 복습 빈 칸에 뜻과 음에 맞는 한자를 쓰시오.

때 신	내 천	개미허리	푸를 청	마디 촌	이 치	흙 토	여덟 팔

중103

조각 편

갑골문	금문	소전
冄	丬	片

〈片부수 / 3급〉

片[조각 편]자는 설문해자(說文解字)에서 나무[木] 가운데를 세로로 잘라 그 오른쪽 조각을 나타낸 데서 뜻이 '조각'이 된 글자라고 했습니다. 하지만 갑골문의 片[조각 편]

나무로 만든 침상

자 형태를 살피면 침상의 형태를 세워서 표현한 것으로 보입니다. 침상을 만드는 데 나무 조각을 사용한 데서 片[조각 편]자의 뜻이 '조각'이 되었다 여겨집니다.

원대 화가 유관도의 몽접도(夢蝶圖)

침상을 한자로 寢牀(침상)이라 하는데, 寢[잘 침]자와 牀[평상 상]자에는 모두 '조각'을 뜻하는 爿[조각 장]자가 덧붙여져 있습니다. 片[조각 편]자는 爿[조각 장]자의 반대쪽을 나타낸 글자로 같은 '조각'의 뜻을 지닙니다.

片[조각 편]자는 '조각을 낸 고기'를 뜻하는 片肉(편육), '깨뜨린 조각'을 뜻하는 破片(파편), '쇠 조각'을 뜻하는 鐵片(철편)에서 보듯 '편'으로 읽습니다. 片자는 뜻과 음을 합쳐 '조각 편'이라 합니다.

片자 부수 한자에 속하면서 비교적 자주 쓰이는 版[조각 판]·牌[패 패]·牒[글씨 판 첩]자는 뜻이 나무로 이뤄진 '조각'과 관련이 있습니다.

팔만대장경판

● 바로바로 익히는 한자 ●

확인 학습 부수 설명을 참고하여 괄호 안에 알맞은 말을 쓰시오.

1. 片자는 설문해자에서 나무[木] 가운데를 세로로 잘라 그 오른쪽 조각을 나타낸 데서 뜻이 (   )이 된 글자라고 했습니다.

2. 갑골문의 片자 형태를 살피면 침상의 형태를 세워서 표현한 것으로 보입니다. 침상을 만드는 데 나무 조각을 사용한데서 片자의 뜻이 (   )이 되었다 여겨집니다.

3. 片자는 爿[조각 장]자의 반대쪽을 나타낸 글자로 같은 (   )의 뜻을 지닙니다.

4. '조각을 낸 고기'를 뜻하는 片肉은 (   )육으로 읽습니다.

5. '깨뜨린 조각'을 뜻하는 破片은 파(   )으로 읽습니다.

6. '쇠 조각'을 뜻하는 鐵片은 철(   )으로 읽습니다.

7. 片자는 음을 (　)으로 읽습니다.

8. 片자는 뜻과 음을 합쳐 (　　)이라 합니다.

9. 片자 부수 한자에 속하면서 비교적 자주 쓰이는 版·牌·牒자는 뜻이 나무로 이뤄진 (　)과 관련이 있습니다.

● 쓰면서 익히는 한자 ●

쓰기 학습　빈 칸에 한자를 쓰고, 뜻과 음을 쓰시오.

片			
조각 편(총4획)			

쓰기 복습　빈 칸에 뜻과 음에 맞는 한자를 쓰시오.

내 천	개미허리	푸를 청	마디 촌	이 치	흙 토	여덟 팔	조개 패

風

바람 풍

갑골문	소전

〈風부수 / 6급〉

風[바람 풍]자는 오늘날 凡[무릇 범]자와 虫[벌레 훼]자가 합쳐진 글자입니다. 凡[무릇 범]자는 배에 다는 돛을 표현했습니다. 虫[벌레 훼]자는 옛날 사람들이 모든 벌레를 대표한다고 여긴 뱀을 표현했습니다. 결국 風[바람 풍]자는 바람을 받도록 배에 다는 돛[凡]과 바람에 민감한 뱀[虫]을 나타냈습니다. 눈에 보이지 않는 바람을 나

돛단배 모양을 단 풍향계

타내기 위해 바람과 밀접한 '돛'과 '뱀'을 표현해 '바람'을 뜻하는 風[바람 풍]자가 만들어진 것입니다.

　원래 風[바람 풍]자는 뱀의 자형 대신에 봉황새[鳳]가 표현되어 있었습니다. 하지만 후대 사람들이 뱀이 바람과 더 밀접하다고 여겨 바뀐 것으로 보입니다.

　風[바람 풍]자는 '강한 바람'을 뜻하는 強風(강풍), '동녘의 바람'을 뜻

하는 東風(동풍), '따뜻한 바람'을 뜻하는 溫風(온풍)의 말에서 보듯 '풍'으로 읽습니다. 風자는 뜻과 음을 합쳐 '바람 풍'이라 합니다.

風자는 颱[태풍 태]자나 飄[회오리바람 표]자에서 뜻의 역할을 하고, 楓[단풍나무 풍]자나 諷[욀 풍]자에서 음의 역할을 합니다.

검은 구름을 동반한 회오리바람

● 바로바로 익히는 한자 ●

확인 학습 부수 설명을 참고하여 괄호 안에 알맞은 말을 쓰시오.

1. 風자는 오늘날 凡자와 虫자가 합쳐진 글자입니다. 凡자는 배에 다는 (   )을 표현했습니다. 虫자는 옛날 사람들이 모든 벌레를 대표한다고 여긴 (   )을 표현했습니다.

2. 風자는 (   )을 받도록 배에 다는 돛[凡]과 (   )에 민감한 뱀[虫]을 나타냈습니다.

3. 눈에 보이지 않는 (   )을 나타내기 위해 (   )과 밀접한 '돛'과 '뱀'을 표현해 (   )을 뜻하는 風자가 만들어진 것입니다.

4. '강한 바람'을 뜻하는 强風은 강(   )으로 읽습니다.

5. '동녘의 바람'을 뜻하는 東風은 동(   )으로 읽습니다.

6. '따뜻한 바람'을 뜻하는 溫風은 온(   )으로 읽습니다.

7. 風자는 음을 (   )으로 읽습니다.

8. 風자는 뜻과 음을 합쳐 (　　　)이라 합니다.

9. 風자는 颱자나 飄자에서 (　)의 역할을 하고, 楓자나 諷자에서는 (　)의 역할을 합니다.

● 쓰면서 익히는 한자 ●

쓰기 학습　빈 칸에 한자를 쓰고, 뜻과 음을 쓰시오.

風 바람 풍(총9획)	風 바람 풍			

쓰기 복습　빈 칸에 뜻과 음에 맞는 한자를 쓰시오.

개미허리	푸를 청	마디 촌	이 치	흙 토	여덟 팔	조개 패	조각 편

皮

가죽 피

〈皮부수 / 3급〉

皮[가죽 피]자는 손[又]으로 짐승 몸체에서 가죽 벗기는 모양을 본뜬 글자입니다. 머리 부분에서 꼬리까지 이어진 몸체의 오른쪽 부위 가죽을 손으로 벗기고 있음을 나타냈습니다. 따라서 皮[가죽 피]자는 뜻이 '가죽'이 되었습니다.

가죽은 한자로 皮革(피혁)이라 합니다. 皮[가죽 피]자는 몸체에서 막 가죽을 벗기는 것으로 알

가죽 벗기는 모습

수 있듯 '터럭이 있는 가죽'을 말합니다. 반면에 革[가죽 혁]자는 이미 벗겨서 손질한 가죽을 펼쳐 놓은 것으로 '터럭이 없는 가죽'을 말합니다.

皮[가죽 피]자는 '터럭이 있는 가죽'이므로 '터럭'을 뜻하는 毛[터럭 모]자를 붙여 毛皮(모피)라는 말에 쓰입니다. 毛皮(모피) 가운데 예부터 사람들이 귀하게 여긴 것이 虎皮(호피)입니다. 虎皮(호피)는 '범의 가죽'을 말합니다. 虎皮(호피)와 관련된 말이 虎死留皮(호사유피)입니다. 虎死留皮(호사유피)는 '범은 죽어서 가죽을 남긴다'는 말입니다. 皮[가죽 피]자는

皮革(피혁)·毛皮(모피)·虎皮(호피)·虎死留皮(호사유피)에서 보듯 음이 '피'입니다. 皮자는 뜻과 음을 합쳐 '가죽 피'라 합니다.

皮자는 被[입을 피]·疲[고달플 피]·彼[저 피]·披[헤칠 피]·波[물결 파]·破[깨뜨릴 파]·頗[치우칠 파]·跛[절뚝발이 파]자 등에서 보듯 글자 구성에 도움을 주면서 주로 음의 역할을 합니다.

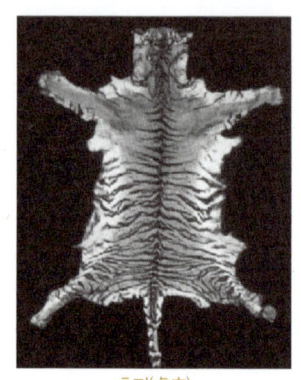
호피(虎皮)

● 바로바로 익히는 한자 ●

확인 학습 부수 설명을 참고하여 괄호 안에 알맞은 말을 쓰시오.

1. 皮자는 손[又]으로 짐승 몸체에서 (　　) 벗기는 모양을 본뜬 글자입니다.
2. 皮자는 뜻이 (　　)이 되었습니다.
3. 皮자는 몸체에서 막 가죽을 벗기는 것으로 알 수 있듯 '터럭이 있는 (　　)'을 말합니다. 반면에 革자는 이미 벗겨서 손질한 가죽을 펼쳐 놓은 것으로 '터럭이 없는 (　　)'을 말합니다.
4. '터럭이 있는 가죽'을 뜻하는 毛皮는 모(　　)로 읽습니다.
5. '범의 가죽'을 뜻하는 虎皮는 호(　　)로 읽습니다.
6. '범은 죽어서 가죽을 남긴다'는 虎死留皮는 호사유(　　)로 읽습니다.
7. 皮자는 皮革·毛皮·虎皮·虎死留皮에서 보듯 음이 (　　)입니다.

8. 皮자는 뜻과 음을 합쳐 (   )라 합니다.

9. 皮자는 被·疲·彼·披·波·破·頗·跛자 등에서 보듯 글자 구성에 도움을 주면서 주로 (   )의 역할을 합니다.

● 쓰면서 익히는 한자 ●

쓰기 학습 빈 칸에 한자를 쓰고, 뜻과 음을 쓰시오.

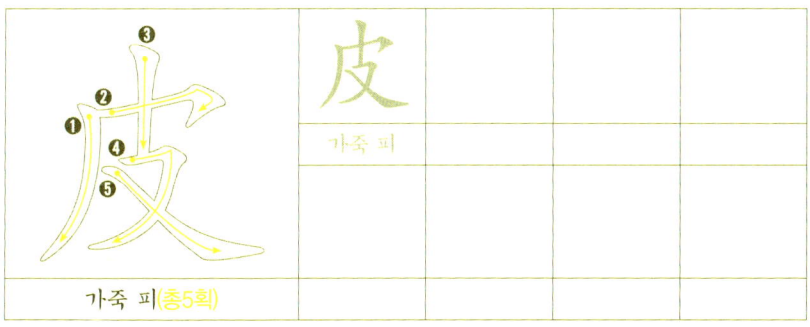

가죽 피(총5획)

쓰기 복습 빈 칸에 뜻과 음에 맞는 한자를 쓰시오.

푸를 청	마디 촌	이 치	흙 토	여덟 팔	조개 패	조각 편	바람 풍

다닐 행·항렬 항   〈行부수 / 6급〉

行[다닐 행]자는 사람들이 많이 다니는 사방(四方)으로 통하는 거리(사거리)를 본뜬 글자입니다.

그런 거리는 사람들이 많이 다니기 때문에 만들어집니다. 따라서 '사방으로 통하는 거리'를 나타낸 行[다닐 행]자는 뜻이 '다니다'가 되었습니다.

예전의 광화문 사거리

나아가 거리가 사방이 서로 통하도록 이어져 있는 것처럼 行[다닐 행]자는 친족 관계에 있어서 서로 통하는 같은 또래의 세대를 이르는 '항렬'의 뜻을 지니기도 합니다.

行[다닐 행]자는 '길을 다니는 사람'의 뜻을 지닌 行人(행인), '날아서 다니다'의 뜻을 지닌 飛行(비행), '급하게 다니다'의 뜻을 지닌 急行(급행)에서 보듯 '행'으로 읽습니다. 그러나 '항렬'의 뜻으로 쓰일 때는 行列(항렬)의 行[항렬 항]자에처럼 음을 '항'으로 읽습니다. 行자는 뜻과 음을 합쳐

'다닐 행'이나 '항렬 항'이라 합니다.

行자 부수에 속하는 한자는 街[거리 가]·衝[부딪칠 충]·衛[지킬 위]·衢[거리 구]자에서 보듯 '거리(사거리)'와 관련이 있습니다.

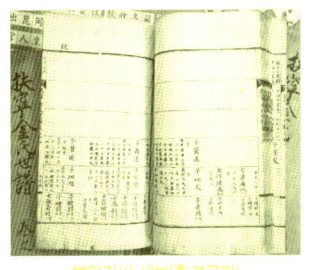
부안김씨 세보(충경공파)

● 바로바로 익히는 한자 ●

확인 학습 부수 설명을 참고하여 괄호 안에 알맞은 말을 쓰시오.

1. 行자는 사람들이 많이 다니는 사방으로 통하는 (   )를 본뜬 글자입니다. 그런 거리는 사람들이 많이 (   ) 때문에 만들어집니다.
2. '사방으로 통하는 거리'를 나타낸 行자는 뜻이 (   )가 되었습니다.
3. 行자는 친족 관계에 있어서 서로 통하는 같은 또래의 세대를 이르는 (   )의 뜻을 지니기도 합니다.
4. '길을 다니는 사람'의 뜻을 지닌 行人은 (   )인으로 읽습니다.
5. '날아서 다니다'의 뜻을 지닌 飛行은 비(   )으로 읽습니다.
6. '급하게 다니다'의 뜻을 지닌 急行은 급(   )으로 읽습니다.
7. 行자는 行人·飛行·急行의 말에서 보듯 그 음이 (   )입니다.
8. 行자는 음을 (   )으로 읽습니다.
9. '항렬'의 뜻으로 쓰일 때는 行列의 行자에처럼 음을 (   )으로 읽습니다.

10. 行자는 뜻과 음을 합쳐 (   )이나 (   )이라 합니다.
11. 行자가 붙는 한자는 街·衝·衛·衢자에서 보듯 (   )와 관련이 있습니다.

● 쓰면서 익히는 한자 ●

쓰기 학습 빈 칸에 한자를 쓰고, 뜻과 음을 쓰시오.

行	行	行		
	다닐 행	항렬 항		
다닐 행·항렬 항 (총6획)				

쓰기 복습 빈 칸에 뜻과 음에 맞는 한자를 쓰시오.

마디 촌	이 치	흙 토	여덟 팔	조개 패	조각 편	바람 풍	가죽 피

香
향기 향

〈향부수 / 4급〉

香[향기 향]자는 원래 아주 옛날 사람들이 주식으로 삼았던 볏과의 곡물인 기장을 나타낸 黍[기장 서]자와 단지와 같은 그릇을 나타낸 曰의 형태가 합쳐진 글자였습니다. 곧 黍(서)자와 曰의 형태가 합쳐진 좁자가 원래의 香[향기 향]자였던 것입니다. 하지만 후대에 黍(서)자를 좀 더 간단한 형태로 표현한 禾[벼 화]자로 바뀌 曰의 형태와 합쳐진 香[향기 향]자가 오늘날 '향기'의 뜻으로 쓰이고 있습니다.

결국 香[향기 향]자는 벼[禾]와 같은 곡물이 단지와 같은 그릇[曰의 형태]에 담겨 있음을 나타낸 것입니다. 먹는 것이 아주 귀했던 옛날에

기장

기장밥을 담은 그릇

는 벼와 같은 곡물로 술을 익혔을 때 나는 냄새는 사람들에게 가장 좋게 여겨졌을 것입니다. 그래서 벼[禾]와 같은 곡물로 담은 술이 그릇에

담겨 있는 모양을 표현한 香[향기 향]자가 좋은 냄새와 관련되어 '향기'의 뜻을 지니게 되었습니다.

香[향기 향]자는 '향기로운 내가 나는 물'을 뜻하는 香水(향수), '향기로운 냄새'를 뜻하는 香臭(향취), '난초의 향기'를 뜻하는 蘭香(난향)에서 보듯 음을 '향'으로 읽습니다. 香자는 뜻과 음을 합쳐 '향기 향'이라 합니다.

샤넬의 유명한 향수 넘버5

香자는 이름에 쓰이는 馨[향내 날 형]·馥[향기 복]·苾[향기로울 필]자에서 그 쓰임을 볼 수 있습니다. 이들 한자는 뜻이 모두 '향기'와 관련이 있습니다.

• 바로바로 익히는 한자 •

확인 학습 부수 설명을 참고하여 괄호 안에 알맞은 말을 쓰시오.

1. 香자는 원래 아주 옛날 사람들이 주식으로 삼았던 볏과의 곡물인 (　　)을 나타낸 黍자와 단지와 같은 (　　)을 나타낸 曰의 형태가 합쳐진 글자였습니다.
2. 후대에 黍자를 좀 더 간단한 형태로 표현한 禾자로 바꿔 曰의 형태와 합쳐진 香자가 오늘날 (　　)의 뜻으로 쓰이고 있습니다.
3. 벼와 같은 곡물로 담은 술이 그릇에 담겨 있는 모양을 표현한 香자가 좋은 냄새와 관련되어 (　　)의 뜻을 지니게 되었습니다.
4. '향기로운 내가 나는 물'을 뜻하는 香水는 (　)수로 읽습니다.

5. '향기로운 냄새'를 뜻하는 香臭는 (　)취로 읽습니다.

6. '난초의 향기'를 뜻하는 蘭香은 난(　)으로 읽습니다.

7. 香자는 음을 (　)으로 읽습니다.

8. 香자는 뜻과 음을 합쳐 (　　)이라 합니다.

9. 香자는 이름에 쓰이는 馨·馥·馝자에서 그 쓰임을 볼 수 있습니다. 이들 한자는 뜻이 모두 (　)와 관련이 있습니다.

● 쓰면서 익히는 한자 ●

쓰기 학습 빈 칸에 한자를 쓰고, 뜻과 음을 쓰시오.

香 향기 향(총9획)	香 향기 향		

쓰기 복습 빈 칸에 뜻과 음에 맞는 한자를 쓰시오.

흙 토	여덟 팔	조개 패	조각 편	바람 풍	가죽 피	다닐 행	항렬 항

가죽 혁

〈革부수 / 4급〉

革[가죽 혁]자는 털을 제거하고 나서 넓게 펼쳐 놓은 동물 가죽을 본뜬 글자입니다. 따라서 털이 제거된 동물 가죽과 관련해 革[가죽 혁]자는 뜻이 '가죽'이 되었습니다.

'가죽'은 한자어로 '가죽 피(皮)'와 '가죽 혁(革)'을 합쳐 '피혁'이라 합니다. '피혁'은 한사로 皮革인데, 이때 皮자는 '털이 있는 가죽'을 말하지만 革자는 '털이 없는 가죽'을 말합니다. 본래 털이 있는 가죽이 털이 없는 가죽으로 바뀌었다면 이는 그 바탕을 고친 것입니다. 따라서 털이 없는 가죽을 뜻하는 革[가죽 혁]자는 '고치다'의 뜻을 지니기도 합니다.

革[가죽 혁]자는 '가죽으로 만든 띠'를

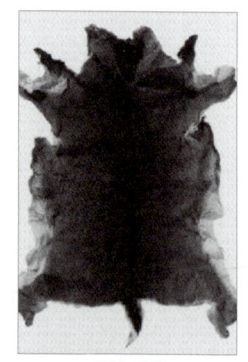

동물 가죽

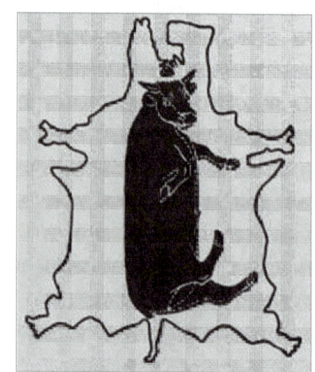

소가죽 모형도

뜻하는 革帶(혁대)나 '활을 쏠 때에 화살이 꿰뚫는 가죽으로 된 표적'을 뜻하는 貫革(관혁 →과녁)에서 보듯 '혁'의 음으로 읽습니다. 아울러 革[가죽 혁]자는 改革(개혁)·變革(변혁)·革新(혁신)·革命(혁명)에서 보듯 '고치다'의 뜻으로 쓰일 때도 '혁'의 음으로 읽습니다. 革자는 뜻과 음을 합쳐 '가죽 혁'이라 합니다.

革자 부수에 속하는 한자는 靴[신 화]·鞃[가슴걸이 인]·鞍[안장 안]·鞦[그네 추]·鞭[채찍 편]자에서 보듯 뜻이 '가죽'과 관련이 있습니다.

● 바로바로 익히는 한자 ●

확인 학습 부수 설명을 참고하여 괄호 안에 알맞은 말을 쓰시오.

1. 革자는 털을 제거하고 나서 넓게 펼쳐 놓은 동물 (   )을 본뜬 글자입니다.

2. 털이 제거된 동물 (   )과 관련해 革자는 뜻이 (   )이 되었습니다.

3. 본래 털이 있는 가죽이 털이 없는 가죽으로 바뀌었다면, 이는 그 바탕을 (   ) 것입니다. 따라서 털이 없는 가죽을 뜻하는 革자는 (   )의 뜻을 지니기도 합니다.

4. '가죽'을 뜻하는 革자는 '가죽으로 만든 띠'를 뜻하는 革帶에서 보듯 음을 (   )으로 읽습니다.

5. 革자는 改革·變革·革新·革命에서 보듯 (   )의 뜻으로 쓰일 때도 (   )의 음으로 읽습니다.

6. 革자는 뜻이 (   )이고, 음이 (   )입니다.

7. 革자는 뜻과 음을 합쳐 (   )이라 합니다.

8. 革자 부수에 속하는 한자는 靴·鞫·鞍·鞦·鞭자 등에서 보듯 뜻이 (   )과 관련이 있습니다.

● 쓰면서 익히는 한자 ●

쓰기 학습 빈 칸에 한자를 쓰고, 뜻과 음을 쓰시오.

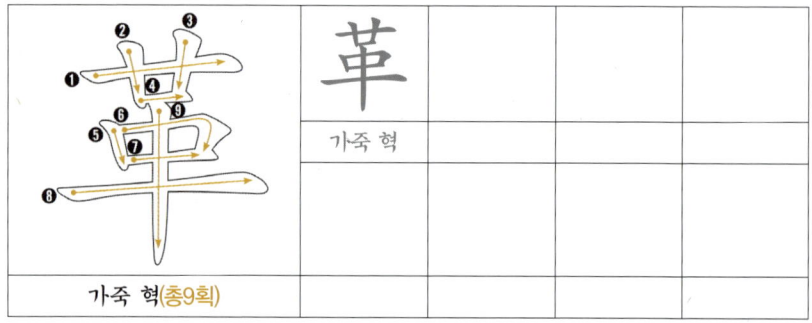

가죽 혁(총9획)				

쓰기 복습 빈 칸에 뜻과 음에 맞는 한자를 쓰시오.

여덟 팔	조개 패	조각 편	바람 풍	가죽 피	다닐 행	항렬 항	향기 향

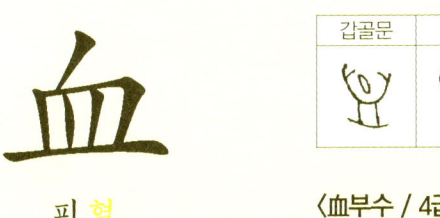

피 혈

〈血부수 / 4급〉

血[피 혈]자는 그릇[皿]에 희생물의 피[ノ의 형태]가 담긴 모양을 본뜬 글자입니다. 피는 구체적인 형태를 지니고 있지 않기 때문에 그릇에 희생물의 피가 담긴 모양을 나타낸 血[피 혈]자로 '피'의 뜻을 나타낸 것입니다. 血[피 혈]자에 붙는 皿[그릇 명]자는 그릇을, ノ의 형태는 피를 표현했습니다.

희생의 피를 담는 모양

옛날에는 나라와 나라가 서로 못 믿는 바가 있으면 두 나라의 왕이 서로 만나 맹세를 했습니다. 그리고 맹세하는 사실을 하늘에 고하기 위해 소와 같은 짐승을 희생물로 잡은 뒤에 그릇에 담아 제사를 지냈습니다. 그때 희생물의 피가 그릇에 고인 모양에서 血[피 혈]자가 이뤄지면서 뜻이 '피'가 된 것입니다. 맹세를 다지며 제사를 지낼 때 그릇에 고인 피의 모양이 가장 인상적인 순간이었기 때문에 그렇게 나타냈습니다.

血[피 혈]자는 '피로 쓴 글'을 뜻하는 血書(혈서), '피를 흘리는 싸움'을 뜻하는 血戰(혈전), '차가운 피를 지닌 동물'을 뜻하는 冷血動物(냉혈동물)의 말에서 보듯 음을 '혈'로 읽습니다. 血자는 뜻과 음을 합쳐 '피 혈'이라 합니다.

안중근의 혈서가 쓰인 태극기

血자가 붙어 익히 쓰이는 한자는 恤[근심할 휼]자뿐입니다. 恤(휼)자에서 血자는 음의 역할을 합니다.

● 바로바로 익히는 한자 ●

확인 학습 부수 설명을 참고하여 괄호 안에 알맞은 말을 쓰시오.

1. 血자는 (　　　)[皿]에 희생물의 (　　)[丿의 형태]가 담긴 모양을 본뜬 글자입니다.
2. 血자에 붙는 皿자는 (　　　)을, 丿의 형태는 (　　)를 표현했습니다.
3. 희생물의 (　　)가 그릇에 고인 모양에서 血자가 이뤄지면서 뜻이 (　　)가 된 것입니다.
4. '피로 쓴 글'을 뜻하는 血書는 (　　)서로 읽습니다.
5. '피를 흘리는 싸움'을 뜻하는 血戰은 (　　)전으로 읽습니다.
6. '차가운 피를 지닌 동물'을 뜻하는 冷血動物은 냉(　　)동물로 읽습니다.
7. 血자는 음을 (　　)로 읽습니다.

8. 血자는 뜻이 (   )고, 음이 (   )입니다.
9. 血자는 뜻과 음을 합쳐 (   )이라 합니다.
10. 血자가 붙어 익히 쓰이는 한자는 恤자뿐입니다. 恤자에서 血자는 (   )의 역할을 합니다.

● 쓰면서 익히는 한자 ●

쓰기 학습 빈 칸에 한자를 쓰고, 뜻과 음을 쓰시오.

피 혈(총6획)

쓰기 복습 빈 칸에 뜻과 음에 맞는 한자를 쓰시오.

조개 패	조각 편	바람 풍	가죽 피	다닐 행	항렬 항	향기 향	가죽 혁

지게 호

〈戶부수 / 4급〉

戶[지게 호]자는 기둥 하나에 달려 있는 한 짝의 문(지게문)을 본뜬 글자입니다. 사람이 들고 나는 문은 대개 두 짝으로 이뤄져 있습니다. 그렇게 두 짝으로 이뤄진 문은 한자로 門[문 문]자입니다. 그 門[문 문]자에서 왼쪽 한 짝의 문이 戶의 형태인데, 戶의 형태에서 비롯된 한자가 戶[지게 호]자입니다.

지게문(지게)

지게문이 달린 초가집

주거시설이 열악했던 시대의 옛날 집은 흔히 한 짝의 문을 통해 마루나 밖에서 방(房)으로 드나들도록 되어 있었습니다. 그런 한 짝의 문을 옛날에는 '지게문'이라 했습니다. 따라서 戶[지게 호]자는 뜻이 '지게문'인데, 오늘날은 줄여서 '지게'라고 합니다. 나아가 戶[지게 호]자는 지게문이 달린 집과 관련해 '집'의 뜻을 지니기도 합니다.

戶[지게 호]자는 '두 짝의 문과 한 짝의 문(지게문)'을 뜻하는 門戶(문호)나 '창이나 지게문에 바르는 종이'를 뜻하는 窓戶紙(창호지)의 말에서 보듯 음을 '호'로 읽습니다. 그 외에 戶[지게 호]자가 '집'의 뜻으로 쓰이는 家戶(가호)나 戶主(호주)에서도 쓰임을 엿볼 수 있습니다. 戶자는 뜻과 음을 합쳐 '지게 호'라 합니다.

戶자가 붙는 한자는 房[방 방]·扁[납작할 편]·扇[문짝 선]·扉[문짝 비]자에서처럼 뜻이 '문'과 관련이 있습니다.

• 바로바로 익히는 한자 •

확인 학습 부수 설명을 참고하여 괄호 안에 알맞은 말을 쓰시오.

1. 戶자는 기둥 하나에 달려 있는 한 짝의 (   )을 본뜬 글자입니다.
2. 門자에서 왼쪽 한 짝의 (   )이 戶의 형태인데, 戶의 형태에서 비롯된 한자가 戶자입니다.
3. 한 짝의 문을 옛날에는 '지게문'이라 했습니다. 따라서 戶자는 뜻이 '지게문'인데, 오늘날은 줄여서 (   )라고 합니다.
4. 戶자는 지게문이 달린 집과 관련해 (   )의 뜻을 지니기도 합니다.
5. '두 짝의 문과 한 짝의 문'을 뜻하는 門戶는 문(   )로 읽습니다.
6. '창이나 지게문에 바르는 종이'를 뜻하는 窓戶紙는 창(   )지로 읽습니다.

7. 戶자는 음을 (   )로 읽습니다.

8. 戶자는 뜻과 음을 합쳐 (   )라 합니다.

9. 戶자가 붙는 한자는 房·扁·扇·雇자에서처럼 뜻이 (   )과 관련이 있습니다.

● 쓰면서 익히는 한자 ●

쓰기 학습 빈 칸에 한자를 쓰고, 뜻과 음을 쓰시오.

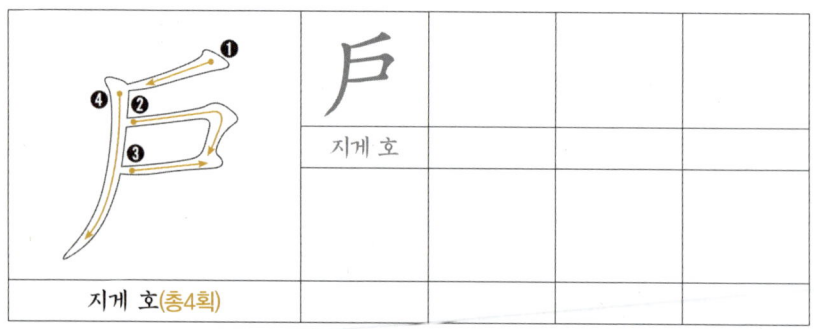

지게 호(총4획)	지게 호			

쓰기 복습 빈 칸에 뜻과 음에 맞는 한자를 쓰시오.

조각 편	바람 풍	가죽 피	다닐 행	항렬 항	향기 향	가죽 혁	피 혈

불 화 / 연화발

〈火부수 / 8급〉

火[불 화]자는 타오르는 불을 본뜬 글자입니다. 따라서 火[불 화]자는 뜻이 '불'이 되었습니다. 가운데는 좀 더 크게 타오르고, 주변은 좀 더 작게 타오르는 모양의 불덩이로 '불'을 나타냈습니다.

타오르는 불

불은 추위나 맹수로부터 사람을 보호해 주고, 음식이나 도구를 만드는 데 도움을 주어 사람이 자연의 한계를 극복하면서 문명사회를 이루게 해 주었습니다. 사람이 다른 동물과 크게 다른 존재가 될 수 있었던 것은 바로 불의 사용에 있었습니다. 바로 그런 '불'을 뜻하는 한자가 火[불 화]자입니다.

火[불 화]자는 '불로 인한 재앙'을 뜻하는 火災(화재), '불로 인한 상처'를 뜻하는 火傷(화상), '불을 질러 만든 밭'을 뜻하는 火田(화전)에서 보듯 음을 '화'로 읽습니다. 火자는 뜻과 음을 합쳐 '불 화'라 합니다.

火자가 한자에서 아래쪽에 붙을 때는 熟(숙)자나 焦(초)자처럼 灬의 형태로도 쓰입니다. 灬은 '연화발'이라 합니다. '연화발'은 火자의 음 '화'를 중심으로 자형이 네 개의 점으로 이어졌다 하여 '잇다'의 뜻을 지닌 連[이을 련(연)]자의 음 '연'을 앞에 붙이고, 부수가

화전을 하는 모양

자체의 구성에서 아래에 붙을 때의 명칭 '발'을 뒤에 붙인 것입니다.

火(灬)자 부수에 속하는 한자는 災[재앙 재]·炊[불 땔 취]·熱[더울 열]·熟[익을 숙]·焦[그을릴 초]자처럼 뜻이 '불'과 관련이 있습니다.

● 바로바로 익히는 한자 ●

확인 학습 부수 설명을 참고하여 괄호 안에 알맞은 말을 쓰시오.

1. 火자는 타오르는 (　)을 본뜬 글자입니다.
2. 火자는 뜻이 (　)이 되었습니다.
3. '불로 인한 재앙'을 뜻하는 火災는 (　)재로 읽습니다.
4. '불로 인한 상처'를 뜻하는 火傷은 (　)상으로 읽습니다.
5. '불을 질러 만든 밭'을 뜻하는 火田는 (　)전으로 읽습니다.
6. 火災, 火傷, 火田의 火자는 (　)로 읽습니다.
7. 火자는 음을 (　)로 읽습니다.
8. 火자는 뜻이 (　)이고, 음이 (　)입니다.
9. 火자는 뜻과 음을 합쳐 (　　)라 합니다.

10. 火자가 한자에서 아래쪽에 붙을 때는 熟(숙)자나 焦(초)자처럼 灬의 형태로도 쓰입니다. 灬은 (   )이라 합니다.

11. 火(灬)자 부수에 속하는 한자는 災·炊·熱·熟·焦자처럼 뜻이 (   )과 관련이 있습니다.

● 쓰면서 익히는 한자 ●

쓰기 학습 빈 칸에 한자를 쓰고, 뜻과 음을 쓰시오.

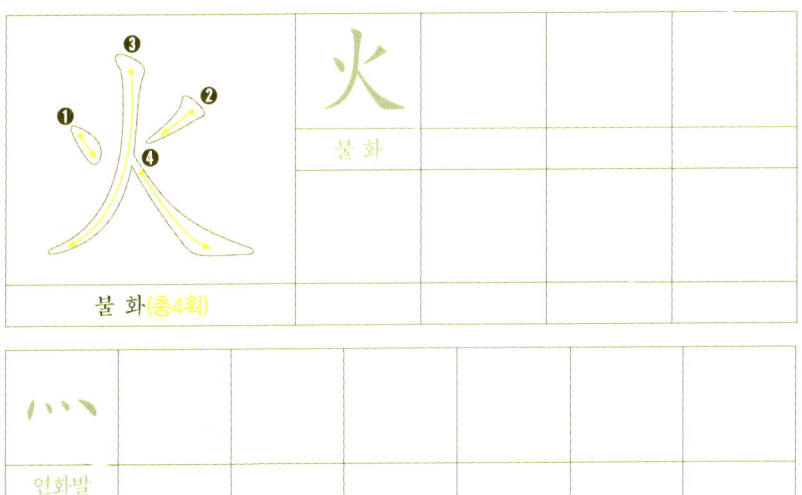

쓰기 복습 빈 칸에 뜻과 음에 맞는 한자를 쓰시오.

바람 풍	가죽 피	다닐 행	항렬 항	향기 향	가죽 혁	피 혈	지게 호

黃
누를 황

〈黃부수 / 6급〉

黃[누를 황]자는 옛날 황제(皇帝)처럼 높은 사람이 몸에 차는 옥으로 이뤄진 장신구(裝身具)를 표현한 글자로 보입니다. 그렇게 몸에 차는 장신구의 옥은 대개 누른 빛이었습니다. 누른 빛은 황제를 상징하는 색깔이기 때문입니다. 따라서 黃[누를 황]자는 몸에 차는 장신구의 누른 옥과 관련해 뜻이 '누르다'가 되었습니다.

몸에 차는 장신구(패옥)

옛날 황제는 입는 옷에 자신의 지위를 드러내는 여러 장식을 했는데, 그 가운데 하나가 바로 옥입니다. 옥은 지극히 순결한 광물의 결정체로, 옛날 사람들은 그 내면에 생명력이 있다고 여겼습니다. 따라서 옥을 몸에 지니거나 장식하면 건강과 영혼에 좋은 영향을 미친다고 믿었습니다. 그래서 옛날 중국에서는 옥을 몸에 달고 다니는 풍속이 있었습니다. 黃[누를 황]자는 그렇게 몸에 차는 누른 옥과 관련해 '누르다'의 뜻을 지니게 된 글자입니다.

옥을 장식한 황제

黃[누를 황]자는 '누른 빛'을 뜻하는 黃色(황색), '누른 흙'을 뜻하는 黃土(황토), '누른 빛의 바다'를 뜻하는 黃海(황해)에서 보듯 '황'으로 읽습니다. 黃자는 뜻과 음을 합쳐 '누를 황'이라 합니다.

黃자 부수에 속하면서 익히 쓰이는 한자는 없습니다. 다만 黃자는 簧[생황 황]·廣[넓을 광]·橫[가로 횡]자의 구성에 도움을 주면서 음의 역할을 합니다.

● 바로바로 익히는 한자 ●

확인 학습 부수 설명을 참고하여 괄호 안에 알맞은 말을 쓰시오.

1. 黃자는 옛날 황제처럼 높은 사람이 몸에 차는 (　)으로 이뤄진 장신구를 표현한 글자로 보입니다.
2. 몸에 차는 장신구의 옥은 대개 (　) 색깔이었습니다.
3. 黃자는 몸에 차는 장신구의 (　) 옥과 관련해 뜻이 (　)가 되었습니다.
4. '누른 빛'을 뜻하는 黃色은 (　)색으로 읽습니다.
5. '누른 흙'을 뜻하는 黃土는 (　)토로 읽습니다.
6. '누른 빛의 바다'를 뜻하는 黃海는 (　)해로 읽습니다.
7. 黃色, 黃土, 黃海의 黃자는 (　)으로 읽습니다.
8. 黃자는 음을 (　)으로 읽습니다.

9. 黃자는 뜻이 (   )고, 음이 (   )입니다.

10. 黃자는 뜻과 음을 합쳐 (   )이라 합니다.

11. 黃자는 簧·廣·橫자의 구성에 도움을 주면서 (   )의 역할을 합니다.

● 쓰면서 익히는 한자 ●

쓰기 학습 빈 칸에 한자를 쓰고, 뜻과 음을 쓰시오.

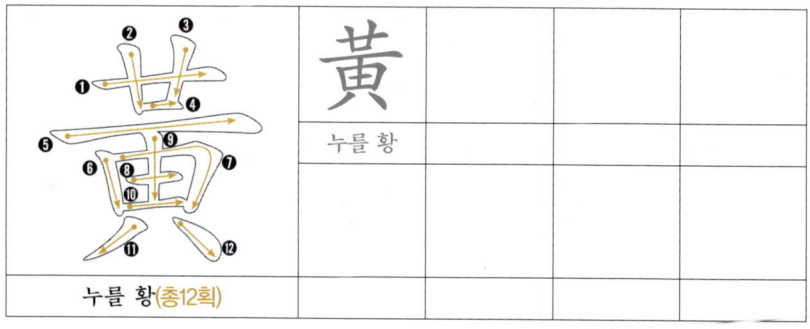

누를 황(총12획)				

쓰기 복습 빈 칸에 뜻과 음에 맞는 한자를 쓰시오.

다닐 행	항렬 항	향기 향	가죽 혁	피 혈	지게 호	불 화	연화발

〈黑부수 / 5급〉

黑[검을 흑]자는 얼굴에 문신(文身)을 한 사람 모습을 표현한 글자로 보입니다. 사람에게 문신을 할 때는 검은 먹물을 사용했습니다. 따라서 얼굴에 검은 먹물의 문신이 새겨진 사람을 나

죄로나 죄인에게 먹으로 벌하는 모습

타낸 黑[검을 흑]자는 '검다'의 뜻을 지니게 되었습니다.

  옛날에는 부족과 부족이 싸워 이긴 부족 사람들이 진 부족 사람들을 노예로 삼았습니다. 이때 싸워 진 부족 사람들의 얼굴에 검은 먹물로 문신을 하는 노예 표시를 했습니다. 뿐만 아니라 죄를 진 사람에게도 검은 먹물로 문신을 해 죄과를 드러냈습니다. 예컨대 남의 물건 훔친 사람이 있으면 붙잡아 얼굴에 '훔치다'의 뜻을 지닌 한자인 '盜'자를 검은 먹물로 문신해 넣었습니다. 따라서 그런 모습을 표현한 黑[검을 흑]자는 뜻이 '검다'가 되었습니다.

黑[검을 흑]자는 '검은 피부의 사람'을 뜻하는 黑人(흑인), '검은 점'을 뜻하는 黑點(흑점), '검은 빛이 도는 설탕'을 뜻하는 黑雪糖(흑설탕)의 말에서 보듯 음을 '흑'으로 읽습니다. 黑자는 뜻과 음을 합쳐 '검을 흑'이라 합니다.

흑점의 그림(조응. 이우환)

黑자 부수에 속하는 한자는 點[점 점]·黜[물리칠 출]·黥[자자할 경]자 등에서 보듯 뜻이 '검다'와 관련이 있습니다.

● 바로바로 익히는 한자 ●

확인 학습 부수 설명을 참고하여 괄호 안에 알맞은 말을 쓰시오.

1. 黑자는 얼굴에 (   )을 한 사람 모습을 표현한 글자로 보입니다.
2. 사람에게 문신을 할 때는 (   ) 먹물을 사용했습니다.
3. 얼굴에 (   ) 먹물의 문신이 새겨진 사람을 나타낸 黑자는 (   )의 뜻을 지니게 되었습니다.
4. 옛날에는 싸워 진 부족 사람들의 얼굴에 (   ) 먹물로 문신을 하는 노예 표시를 했습니다.
5. 죄를 진 사람에게도 (   ) 먹물로 문신을 해 그 죄과를 드러냈습니다.
6. '검은 피부의 사람'을 뜻하는 黑人은 (   )인으로 읽습니다.
7. '검은 점'을 뜻하는 黑點은 (   )점으로 읽습니다.

8. '검은 빛이 도는 설탕'을 뜻하는 黑雪糖은 (　)설탕으로 읽습니다.
9. 黑人, 黑點, 黑雪糖의 黑자는 (　)의 음으로 읽습니다.
10. 黑자는 음을 (　)으로 읽습니다.
11. 黑자는 뜻이 (　　)고, 음이 (　　)입니다.
12. 黑자는 뜻과 음을 합쳐 (　　　)이라 합니다.
13. 黑자 부수에 속하는 한자는 點·黜·黥자 등에서 보듯 뜻이 (　　) 와 관련이 있습니다.

● 쓰면서 익히는 한자 ●

쓰기 학습 빈 칸에 한자를 쓰고, 뜻과 음을 쓰시오.

黑	黑 검을 흑			
검을 흑(총12획)				

쓰기 복습 빈 칸에 뜻과 음에 맞는 한자를 쓰시오.

항렬 항	항기 향	가죽 혁	피 혈	지게 호	불 화	연화발	누를 황

독본

角	干	甘	車	車	犬	犭	見	見	高
중001	중002	중003	중004	중005	중006		중007		

谷	骨	工	口	弓	金	金	己	女	大
중008	중009	중010	중011	중012	중013		중014	중015	중016

刀	刂	斗	豆	力	老	耂	里	立	馬
중017		중018	중019	중020	중021		중022	중023	중024

麥	面	毛	木	目	文	門	米	方	白
중025	중026	중027	중028	중029	중030	중031	중032	중033	중034

父	比	非	飛	鼻	士	山	色	生	夕
중035	중036	중037	중038	중039	중040	중041	중042	중043	중044

石	舌	小	水	氵	手	扌	首	示	食
중045	중046	중047	중048		중049		중050	중051	중052

食	臣	辛	身	心	忄	忄	十	氏	羊
중052	중053	중054	중055	중056			중057	중058	중059

魚	言	玉	王	瓦	曰	用	又	牛	雨
중060	중061	중062		중063	중064	중065	중066	중067	중068

月	酉	肉	月	乙	乚	音	邑	卩	衣
중069	중070	중071		중072		중073	중074		중075

衤	二	而	耳	人	亻	一	日	入	子
중075	중076	중077	중078	중079		중080	중081	중082	중083

自	長	镸	赤	田	鳥	足	足	走	竹
중084	중085		중086	중087	중088	중089		중090	중091

竹	止	支	至	辰	辰	川	巛	青	寸
중091	중092	중093	중094	중095		중096	중097		중098
齒	土	八	貝	片	風	皮	行	行	香
중099	중100	중101	중102	중103	중104	중105	중106		중107
革	血	戶	火	灬	黃	黑			
중108	중109	중110	중111		중112	중113			

획수별로 정리한 부수 일람표

一	丨	丶	丿	乙	乚	亅	二	亠	人
중080				중072			중076		중079
亻	儿	入	八	冂	冖	冫	几	凵	刀
중079		중082	중101						중017
刂	力	勹	匕	匚	匸	十	卜	卩	巴
중017	중020					중057			
厂	厶	又	口	囗	土	士	夂	夊	夕
		중066	중011		중100	중040			중044
大	女	子	宀	寸	小	尢	尸	屮	中
중016	중015	중083	중098	중047					
山	川	巛	工	己	巾	干	幺	广	廴
중041	중096		중010	중014		중002			
廾	廿	弋	弓	彐	彑	彡	彳	心	忄
			중012					중056	

忄	戈	戶	手	扌	支	攴	攵	文	斗
중056		중110	중049	중093			중030	중018	
斤	方	无	旡	日	曰	月	木	欠	止
	중033			중081	중064	중069	중028		중092
歹	歺	殳	毋	比	毛	氏	气	水	氵
				중036	중027	중058		중048	
氺	火	灬	爪	爫	父	爻	爿	片	牙
중048	중111				중035			중103	
牛	犬	犭	玄	玉	王	瓜	瓦	甘	生
중067	중005			중062		중063	중003	중043	
用	田	疋	正	疒	癶	白	皮	皿	目
중065	중087					중034	중105		중029
矛	矢	石	示	内	禾	穴	立	竹	竹
		중045	중051				중023		중091
米	糸	缶	网	罒	罓	羊	羽	老	耂
중032					중059			중021	
而	耒	耳	聿	肉	月	臣	自	至	臼
중077		중078		중071	중053	중084		중094	
臼	舌	舛	舟	艮	色	艸	艹	虍	虫
	중046				중042				
血	行	衣	衤	西	見	角	言	谷	豆
중109	중106		중075		중006	중001	중061	중008	중019

豕	豸	貝	赤	走	足	足	身	車	辛
	중102	중086	중090	중089		중055	중004		중054
辰	辵	辶	邑	阝	酉	釆	里	金	長
중095			중074		중070		중022	중013	중085
镸	門	阜	阝	隶	隹	雨	青	非	面
중085	중031				중068	중097	중037		중026
革	韋	韭	音	頁	風	飛	食	首	香
중108		중073		중104	중038	중052	중050		중107
馬	骨	高	髟	鬥	鬯	鬲	鬼	魚	鳥
중024	중009	중007					중060		중088
鹵	鹿	麥	麻	黃	黍	黑	黹	黽	鼎
		중026		중112		중113			
鼓	鼠	鼻	齊	齒	龍	龜	龠		
		중039		중099					

자음 색인

ㄱ

각 - 角 ··· 15
간 - 干 ··· 18
감 - 甘 ··· 21
거·차 - 車 ··· 24
견 - 犬(犭) ··· 27
견·현 - 見 ··· 30
고 - 高 ··· 33
곡 - 谷 ··· 36
골 - 骨 ··· 39
공 - 工 ··· 42
구 - 口 ··· 45
궁 - 弓 ··· 48
금·김 - 金 ··· 51
기 - 己 ··· 54

ㄴ

녀 - 女 ··· 57

ㄷ

대 - 大 ··· 60
도 - 刀(刂) ··· 63
두 - 斗 ··· 66
두 - 豆 ··· 69

ㄹ

력 - 力 ··· 72
로 - 老(耂) ··· 75
리 - 里 ··· 78
립 - 立 ··· 81

ㅁ

마 - 馬 ··· 84
맥 - 麥 ··· 87
면 - 面 ··· 90

모 - 毛	…93	생 - 生	…141
목 - 木	…96	석 - 夕	…144
목 - 目	…99	석 - 石	…147
문 - 文	…102	설 - 舌	…150
문 - 門	…105	소 - 小	…153
미 - 米	…108	수 - 水(氵)	…156
		수 - 手(扌)	…159
		수 - 首	…162

ㅂ

방 - 方	…111	시 - 示	…165
백 - 白	…114	식•사 - 食	…168
부 - 父	…117	신 - 臣	…171
비 - 比	…120	신 - 辛	…174
비 - 非	…123	신 - 身	…177
비 - 飛	…126	심 - 心(忄·㣺)	…180
비 - 鼻	…129	십 - 十	…183
		씨 - 氏	…186

ㅅ

ㅇ

사 - 士	…132	양 - 羊	…189
산 - 山	…135	어 - 魚	…192
색 - 色	…138	언 - 言	…195

옥 - 玉(王)	⋯ 198
와 - 瓦	⋯ 201
왈 - 曰	⋯ 204
용 - 用	⋯ 207
우 - 又	⋯ 210
우 - 牛	⋯ 213
우 - 雨	⋯ 216
월 - 月	⋯ 219
유 - 酉	⋯ 222
육 - 肉(月)	⋯ 225
을 - 乙(乚)	⋯ 228
음 - 音	⋯ 231
읍 - 邑(阝)	⋯ 234
의 - 衣(衤)	⋯ 237
이 - 二	⋯ 240
이 - 而	⋯ 243
이 - 耳	⋯ 246
인 - 人(亻)	⋯ 249
일 - 一	⋯ 252
일 - 日	⋯ 255
입 - 入	⋯ 258

ㅈ

자 - 子	⋯ 261
자 - 自	⋯ 264
장 - 長(镸)	⋯ 267
적 - 赤	⋯ 270
전 - 田	⋯ 273
조 - 鳥	⋯ 276
족 - 足(𧾷)	⋯ 279
주 - 走	⋯ 282
죽 - 竹(⺮)	⋯ 285
지 - 止	⋯ 288
지 - 支	⋯ 291
지 - 至	⋯ 294
진·신 - 辰	⋯ 297

ㅊ

천 - 川(巛)	⋯ 300
청 - 靑	⋯ 303
촌 - 寸	⋯ 306
치 - 齒	⋯ 309

ㅌ

토 - 土　　　…312

ㅍ

팔 - 八　　　…315
패 - 貝　　　…318
편 - 片　　　…321
풍 - 風　　　…324
피 - 皮　　　…327

ㅎ

행·항 - 行　…330
향 - 香　　　…333
혁 - 革　　　…336
혈 - 血　　　…339
호 - 戶　　　…342
화 - 火(灬)　…345
황 - 黃　　　…348
흑 - 黑　　　…351

초등 학습 한자 시리즈 & 한자 시험 필독서

부수를 알면 한자가 쉽다!

박두수 지음

한자 입문 필독서

· 마법 술술한자 1 (새 뜻과 새 모양 부수)
· 마법 술술한자 2 (한자능력검정시험 8급)
· 마법 술술한자 3 (한자능력검정시험 7급)
· 마법 술술한자 4 (한자능력검정시험 6급)
· 마법 술술한자 5 (한자능력검정시험 5급)
· 마법 술술한자 6 (한자능력검정시험 4II)
· 마법 술술한자 7 (한자능력검정시험 4급)
· 마법 술술한자 8 (한자능력검정시험 3II)
· 마법 술술한자 9 (한자능력검정시험 3급)

초등학교 방과 후 수업교재

박두수 지음

▼ 세트(전6권) 판매중

1권 초등 한자의 길잡이 부수
2권 초등 저학년 한자
3권 초등 방과 후 한자
4권 초등 교과서 한자
5권 초등 고학년 한자
6권 미리 만나는 중등 한자

한자 & 학습 도감 & 청소년 권장도서

한자 부수
제대로 알면 공부가 쉽다
김종혁 지음

한자 교육 및 한국어문회, 한자 교육진흥회 시험 필독서!

술술한자 부수 200
박두수 지음

부수를 그림을 곁들여 풀이한 포켓용 한자책!

현직 선생님이 들려주는
한자를 알면 세계가 좁다
김미화 글·그림 | 올컬러

각종 시험, 수능(논술) 대비 올컬러 한자 학습서!

술술 외워지는 한자 1800
김미화 글·그림 | 올컬러

교육용 한자 1800자를 그림과 함께 쉽게 배운다!

한자 공부 필독서

중학교 900자 漢번에 끝내字
김미화 글·그림 | 올컬러

고등학교 한자 900 漢번에 끝내字
김미화 글·그림 | 올컬러

중학교용 900자와 고등학교용 900자를 주제별로 분류하고, 각 한자의 자원(字源)을 3단계로 나누어 그림으로 쉽게 풀이했다.

인체 구조 학습 도감
[다음 백과사전 선정도서]
주부의 벗사 지음 | 가키우치 요시유키 · 박선무 감수 | 고선윤 옮김 | 올컬러

궁금한 인체 구조를 알기 쉽게 설명한 인체 대백과사전!

인체의 신비 [최신 개정판]
안도 유키오 감수 | 안창식 편역

인체의 다양한 궁금증을 그림을 곁들여 쉽게 알려준다!

인간 유전 상식사전 100
[한국간행물윤리위원회 청소년 권장도서]
사마키 에미코 외 지음
홍영남 감수 | 박주영 옮김

학생은 물론 일반인도 꼭 알아야 할 인간 유전 기초 상식!

노벨상을 꿈꾸는
과학자들의 비밀노트 [최신 개정판]
한국연구재단 엮음

세계적인 과학자를 꿈꾸는 청소년들에게 주는 희망의 메시지!

중앙에듀북스 Joongang Edubooks Publishing Co.
중앙경제평론사 | 중앙생활사 Joongang Economy Publishing Co./Joongang Life Publishing Co.

중앙에듀북스는 폭넓은 지식교양을 함양하고 미래를 선도한다는 신념 아래 설립된 교육·학습서 전문 출판사로서 우리나라와 세계를 이끌고 갈 청소년들에게 꿈과 희망을 주는 책을 발간하고 있습니다.

쉽게 배우는 **중학 한자** 부수로 끝내기

초판 1쇄 발행 | 2019년 11월 25일
개정초판 1쇄 인쇄 | 2025년 5월 10일
개정초판 1쇄 발행 | 2025년 5월 15일

지은이 | 김종혁(ChongHyeok Kim)
펴낸이 | 최점옥(JeomOg Choi)
펴낸곳 | 중앙에듀북스(Joongang Edubooks Publishing Co.)

대　　표 | 김용주
책임편집 | 오선이
본문디자인 | 박근영

출력 | 삼신문화　종이 | 한솔PNS　인쇄 | 삼신문화　제본 | 은정제책사

잘못된 책은 구입한 서점에서 교환해드립니다.
가격은 표지 뒷면에 있습니다.

ISBN 978-89-94465-52-4(03700)

등록 | 2008년 10월 2일 제2-4993호
주소 | ㉾ 04590 서울시 중구 다산로20길 5(신당4동 340-128) 중앙빌딩
전화 | (02)2253-4463(代) 팩스 | (02)2253-7988
홈페이지 | www.japub.co.kr 블로그 | http://blog.naver.com/japub
네이버 스마트스토어 | https://smartstore.naver.com/jaub 이메일 | japub@naver.com
♣ 중앙에듀북스는 중앙경제평론사·중앙생활사와 자매회사입니다.

Copyright ⓒ 2019 by 김종혁

이 책은 중앙에듀북스가 저작권자와의 계약에 따라 발행한 것이므로 본사의 서면 허락 없이는 어떠한 형태나 수단으로도 이 책의 내용을 이용하지 못합니다.

중앙에듀북스/중앙경제평론사/중앙생활사에서는 여러분의 소중한 원고를 기다리고 있습니다. 원고 투고는 이메일을 이용해주세요. 최선을 다해 독자들에게 사랑받는 양서로 만들어드리겠습니다. 이메일 | japub@naver.com